はじめに
〜家庭菜園4つの喜び〜

4月、雪どけが始まり、庭にクロッカスのつぼみがふくらみ、レンギョウやヤナギが色づいてくると、長い期間を雪に閉ざされていた北国に住む私たちは、新しい命の息吹を感じ、元気がでてきます。今年も家庭菜園ライフの始まりです。
庭が狭いとか、スペースがないなどとあきらめる必要はありません。野菜が生育できるような光のあたる空間があれば、どこでも育てることができます。
最近では、陽のあたる室内やベランダでのプランター栽培、貸し農園や市民農園で栽培する方が年々ふえています。「やろう！」と思い立ったら、だれにでもできるのが家庭菜園。その魅力を4つあげてみました。

① 経済的でお得

店頭に並ぶ野菜は、生産者が育てるのにかかる費用の約3倍の値段で販売されています。家庭菜園だと、苗や肥料、支柱、フィルムの費用などを加えても店で買うよりお得です。しかし、おいしい野菜を育てるためには、栽培技術を勉強し、経験を積むことが大切です。

② 栄養成分が多く、安全な野菜

朝に収穫された野菜が並ぶ直売店を除き、一般のお店では、北海道産だと収穫から2日目、本州産では3〜4日目の野菜が販売されていることがほとんどです。

野菜は収穫後も生きており、呼吸によって野菜の栄養分を使ってしまいます。特にビタミンCのように、空気にさらされるとどんどん減ってしまう成分もあります。水分も蒸発するので、歯触りや味も落ちてしまいます。

一方、家庭菜園では、一番よいタイミングで収穫することが可能です。たとえば、ホウレンソウは栄養成分が一番多いのは夕方ですし、トマトだと、まっ赤に色づいた時が最もおいしく栄養価も高いのです。しかし、販売されているものは、少し色づい

たら収穫し、店に並ぶころに赤くなるよう出荷されます。店頭の野菜は、輸送時間がかかるため、一番よい状態で収穫して販売することが難しいのです。

また、農家の栽培は栽培面積が広いため、病気や害虫が発生しやすく、化学農薬で防除する場合も多くなります。安全基準は守られていても農薬がゼロではありません。

家庭菜園は、栽培規模が小さく、化学農薬を可能なかぎり減らすことができ、より安全な野菜ともいえます。

③ 癒やしをもらう

野菜を育てることは「命」を育てることです。植物はタネで命をつないでいます。タネが芽を出し、植えつけた苗が根づいて花が咲き、実が大きくなっていく。そんな生命力に触れることで、日ごろのストレスから解放され癒やされます。また、家族で共同作業することで、共通の喜びを感じ、絆も深まります。このような効果が評価され「園芸療法」という分野も確立しています。

しかし、栽培方法にこだわりすぎて、逆にストレスにならないよう、自由に栽培し経験を積み重ねることも大切です。

④ 自然の学校、教育的な環境

子どもたちと一緒に取り組むことで、家庭菜園は自然の学校にもなります。

この場が輝くのは、子どもたちの素朴な疑問にしっかり向き合い、野菜の生育や訪れる虫たちを一緒によく観察し、またていねいに調べる時です。

これらの取り組みは、子どもたちの知的成長だけでなく、大人のさらなる成長や老化防止にもなります。また科学的なものの見方も育みます。雨や暑さや霜などが作物の生育に大きな影響を与えること、野菜も命あるものとして理解が進みます。そして、食べることは「命」をいただくことだと実感します。

これらの効果を持つ家庭菜園は、非常に上質な文化（カルチャー）といえるでしょう。

以上のような、いいことがいっぱいつまった読者の方々の家庭菜園ライフに、本書が少しでもお役に立つことができれば幸いです。

有村　利治

サッポロさとらんどの市民農園(7月)
休日は、にぎやかな声が響く

家庭菜園・市民農園での栽培の様子

(左)多くの人が栽培しているトマト、ミニトマト
(右)ピーマンやナスも欠かせない野菜

(左)保温資材で苗を守る(5月上旬)
(右)防虫ネットや不織布のトンネルで害虫から守る

難易度の高いメロンに挑戦

着果、肥大ともに良好のスイカ

ネットとテグスの設置でカラス対策

収穫時のみずみずしいダイコン

少ない面積を上手に活用(カボチャの栽培)

しっかり土寄せした長ネギ

もくじ

はじめに ～家庭菜園4つの喜び～ ... 2
本書の使い方 ... 7

1章 栽培編 ... 9

〈果菜類〉

- トマト・ミニトマト ... 10
- キュウリ ... 16
- 辛い野菜、甘い野菜、苦い野菜 ... 21
- ナス ... 22
- ピーマン・トウガラシ ... 26
- なぜ、野菜には抗酸化物質が含まれるのか ... 31
- スイカ ... 32
- メロン ... 36
- 「トマトは野菜か？果物か？」論争 ... 41
- イチゴ ... 42
- カボチャ ... 48
- ズッキーニ ... 52
- オクラ ... 54
- ゴーヤー ... 56
- サヤインゲン ... 58
- サヤエンドウ ... 61
- エダマメ ... 64
- ソラマメ ... 67
- ラッカセイ ... 70
- トウモロコシ ... 72

〈根菜類〉

- ダイコン ... 76
- ラディッシュ ... 80
- カブ ... 82
- アブラナ科野菜の話 ... 85
- ニンジン ... 86
- ナガイモ ... 88
- ジャガイモ ... 92
- ゴボウ ... 96
- ヤーコン ... 98
- サツマイモ ... 100
- 知っておきたいサツマイモのこと ... 103
- サトイモ ... 104

〈葉茎菜類〉

- キャベツ ... 106
- ハクサイ ... 108
- レタス・サラダナ ... 110
- ホウレンソウ ... 112
- 収穫は朝どりと夕どり、どちらがベスト？ ... 115
- シュンギク ... 116
- ミズナ ... 118
- チンゲンサイ ... 120
- コマツナ ... 122
- タイナ ... 124
- パセリ ... 126
- ネギ ... 128
- タマネギ ... 132
- アサツキ ... 136
- シソ ... 138
- ニラ ... 140
- ミツバ ... 142
- ニンニク ... 144
- ラッキョウ ... 146
- ブロッコリー ... 148
- ブロッコリーの異常花蕾 ... 151
- カリフラワー ... 152
- セルリー ... 154
- アスパラガス ... 156
- ミョウガ ... 160
- ギョウジャニンニク ... 161
- プランター栽培 ... 162

2章 基礎知識編 ... 167

- 栽培計画 ... 168
- 農機具の準備 ... 175
- 土づくりと堆肥 ... 176
- 畑の土壌酸度(pH)について ... 180
- 雑草対策 ... 183
- 肥料の与え方 ～肥料の話 ... 184
- タネまき ... 192
- 苗づくり ... 194
- マルチ・トンネルの張り方 ... 196
- 支柱立て ... 198
- 病害虫 ～対策と防除 ... 199
- 鳥獣害対策 ... 208
- おいしい野菜の見分け方 ... 210
- 保存方法 ... 214
- 貯蔵方法 ... 216

本書に出てくる野菜づくりの基本用語 ... 219
参考文献／協力 ... 223

本書の使い方

　本書では、1章「栽培編」で各野菜の育て方を、2章「基礎知識編」では、より上手に育てるための土づくり、肥料や農薬の知識、病害虫からの守り方、おいしい野菜の見分け方などを紹介しています。

1章　栽培編の見方

　北海道の家庭菜園におすすめの野菜51品目の具体的な栽培方法を、以下の内容で紹介しています。

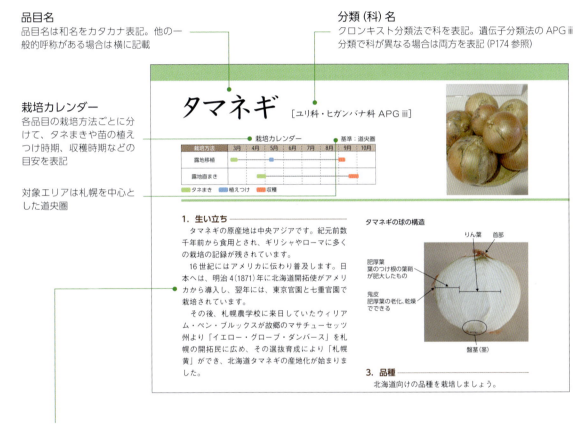

品目名
品目名は和名をカタカナ表記。他の一般的呼称がある場合は横に記載

分類(科)名
クロンキスト分類法で科を表記。遺伝子分類法のAPG iii 分類で科が異なる場合は両方を表記（P174参照）

栽培カレンダー
各品目の栽培方法ごとに分けて、タネまきや苗の植えつけ時期、収穫時期などの目安を表記

対象エリアは札幌を中心とした道央圏

主な項目について

①生い立ち……野菜の生い立ちと、エピソードを含めた豆知識
②生育特性……発芽や生育の温度条件、知っておきたい基礎的な生育の仕方
③品種……北海道で栽培されている主な品種や、家庭菜園向けに販売されているタネや苗の品種と特徴
④畑の準備……畑の準備の仕方、適正な土壌酸度pHと堆肥や石灰のまき方やまく時期・量、耕し方、畝のつくり方など
⑤苗づくり（苗の準備）……苗で植えつける野菜の苗の育て方、植えつける畑の準備
⑥施肥、追肥……基肥量と追肥量、それぞれの肥料のまき方
⑦タネまき、植えつけ……タネまき、苗の植えつけの畝間、条間、株間、保温方法について
⑧植えつけ後の管理方法……間引き、水やり、支柱の立て方、整枝、葉つみ、つるの誘引などの植えつけ後に必要な管理方法
⑨病害虫対策……特徴的な病気や害虫・鳥獣害、生理障害を知り、野菜を守る方法
⑩収穫……収穫時期の判断目安や上手な収穫方法
⑪栄養価、食べ方、保存……特徴的な栄養成分と、それを効果的に摂取する食べ方、保存方法

2章　基礎知識編の見方

　野菜づくりに関係する基礎的な知識として、栽培計画、農機具、土づくり、堆肥や肥料の選び方、病害虫や鳥獣害対策、おいしい野菜の見分け方、保存や貯蔵方法などについて解説しています。
　また、品目ごとの情報が一目でわかるように一覧表も掲載しました。主な一覧表は下記のとおりです。

知っておくと便利！　主な一覧表

- ●各品目のタネまき時期と植えつけできる期間の一覧。栽培計画の参考に
  P172「主な野菜のタネまき・植えつけ・収穫時期」
- ●各品目の1㎡あたりの栽培本数と、収穫できる量の一覧。栽培計画の参考に
  P173「主な野菜(露地栽培)の1㎡あたりの植えつけ本数と収穫の目安」
- ●同じ仲間(科)の野菜を、前年と同じ場所に植えつけることでおこる連作障害をさけるため、それぞれの野菜の科を調べるのに活用
  P174「主な野菜の分類(科が同じ野菜)」
- ●各品目の基肥量、追肥量を掲載。施肥する際に活用
  P190「主な野菜の肥料の与え方」
- ●苗づくりのための温度管理と必要な日数の目安。栽培計画の参考に
  P194「苗づくり(育苗)の温度管理目安」
- ●野菜全般に使用できる天然系の農薬一覧表。収穫前日まで散布できて、化学合成農薬ではない天然素材の農薬
  P202「うどんこ病・灰色かび病・軟腐病・べと病に効果がある微生物・天然系主要農薬」
  P204「アブラムシ・ダニに効果のある農薬」
  P205「コナガ・ヨトウガ・モンシロチョウに効果がある農薬」
- ●畑にまいた時に飛散の心配のない殺虫剤
  P206「土壌施用殺虫剤」
- ●自然農法を目指す際の参考に(いろいろな事例を集めたもので、効果が保障されているわけではない)
  P207「病害虫に効果があるとされる各種資材」
- ●野菜の特徴と保存の注意点を理解し、鮮度を維持しながら保存するために活用
  P214「保存の注意点」
  P214「野菜の保存方法一覧」

- ●「北海道で栽培されている主な品種」の表は、「北海道野菜地図その38」や種苗メーカーのカタログ、現地の生産事例などを参考に作成しています。
- ●「肥料成分量(1㎡あたり)」は、「北海道施肥ガイド2015」と栽培事例を参考に作成しています。
- ●本書での施肥方法は、化成肥料(8－8－8)と有機化成肥料(8－8－8)を代表例として取り上げています。なお、施肥基準にあわせるため、過リン酸石灰、硫酸カリを使用しています。
- ●「主な栄養成分(可食部100gあたり)」は、「日本食品標準成分表2010」から主要な成分を記載しています。「生」より「ゆで」の方が多い成分の場合は、「ゆで」状態で100gとするため、「生」よりサンプル量が多くなります。
- ●提供写真のうち、「©北植防」の表記は「一般社団法人 北海道植物防疫協会」の略です。

トマト・ミニトマト [ナス科]

栽培カレンダー(大玉トマト)　　基準：道央圏

栽培方法	3月	4月	5月	6月	7月	8月	9月	10月
トンネル		タネまき	植えつけ		収穫			
露地			タネまき	植えつけ		収穫		

■ タネまき　■ 植えつけ　■ 収穫

1. 生い立ち

原産地は南アメリカ、アンデス山脈の西斜面、標高2500mの乾燥した高原地帯とされています。

メキシコに渡り、アステカ、マヤ文明のもとで、食用トマトとして改良され発展しました。アステカ人の「ふくらむ果実」という意味の「トマトウル」が語源とされています。

16世紀にヨーロッパに渡り、当時は一部愛好家の観賞用でした。食用としては17世紀初頭に、スペイン、イタリアなど南ヨーロッパで発展し、食文化として定着、現在最もトマトが食べられている地帯となっています。

日本へは中国を経て1670年ごろに伝わります。1668年、狩野探幽が「唐なすび」として描き、1709年、貝原益軒が「唐ガキ」として紹介しています。この時期は観賞用として珍重されました。

食用としては明治の開拓使が多くの品種を導入して試験栽培しましたが、甘くなく独特の風味が強いため普及しませんでした。

1899(明治32)年にカゴメ株式会社の創業者・蟹江一太郎氏が加工用トマトの本格栽培を始め、食用も栽培が広がり始めました。

現在の甘いトマトやミニトマトが普及したのは1980年代です。

現在は重要野菜の一つとなり、家庭菜園や市民農園で一番多く栽培されている野菜になりました。

2. 生育特性

生育適温は昼21〜26℃、夜10〜15℃です。30℃以上、10℃以下では花粉に影響が出て着果が悪くなります。

発芽適温は25〜30℃です。果実の着色を進めるリコピンができる適温は20〜25℃です。

子葉と本葉がひらき、茎が伸びながら葉が8〜9枚ほどになると生長点に花ができます(第一果房)。花になる生長点のわきから茎が伸び、葉が3枚になると、また生長点に花ができます(第二果房)。

全ての茎で、これが繰り返されます。茎は太くなり、一本の連続した茎のように見えます。

さらに、それぞれの葉のわきからわき芽が伸びて、側枝になります。側枝にも花がつきます。

全ての枝を残して大切に育てると、1株に数千個の果実がなり、灌木のような姿になります。

花は房となり、受精してから55〜60日で収穫できます。

側枝の伸び方
葉が5枚になり花がつくと、以後3枚ごとに花がつく

側枝
本葉
第三果房
第二果房
第一果房

葉8枚の上に花房がつく。苗づくり時の温度が高いと9〜10枚の上に、低いと6〜7枚の上に花房がつく。以後葉3枚ごとに花房がつく

3. 品種

トマトの品種は、大玉品種、中玉品種、ミニトマト品種、調理用品種、ジュース加工用品種があります。

毎年、病気に強くて甘く、特徴のある品種が開発されています。

苗を購入する場合は、販売されているなかから選ぶしかありません。市販の苗は、家庭菜園向けのつくりやすい品種です。

北海道で栽培されている主な品種

	品種名	特徴
大玉	桃太郎	元祖桃太郎。栽培は難しいが味がよい
	ホーム桃太郎	家庭菜園向けでつくりやすい
	CF 桃太郎ファイト	品質がよく、大きさもそろう
	桃太郎セレクト	味がよく、秋までしっかり生育する
	桃太郎ゴールド	吸収されやすいシス型リコピンが多い
	りんか409	味はよく、秋まで生育が安定
	麗夏	果実はかたいが、割れが少ない
	強力米寿	昔の品種で酸味もあるなつかしい味
中玉	シンディースイート	甘みと酸味のバランスがよく濃厚な味
	レッドオーレ	イエローオーレ、オレンジオーレもある
	カンパリ	6～7個つけて房で収穫できる
	フルティカ	甘くて、皮もやわらかい
	シシリアンルージュ	調理用トマトだが、甘く生食もできる
ミニ	キャロル10	高品質でつくりやすい
	キャロルパッション	つくりやすく、果皮がやわらかい
	アイコ	紡錘形、イエローアイコもある
	CF プチぷよ	果皮がとてもやわらかく口に残らない
	イエローミミ	フルーツのような甘さ、明るい黄色
	きらーず	とても甘い薄皮の黄色品種
調理用	ティオ・クック	赤色、70 g、煮崩れしない
	クックゴールド	黄色、卵形、120 g シス型リコピン多い
	ボンジョールノ	赤色、卵形、100 g～140 g ホールトマト向き

(「北海道野菜地図その38」、種苗カタログより)

CF プチぷよ
生食用

シシリアンルージュ
生食／調理用

ボンジョールノ
調理用

4. 苗の準備

苗は種苗店で購入しましょう。

自分で苗づくりする場合は「苗づくり」(P194)を参考にしてください。

よい苗の選び方

- 葉が9枚ほどになり8枚目の上に花がついて、1～2個ひらいている
- 茎はタバコの太さで、下葉もよく生育している
- 病気や害虫がついていない

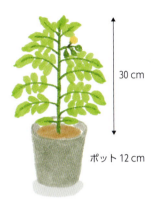
30 cm
ポット 12 cm

理想的な苗は、なかなか販売されていないので、できるだけ近いものを選びましょう。

花が咲きすぎている苗より、つぼみの方がよいです。ただし、花が咲き始めるまで植えつけるのを待つことをおすすめします。

花が咲きすぎていると、苗が根づく前に果実が大きくなり始め、果実に養分をとられて株を十分につくることができません。

逆に、つぼみ、もしくはつぼみができる前の若い苗を植えつけると、実が大きくなり始めるまでに日数がありすぎて、その間に、養分が根や茎や葉をつくる方にとられます。その結果、茎は太く果実は小さくなります。また、石灰の欠乏による尻腐れ果の発生も多くなります。

できるだけ大きい鉢の苗を選ぶとよいでしょう。

5. 畑の準備・施肥

連作すると、土壌菌で株がしおれる病気が発生しやすくなります。できるだけ、ナス科やアブラナ科以外の野菜と交互に栽培しましょう。

トマトは乾燥、過湿ともに弱い作物です。堆肥を入れ、水はけがよく、排水性の高い畑をつくります。

適正土壌酸度は pH 6.0～6.5 です。

前年の秋、または4月下旬までに、完熟堆肥2～3 kg/m² と、苦土石灰 150 g/m² をまいて、やや深く耕し、高さ15～20 cm の高畝ベッドをつくりましょう。

肥料の与え方

植えつけの1週間前までに、畑をよく耕します。基肥は、全面に有機化成肥料（8-8-8）130 g/m²と、過リン酸石灰 50 g/m²、硫酸カリ 60 g/m² をまいて、深さ 25～30 cm までよく耕しましょう。

肥料成分量（1m²あたり）

区分	窒素(N)	リン酸(P)	カリ(K)
基肥	10 g	20 g	40 g
追肥1回あたり	4 g	―	4 g

＊追肥は1段目の2～3番果がピンポン玉大になったらまく。以後、生育を見ながら各果房が10円玉ぐらいの時に株間にまく
（「北海道施肥ガイド 2015」より）

6. 植えつけ

苗は地温が低いと、根が伸びず枯れてしまいます。植えつけの7～10日前に、高さ10～15cmの植えつけベッドをつくり、透明、または黒マルチフィルムを張り、地温を上げます。

ベッドの深さ15cm部分が16℃以上になるには、マルチをしてから7日以上必要です。

トマトは十分な光を必要とする作物です。株間は40cmほどに広げ、2条植えにする場合の条間は60～70cmとりましょう。花房に光があたることが大切なので、花房を通路側に向けて植えつけます。

植え穴と苗に水やりしますが、冷たい水道水を直接与えるのはやめましょう。

苗や植え穴を冷やさないようにバケツなどにため置きし、少しぬるくしておきます。

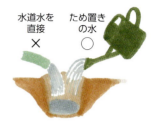

水のため置き

晴れた日の午前中に植えつけます。遅くとも午後2時までに作業を終えましょう。植えつけた日の夜に低温にあたると、根つきが遅れます。苗は深く植えすぎないようにします。

マルチをしている場合は、マルチ下の熱風が苗や茎を傷めることがあるので、マルチの上に土をかぶせて防止します。

仮支柱を立て、苗を固定しましょう。

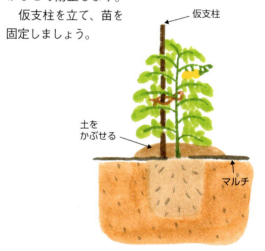

7. 保温

5月中旬の植えつけは、トンネル保温が必要です。5月下旬以降は、行灯型の防風・保温でも大丈夫です。

8. 支柱の立て方

トマトは葉全体に光がよくあたるように仕立てます。垂直に茎を伸ばし、倒れないように太めの支柱をしっかり立てましょう。

6月中旬までに、仮支柱から本支柱に変え、風で倒れないようにしっかり誘引します。

ミニトマト、中玉トマトも同様に仕立てます。

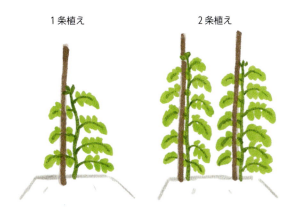

支柱の結び方

イボ支柱か節のある支柱を使い、結びヒモがずり落ちないようにします。トマトの茎は生育とともに太くなるので余裕を持たせ、8の字に交差して支柱に結びつけます。

わき芽の摘み取り

トマトの各葉のわきからわき芽が発生します。放置すると、わき枝として伸び、混み合います。わき芽が2〜3葉になるころに摘み取りましょう。

この時期であれば、手で摘み取れて傷口も小さく、病気の発生も少ないです。

9. 着果

トマトの果実は、タネから出る成長ホルモンで大きくなり始めます。

花は雄しべと雌しべをもつ両性花で、自然交配します。トマトには蜜がないためミツバチは来ませんが、マルハナバチが花粉を集めに来ます。マルハナバチが花にぶら下がり、体を震わせて花粉をお腹で受け止めて集める際に受粉されます。ハチの代わりに手で花房を震わせても授粉できます（振動授粉）。

しかし、10℃以下の低温だと、受粉した花粉が働かないためタネができません。

低温や雨が続く場合、トマトトーン（着果促進剤）を花にスプレーしてやると、確実に果実がそろって大きくなります。

大玉トマトでの効果が大きく、ミニトマトや中玉トマトではホルモン剤を使用しなくても着果します。

ホルモン処理方法

市販の「トマトトーン」は100倍程度に薄められていてそのまま使用できるタイプや、原液を80〜100倍に薄めて使うタイプがあります。

薄めるタイプは、処理する時の気温の4倍（20℃の場合80倍）に薄めて使用します。

3〜4花咲いた花房に花の正面からスプレーする方法（①）と、花房全体をつけるどぶづけ方法（②）があります。後者は花房を折らないように注意しましょう。

10. 水やり

　花が受精して果実が大きくなり始めると、肥料をよく吸収するようになります。

　葉も大きくなり、葉からの水分蒸散も多くなるので、マルチ下の土壌水分が乾かないように水やりしましょう。

　水やりは晴天日の午前中に行います。マルチをしている場合は、畝の肩部をはいで、肩部がぬれるようにします。また、追肥したら必ず水やりをしましょう。

　畑が乾くと、石灰不足の尻腐れ果が多くなります。

　ただし、一度に水を多く与えすぎると果実が割れるので、全体がぬれる程度にし、乾燥が続く場合は回数をふやしましょう。

　花の数が非常に多いミニトマトは、開花期に株の先端がしおれることがあるので、雨が少ない年は、水やりが遅れないようにしましょう。

　果実が色づき始めた以降は、やや乾き気味に管理すると甘さが強くなります。

11. 追肥

　追肥は最初の果実が10円玉大になり、第三花房が開花し始めるころに、化成肥料(8-8-8) 50 g/m² をベッド肩部のマルチをはいで、ばらまきして水やりします。

　ただし、追肥は生育状況を観察して与えます。

　苗が若いうちに植えつけたり、基肥が多すぎたりして、下図左のように、茎が太く、葉が巻いている場合は、生育が強すぎるので、追肥をやめましょう。茎が細く、弱々しい場合は、この状態になる前に、追肥や水やりをしましょう。

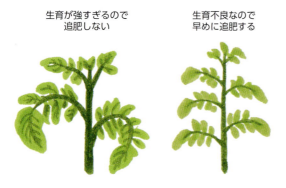

12. 花房整理・整枝・葉かき

　支柱先端まで伸びてきたら、8月上旬に開花した花房の上の葉2枚を残して、先端を摘み取ります。果房の上2枚の葉のわき芽は伸ばして果実の日傘にします。

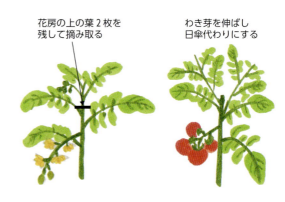

下葉の管理

　株の下葉は老化して退色したり巻いてくるので、これらの葉は摘み取ります。しかし、緑色の葉は、まだ養分をつくっているので残し、果実から下2枚も残しておきましょう。葉を摘みすぎると、甘みが落ちます。

ミニトマトの下枝の管理

　下のわき芽を摘み忘れて長い下枝が伸びている場合があります。40 cm四方ほどの空間がある場合は、摘み忘れた枝に支柱を立て、着果させると収量をふやせます。

13. 病害虫対策

葉かび病、うどんこ病、疫病が発生しやすいです。特に雨の多い年は葉かび病、疫病の発生が多くなります。

害虫では、果実に穴をあけて中に入り込み食害するオオタバコガ、果実に白いひぶくれ状の斑点ができるヒラズハナアザミウマの被害をうける場合があります。

アブラムシ、ハダニも発生します。発生したら、P204の表を参照してください。

葉かび病
葉裏にビロード状のカビが発生

尻腐れ果（石灰欠症）

乾燥で石灰吸収が悪くなる。また、肥料が多すぎても茎葉が大きくなり石灰分が取られるため、発生する。

チャック果・窓あき果

花ができる時、10℃以下の低温で、子房に雄しべが癒着し、窓あきとなる。石灰の欠乏で増加する。右の写真はチャック果で、窓あき果にもなっている重症例。

裂果

放射状裂果（右の写真）と同心円状裂果がある。放射状は乾燥後の大雨など急激な水分変化で発生。同心円状は光線による果皮の老化で、上位段に発生。秋に多い。

14. 収穫

家庭菜園では、全体が着色し、最も甘くなったところで収穫しましょう。

開花後55～60日が収穫の目安です。市民農園など離れた場所で栽培している場合でも、週2回は収穫しましょう。

完熟するとヘタにひび割れ（離層）ができます。手でもぎ取るか、ハサミで切り離しましょう。

15. 栄養価・食べ方・保存

「トマトが赤くなると医者が青くなる」といわれるように、機能性の高い成分を多く含んでいます。

トマトで特に目立つ成分はリコピンです。赤く色づくほどリコピンは多くなり、また、高糖度のトマトほど多いです。リコピンの抗酸化作用はβカロテンの2倍あります。

リコピンには、トランス型と、シス型の2タイプがあります。一般のトマトにはトランス型が多く、このタイプは生では吸収されにくく、油に溶かしたり、加熱調理すると吸収されやすいです。

近年、オレンジ色のトマトには、生でも吸収されやすいシス型が多く含まれていることがわかり、注目されています。

また、トマトには、クエン酸やリンゴ酸も多く含まれていて、消化促進効果があります。調理用トマトには、うまみ成分のグルタミン酸を多く含み、加熱することでとてもおいしくなります。

一度にたくさん収穫できたら、トマトジュースやピューレをつくり、スープのベースやカレーの味つけなどに利用しましょう。

生で保存する場合は、ヘタを下にしてポリ袋に入れ、冷蔵庫の野菜室で保存します。保存適温は7～10℃です。

冷凍保存する場合は、よく水洗いしてヘタを取り、水をよく切ります。解凍すると、サラダ以外の調理で利用でき、皮もむきやすくなります。

主な栄養成分（可食部100gあたり）

成分	トマト	ミニトマト	缶詰	
	果実／生	果実／生	ホール	ジュース
カリウム	210 mg	290 mg	240 mg	260 mg
βカロテン	540 µg	960 µg	570 µg	310 µg
ビタミンC	15 mg	32 mg	10 mg	6 mg
食物繊維	1.0 g	1.4 g	1.3 g	0.7 g

（「日本食品標準成分表2010」より）

キュウリ ［ウリ科］

栽培カレンダー　　　基準：道央圏

栽培方法	4月	5月	6月	7月	8月	9月	10月
トンネル	■	■	■■■■■■■■■■■■■■■■				
露地		■	■ ■■■■■■■■■■■■■				

■ タネまき　■ 植えつけ　■ 収穫

1. 生い立ち

　原産地は西北インドのヒマラヤ山地といわれ、民族移動に伴い古代ギリシャに伝わり、その後ヨーロッパに広がります。

　中国へは580年ごろに「胡瓜」の記録があり、シルクロードを経て「胡の国」から伝わり普及したとされています。

　華北型と華南型の品種ができて、日本へも伝わり『倭名類聚抄』(923〜930年) に記録されています。この時の品種は華南型で、体を冷やすとされ、あまり食べられませんでした。

　明治期以降に華北型品種が導入されると土着します。その後、これらの品種を基に、多くの品種が開発され、現在、日本は世界で最もキュウリを食べる国民となっています。

2. 生育特性

　つる性のウリ科の作物です。雄花と、子房を持つ雌花を持ち、子房が生長してキュウリになります。

　生育適温は18〜25℃で、30℃以上で根の活動が弱くなります。12℃以下で生育が弱まり、−1℃以下になると凍死してしまいます。

　発芽適温は20〜30℃です。30℃以上、18℃以下では発芽が悪くなります。

　発芽したら子葉がひらき、本葉が1枚になるころから、生長点の中に花ができ始めます。

　つるが伸び始め、まず雄花が咲きますが、葉でつくる養分がふえる5節目の上から雌花が咲きます。

　雌花のつき方は、各節に連続して咲く品種や間隔があく品種などがあります。

　各節から子づるが伸び、子づるの各節から孫づるが伸び、親づると同じように、花が咲き生育します。また各節に支柱に絡まる巻きづるも発生します。

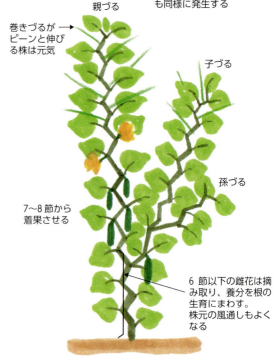

親づるの各節から子づる、葉、巻きづる、花が発生する。子づる、孫づるの各節からも同様に発生する

巻きづるがピーンと伸びる株は元気

親づる

子づる

孫づる

7〜8節から着果させる

6節以下の雌花は摘み取り、養分を根の生育にまわす。株元の風通しもよくなる

雌花と子房

現在の品種は雄花の花粉で受精しなくても果実が大きくなる

子房

3. 品種

イボや果皮に特徴のある品種があります。

種苗店では、夏秋収穫品種の「オーシャン」「夏すずみ」などが販売されています。べと病、うどんこ病に強く、各節に1果ずつつく品種がおすすめです。

果皮にイボのない「フリーダム」も家庭菜園向き。青臭さがなくサラダに合います。また、防除農薬の付着が少ないです。

漬け物用では、果皮がやわらかく深いシワのある「黒さんご」がおすすめです。

オーシャン　フリーダム　黒さんご

4. 苗の準備

苗は種苗店で購入しましょう。

自分で苗づくりする場合は「苗づくり」(P194)を参考にしてください。

自根苗とカボチャの台木に接いだ接ぎ木苗が販売されていますが、接ぎ木苗は、低温や根の病気に強いです。果実に白い果粉（ブルーム）がつかないブルームレス台木に接いでいる場合は、果皮がややかたく、一夜漬けなどの漬け物には向きません。また、うどんこ病にも少し弱くなります。

連作をさけ、土づくりが行われている畑に、マルチなどで地温を十分に上げて、5月下旬以降の植えつけであれば自根苗でも大丈夫です。

よい苗の選び方

- 葉が厚く、茎が太くガッチリしている
- 葉や茎に病斑がなく、鮮やかな緑色
- 葉が3〜4枚の苗

5. 畑の準備・施肥

根はウリ科のため、浅く広く伸びます。

大きな葉や果実をたくさんつけるので、とても多くの水が必要です。堆肥など有機物が多く、団粒構造の発達した、水はけがよく保水性の高い畑が適しています。

連作すると、つる割病など土壌伝染性の病気が発生しやすくなるので、毎年、植えつけ場所を変えましょう。

適正土壌酸度はpH 5.7〜7.2とやや広いです。前年の秋、または4月下旬までに、完熟堆肥3〜4 kg/m^{2}と、苦土石灰100 g/m^{2}をまいて、よく耕しましょう。

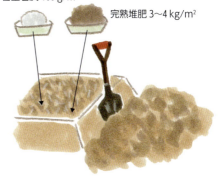
苦土石灰 100 g/m^2
完熟堆肥 3〜4 kg/m^2

肥料の与え方

生育期間が長いので、植えつけ時の基肥と収穫が始まってからの追肥を分けて与えます。

基肥には肥料が過不足なく安定して与えられるように、有機質肥料が多く含まれた有機配合肥料が適しています。

基肥は、有機化成肥料(8-8-8) 250 g/m^{2}をまき、よく耕して、植えつけベッドをつくります。

追肥は早く吸収される化成肥料を使いましょう。化成肥料(8-8-8) 60 g/m^{2}を収穫始めの時期と、その後20日おきに株間にばらまき、水やりしましょう。

露地栽培の肥料成分量（1 m^2 あたり）

区分	窒素(N)	リン酸(P)	カリ(K)
基肥	20 g	15 g	20 g
追肥1回分	5 g	—	5 g

＊追肥は収穫が始まったら、20日おきに株間にまく
（「北海道施肥ガイド2015」より）

6. 植えつけ

仕立て方で、畝幅や株間が異なります。

伸ばすつるの間隔を30～35cm確保するように苗を植えつけます。作業は晴天の午前中に行いましょう。

露地栽培では、風よけ、保温が必要です。

植えつけの1週間前までに、マルチやトンネルで保温して、深さ15cm部分の地温が16℃以上に上がっていることを確認して植えつけます。

株間
つる1本仕立て　35～40cm
つる2本仕立て　70～80cm
つる3本仕立て　90～100cm
保温・防風対策
条間60cm
ベッド幅90～100cm
高さ15～20cm

7. 支柱の立て方

1本支柱

栽培本数が少なく、数本仕立てる場合に適します。太い支柱を垂直に立て、2mの高さにします。

4本支柱

先の湾曲した根曲がり竹4本で、先端を結び支柱にします。強風に弱いです。

1本支柱　　4本支柱

合掌支柱

育てる本数が多い場合に適します。支柱を合掌に組み、横棒を渡し、キュウリネットや誘引テープを張ります。（P198参照）

合掌支柱

キュウリの苗は、葉が大きく水分の蒸発が多いので、地温が低く根の張りが遅れると、苗はしおれてしまいます。

低地温で枯れた苗

地温16℃以上で元気に生育

地温16℃以下でしおれ始める

[つるのとめ方]

つるを誘引テープでとめる場合は少しゆるめに結ぶ

つるを支柱に誘引する時は、ひもが支柱からずり落ちず、つるを締めすぎないように、8の字に交差して結ぶ

支柱側は二重に

8. つるの整枝
つる1本仕立て

親づるには4～5節から果実がなり始めますが、6節以下にならせると果実に養分をとられ生育が悪くなります。7～8節からなるようにして、その下の雌花は花のうちに摘み取りましょう。

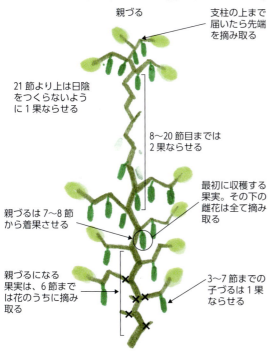

つる2本・3本仕立て

4～6節から伸びる、元気のいい子づるを1本、または2本伸ばします。

支柱先端の摘み取り

支柱の先端近くまでつるが伸びてきたら、つるが小さいうちに先端を摘み取ると、生育への影響が少ない。
つるは、さらに茎を伸ばし、やがて止まる

わきづるの着果方法

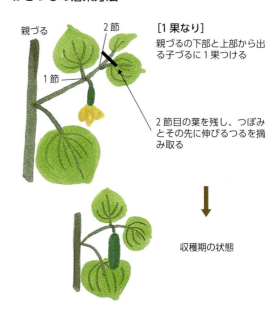

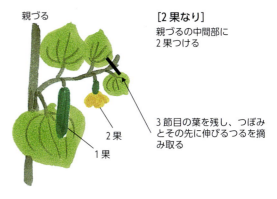

9. 病害虫対策

一番発生しやすい病気は、うどんこ病とべと病です。雨が多い年に斑点細菌病が発生する場合があります。いずれも発生初期に防除しましょう。発生の多い葉は摘み取ります。

害虫では、ワタアブラムシが葉裏に発生します。発生が多くなると、防除農薬の効果が落ちるので、少ないうちに防除しましょう。市民農園などは、隣接する畑で病気が発生すると伝染するので、予防防除をおすすめします。(P202、204 参照)

べと病

うどんこ病

キュウリは新しい花をつくり、果実を大きくし、つるを伸ばし、葉も根も生育させることを同時に行っています。肥料が少なかったり、水が不足したり、大きな果実がぶら下がったままだったり、たくさん果実がついたままだと、養分が不足して花の質や果実の生長に影響が出ます。果実の形から、生育状態が観察できます。

曲がり果

肥料不足や乾燥、着果過多などで葉でつくる養分が不足するため、花の質が悪くなり、子房のころから少し曲がってくる。追肥や水やり、早めの収穫で生育を回復させる。

尻太果

曲がり果と同様の原因に加え、雨が続き、日照不足や葉の摘みすぎなどの生育が悪くなる条件で発生。またハウス栽培の夜の高温でも発生する。

尻細果

曲がり果と同じ条件に加え、高温乾燥が続くと発生が多くなる。
水やりを遅れないようにつとめ、収穫を早めにして株の生育を回復させる。

10. 収穫

果実の長さが20～23 cmくらいになったら、果実のヘタを残し、手かハサミで収穫します。

取り忘れると、大きくなって養分が無駄づかいされます。新しくできる花が少なくなって株が弱り、曲がり果もふえます。株元から伸びた子づるや孫づるに、取り残した大きな果実をよく見かけます。1日で2～3 cm伸びるので、毎日よく観察して取り遅れないようにしましょう。

収穫果
20～23 cm

11. 栄養価・食べ方・保存

キュウリは95％が水分のため、栄養価は少ないですが、カリウム、カルシウムなどのミネラルは多く含まれています。カリウムは血液中の塩分の塩素と結びつき、ナトリウムを排出する効果があります。

また、キュウリには体内の熱を下げたり、アルコール代謝を促す働きがあり、夏バテ予防や二日酔いをおさえる効果が期待されます。

食べ方は、サラダ、酢の物、漬け物の材料として幅広く利用できます。

低温に弱いため、保存は10～12℃が適しています。冷蔵庫の野菜室はやや低温ですが、ポリ袋に入れて保存すれば2～3日は可能です。できるだけ早く食べましょう。

長期保存は、塩もみして袋に入れ冷凍もできますが、漬け物にするのがおすすめです。

主な栄養成分(可食部100gあたり)

成分	生	漬物		
		塩	醤油	糖みそ
カリウム	200 mg	220 mg	79 mg	610 mg
カルシウム	26 mg	26 mg	39 mg	22 mg
βカロテン	330 μg	210 μg	570 μg	210 μg
ビタミンC	14 mg	11 mg	8 mg	22 mg
食物繊維	1.1 g	1.3 g	3.4 g	1.5 g

(「日本食品標準成分表 2010」より)

辛い野菜、甘い野菜、苦い野菜

■野菜は生き残るために味を利用している

植物は自ら動くことができないので、花を咲かせてタネを実らせ、そのタネをいろいろな場所に運んでもらわなくてはなりません。

そのために、野菜にとっては味が重要な役割を果たしています。

■タマネギの辛さは？

タマネギは花を咲かせるために休眠して冬を越し、翌年にネギ坊主の花を咲かせてタネをつくります。もし、タマネギが畑で動物に食べられたら、タネをつくることができません。

タマネギなどネギ類の多くは、辛み成分である硫化アリルのアリシンをもっていて、生でかじるととても辛いです。

キツネやアライグマ、シカは、この辛み成分を嫌うため、タマネギを食べる被害はほとんどありません。ネギの仲間はこの辛み成分により自らを守っているのです。

タマネギの場合、表皮に苦み成分のケルセチンも多く含みます。苦みと辛みの二重の防御で、動物から食べられるのを防いでいます。

また、これらの成分は菌の繁殖を防ぐ効果もあり、傷などからタマネギが腐れるのを守っています。

■ダイコンの辛さは？

もしもダイコンがスイカやメロンのように甘かったら、収穫する前に鳥や動物に食べられてしまうでしょう。

雪の下で越冬したニンジンが甘みを増し、春の雪どけ時期に、きれいにシカに食べられる例もあります。

ダイコンには、辛み成分のアリルイソチオシアネートが含まれています。この辛みにより動物や、土の中の昆虫などから身を守り、翌年花を咲かせ、タネをつくることができます。

また、これらの成分は抗菌作用があり、腐れからもダイコンを守っています。

■スイカやメロンの甘さ、ゴーヤーの苦みは？

スイカやメロンはタネが熟すと果実が甘くなり、鳥や動物が食べることで、タネはふんの中に混じり、遠くまで運んでもらえます。

しかし、タネが熟す前に食べられても困ります。実際はタネが熟したら甘く、とてもおいしくなるため、学習能力をもつ動物は熟してから食べに来るのです。

スイカやメロンの鳥獣害が発生するのは、その多くが、タネが熟す時期以降です。

ゴーヤーは、タネが熟すまで、独特の苦みで果実を守っています。タネが熟すと果実が割れ、中の赤いタネが外からも見え、タネのまわりのワタは苦みがなくなり甘みが出ます。まるで鳥や動物に食べてほしいと訴えているようです。

このように、野菜の味一つ一つが、生きるうえで重要な役割を担っています。

カラスが食べた熟したスイカ

熟して果実が割れたゴーヤー

ナス ［ナス科］

栽培方法	2月	3月	4月	5月	6月	7月	8月	9月	10月
トンネル									
露地									

栽培カレンダー　基準：道央圏

■ タネまき　■ 植えつけ　■ 収穫

1. 生い立ち

　原産地はインドと推定されています。中国に伝わり、400年代には栽培の記録があります。

　ヨーロッパには中近東を経て、13世紀ごろ伝わっていますが、最初は観賞用として栽培され、現在もあまり栽培されていません。

　日本へは中国を経て伝わり、最古の記録は東大寺正倉院の文書に、750年に「藍園茄子を進上したり」との記録があります。

　漬け物としても重要な野菜となり、江戸時代の『農業全書』(1697年)には、紫、白、青、丸いもの、長いものなど、多くの品種が栽培方法とともに記載されています。

　古くからの野菜で多くの料理に利用されており、いろいろな形のものがあって、家庭菜園には欠かせない野菜です。

葉が2枚になり、その上にも花が咲いて果実がつく。これが繰り返される

本葉が8〜9枚になると、その上に花が咲いて最初の果実がつく

2. 生育特性

　インド原産なので高温を好みます。

　生育適温は22〜30℃で16℃以下、また32℃以上になると、生育が悪くなり、また花粉の機能も低下し、実のなりが悪くなります。

　発芽適温は、昼30〜35℃、夜20〜25℃と高いです。

　発芽したら、子葉と本葉がひらき、茎が伸びながら葉が8枚ほどになると生長点に花ができます。そして、葉のわきからわき芽が伸び始め、葉が2枚になったら生長点に花ができます。これが繰り返され、たくさんの果実がなります。

　南方では、越冬して大きくなり、茎は木質化し木のようになりますが、日本では越冬できず、草本の1年生植物として扱われています。

3. 品種

　北海道では細長く、漬け物に適した長ナスや、肉質が緻密で果皮がかたく煮物や焼き物に適した米ナス、利用幅の広い中長ナスなどが主に栽培されています。

　利用目的に合わせて栽培するとよいでしょう。

北海道で栽培されている主な品種

品種名	タイプ	果形	果実の大小
黒陽	長ナス	中太長	大
長岡長	長ナス	中太長	大
千両2号	中ナス	長卵	中
あのみのり	中ナス	長卵	中
くろべえ	中長ナス	中卵	中〜大
くろわし	米ナス	長球	大

（「北海道野菜地図その38」、種苗カタログより）

4. 苗の準備

苗は種苗店で購入しましょう。自分で苗づくりする場合は、「苗づくり」(P194)を参考にしてください。

接ぎ木した苗と、自根苗が販売されています。

ナスは土壌病害により、生育途中から葉がしおれる半身萎凋病（はんしんいちょうびょう）が発生しやすいです。一度発生すると菌が10年以上も畑に残るため、毎年発生します。

病気が発生した畑で栽培する場合は、比較的、土壌病害に強い接ぎ木苗を購入しましょう。完全に発病をおさえることはできず、葉は少ししおれますが、9月上旬ごろまでは収穫できます。

よい苗の選び方

- 本葉が8枚くらいで、その上につぼみがついている
- 葉が大きくて厚く、茎が伸びすぎていない
- 接ぎ木苗は、しっかり接ぎ木されている
- 葉や茎に、病気やアブラムシ、ハダニがついていない

つぼみ

5. 畑の準備・施肥

前述のように連作すると病気がふえるので、前回の栽培から4年ほど間隔をあけましょう。できる限り、ナス科やアブラナ科以外の野菜と交互に栽培しましょう。

ナスは根が深く伸びるので、25〜30cmの深さまで耕します。

適正土壌酸度はpH6.0〜6.5です。

前年の秋、または4月下旬までに、完熟堆肥3〜4kg/m^{2}と、苦土石灰150g/m^{2}をまいて、よく耕しましょう。

肥料の与え方

植えつけの1週間前までに、畑をよく耕します。基肥は、全面に有機化成肥料(8-8-8)200g/m^{2}と、過リン酸石灰25g/m^{2}をまいて、深さ25〜30cmまでよく混ざるように耕します。

肥料成分量(1m^{2}あたり)

区分	窒素(N)	リン酸(P)	カリ(K)
基肥	15g	20g	10g
追肥1回あたり	2g	—	5g

＊追肥は収穫が始まったら、30日おきに株間にまく

（「北海道施肥ガイド2015」より）

6. 植えつけ

苗は曇天をさけ、晴れの日に植えつけます。

午前中に作業を始め、遅くとも午後2時までには終えましょう。夕方に植えつけて、夜低温にあたると根つきが遅れます。

本葉が8枚になり、つぼみがついている苗を植えつけます。花が咲いていてもいいです。

深さ15cm部分の地温が15℃以上あるのを確認して植えつけます。不織布のトンネルや行灯型フィルムで保温、防風しましょう。

条間60cm、株間は50〜60cmです。

苗の植えつけ方はトマトの苗(P12)を参考にしてください。

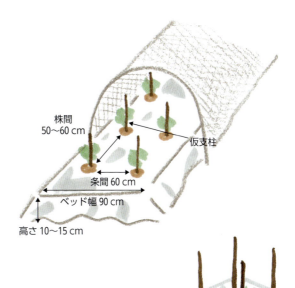

5月下旬以降の植えつけは行灯型フィルムで防風、保温してもよい

7. 仕立て方

ナスの花は、主枝と、最初の花（一番花）の下のわき芽が伸びた枝、さらにその下の枝によい花が咲きます。したがって、主枝とこの2本の枝を残し、3本の主枝として伸ばします。その下の葉のわき芽は、葉が2枚になるころに全部摘み取ります。

支柱の立て方

主枝3本をそれぞれ誘引する支柱を3本立てるのが一番よいです。生育に合わせて、1〜2本でも大丈夫です。

8. 水やり

ナスは多くの水を必要とします。畑が乾くと葉や果実のツヤがなくなり、水分不足で消し炭のようなツヤなし果が発生します。

降雨がない日が続く場合は、ベッドの間の通路にも水をやり、畑の水分を保つようにします。

9. 追肥

収穫が始まったら、30日間隔で追肥します。化成肥料（8-8-8）25 g/m² を、株間にまきましょう。

生育の状態は花の雌しべを観察するとわかります。花の雌しべが長く伸びていれば正常な生育です。雌しべが雄しべより短い場合は生育不良なので、追肥や水やりで生育を回復させましょう。

生育良（長花柱花）

生育不良（短花柱花）

10. わき芽の管理

各主枝の葉のわき芽も伸びて、それぞれ果実をつけます。放置しておくと、枝が混み合ってヤブ状態となり、葉に日光があたらず、着果不良、病気や害虫の発生が多くなります。

わき芽の花の先を摘み取り着果させます（①）。収穫したら葉2枚の先で摘み取ります（②）。側枝からもわき芽が伸びます。開花したら、その先を摘み取り同様に着果させます（③）。

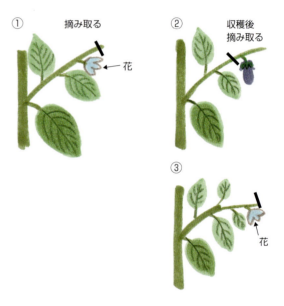

株の中心部分が混み合ってきたら、株の中心に向かって伸びている枝を間引きするように摘み取り、全体の葉に光があたるようにします。

11. 病害虫対策

ナスの病気で一番問題になるのは、ナス半身萎凋病です。写真のように生育途中で一部の枝の葉がしおれてきます。

この病気は、バーティシリウム菌という土壌菌が、根や茎の養分や水分を運ぶ維管束を侵すために発生します。

この菌は畑の中で10年以上も生き、一度発生すると毎年発病します。またこの菌は、ピーマンでも発病します。

トマト、ジャガイモは症状は軽いですが菌をふやし、ダイコンでも発生します。ナス科、アブラナ科との連作をさけましょう。

接ぎ木苗で栽培すると、葉が少ししおれても収穫できます。接ぎ木苗でもしおれが著しい場合は、その畑での栽培を中止しましょう。

そのほかの病気では、降雨が続き過湿になると灰色かび病、菌核病が発生します。

害虫では、アブラムシ、ハダニが葉裏に発生します。

見つけたら、ふえないうちに防除しましょう。天然系の農薬で防除できます。
（P204参照）

12. 収穫

ナスは開花後2週間ほどで収穫できます。
収穫しないと大きくかたくなります。
長ナスは150g、中長ナスは60gくらいで収穫します。

最初の果実は花の時に摘み取るか、小さいうちに収穫して株に負担がかからないようにします。

果実を握ると果皮が傷むので、ヘタをつまんで切ります。

ヘタにトゲがあるので手袋をしましょう。

13. 栄養価・食べ方・保存

ナスは水分が特に多い野菜です。カリウム、カルシウム、食物繊維は一定量含みますが、ビタミン類は多くありません。

果皮の紫色はナスニンと呼ばれるアントシアニンの一種です。アントシアニンは抗酸化作用があり、動脈硬化やコレステロール値の抑制など、生活習慣病の予防に効果があるとされています。

ナスは独自の味が薄く、果肉の組織が粗いために、いろいろな料理の味がしみ込みやすいという特徴があります。油との相性もよく、さまざまな料理食材として利用されています。

それぞれ品種ごとに適する調理法があります。

中長ナスは、煮る、焼く、漬け物など多くの料理に利用できます。

長ナスは、形が長いため、漬け物に向いています。

丸ナスのうち、大型の米ナスは肉質が緻密で、油を使った料理に向きます。中型の賀茂ナスは緻密で煮くずれしにくいので、田楽や煮物に向いています。

ナスを切ると、ポリフェノールの酸化で茶色に変色します。すぐに調理するか、水につけておきましょう。

保存適温は7～10℃です。直接、冷風にあたると変質しやすいので、ビニール袋に入れ、冷蔵庫の野菜室で保存しましょう。

ただし、長く保存すると、果肉も果皮もかたくなるので早めに食べましょう。

主な栄養成分（可食部100gあたり）

成分	生	ゆで
水分	93.2 g	94.0 g
カリウム	220 mg	180 mg
カルシウム	18 mg	20 mg
βカロテン	100 μg	98 μg
ビタミンC	4 mg	1 mg
食物繊維	2.2 g	2.1 g

（「日本食品標準成分表2010」より）

ピーマン・トウガラシ ［ナス科］

栽培方法	2月	3月	4月	5月	6月	7月	8月	9月
トンネル	タネまき		植えつけ		収穫			
露地		タネまき		植えつけ		収穫		

栽培カレンダー　基準：道央圏

■タネまき　■植えつけ　■収穫

1. 生い立ち

　ピーマンはトウガラシの仲間で辛みのない種類です。トウガラシの原産地は、中央アメリカと南アメリカで、コロンブスにより1493年にスペインに持ち込まれ、ヨーロッパに普及しました。

　日本へはポルトガル人により16世紀には伝わったとされていますが、辛みのあるトウガラシが中心でした。現在の辛みのないピーマンは明治以降アメリカから導入され試験栽培されていますが、本格的に栽培が広がったのは、西洋料理が普及し始めた戦後の1950年代後半です。

　市場の区分もトウガラシに含まれていたのが、ピーマンとして独立しました。

　現在、辛みのあるトウガラシ、辛みのない小型のシシトウガラシ、中型のピーマン、大型で肉厚のカラーピーマン、そのなかでもベル型をパプリカと、多くのトウガラシ類が栽培されています。

2. 生育特性

　熱帯原産なので、比較的高温を好みます。

　生育適温は昼25〜30℃、夜15〜20℃です。15℃以下では受精が悪く、肥大が遅れ、10℃以下では受精しない、かたい果実（石果）が発生します。

　発芽適温は30〜33℃で、20℃以下では発芽が極端に悪くなります。

　子葉と本葉がひらき、茎を伸ばしながら葉が7〜11枚ほどになると生長点に花ができます。

　さらに花の両わきからわき芽が伸びて生長点に花ができ、またその花の両わきからわき芽が伸びます。以後、同じように繰り返し、花の数がふえますが、分枝したわき芽の一方は弱い枝になります。

　南方では越冬して大きくなり、茎は木質化し木のようになります。多年性作物ですが日本では低温で越冬できないため、一年生作物になります。

枝が多くなると分枝した一方は弱い枝になる

分枝したところに葉と花がつき、実がなる

生育良（長花柱花）
雌しべ　雄しべ
雌しべが雄しべの上まで伸び、受粉してタネができて果実が大きくなる

生育不良（短花柱花）
雌しべが短いと受粉できず、タネをつくれない

よい果実の断面
タネ
タネが少ないといびつな形になる。タネがないと小さくかたい石果になる

3. 品種

甘トウガラシの仲間では、緑種はピーマン、シシトウガラシ、ピーマン臭の少ない「こどもピーマン（ピー太郎）」などがあります。

カラーピーマンは、大型や中型のパプリカ、牛のツノ型の「ピメント」、トマト型の「トマピー」などさまざまな品種があります。

辛トウガラシでは、「札幌大長なんばん」、完熟させてトウガラシをつくる「鷹の爪」「八房」などがあります。

甘トウガラシのピーマン類で
北海道で栽培されている主な品種

品種名		果色	1果重	特徴
ピーマン	さらら	緑	30〜40 g	ベル型肉薄
	みおぎ			
	あきの			
	エース		50 g	ベル型肉厚
	ピー太郎		50 g	紡錘型肉厚
カラーピーマン	シグナル	赤	80 g	中型
	スペシャル	赤	170 g	大型
	パプリゴールド	黄	200 g	代表的パプリカ
	パプリレッド	赤	200 g	
	ピメント	赤・黄	100 g	ツノ型
	トマピー	赤・黄	100 g	トマト型

（「北海道野菜地図その38」、種苗カタログより）

4. 苗の準備

苗は種苗店で購入しましょう。

自分で苗づくりする場合は「苗づくり」（P194）を参考にしてください。

よい苗の選び方
- 本葉が10〜11枚になり、つぼみがついている
- 花はひらいていてもよい
- 茎が太く、伸びすぎずガッチリしている
- 葉や茎に、病気やアブラムシ、ハダニがついていない

直径9〜12 cmのポット苗

5. 畑の準備・施肥

連作すると「ナス半身萎凋病（はんしんいちょうびょう）」と同じ菌により葉がしおれ、落葉する病気が出ます。できる限り、ナス科やアブラナ科以外の野菜と交互に栽培しましょう。

乾燥、過湿ともに弱い作物なので堆肥を入れ、水はけがよく、保水性の高い畑をつくります。

適正土壌酸度は pH 6.0〜6.5 です。

前年の秋、または4月下旬までに、完熟堆肥2〜3 kg/m^{2}と、苦土石灰100 g/m^{2}をまいてやや深く耕し、高さ15〜20 cmの高畝ベッドをつくれるようにしましょう。

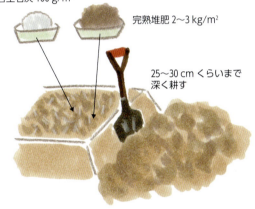

苦土石灰 100 g/m^2
完熟堆肥 2〜3 kg/m^2
25〜30 cmくらいまで深く耕す

肥料の与え方

植えつけの1週間前までに、畑をよく耕します。基肥は、全面に有機化成肥料（8-8-8）130 g/m^{2}と、過リン酸石灰50 g/m^{2}をまきます。深さ25〜30 cmまでよく混ざるように耕しましょう。

肥料成分量（1 m^{2}あたり）

区分	窒素(N)	リン酸(P)	カリ(K)
基肥	10 g	20 g	10 g
追肥1回あたり	5 g	—	5 g

＊追肥は収穫が始まったら、30日おきに株間にまく

（「北海道施肥ガイド2015」より）

6. 植えつけ

　苗は曇天をさけ、晴れの日に植えつけましょう。

　午前中に作業を始め、遅くとも午後2時までには終えましょう。夕方に植えつけて、夜に低温にあたると根つきが遅れます。

　深さ15cm部分の地温が16℃以上あるのを確認してから、本葉が10〜11枚になり、つぼみがついている苗を植えつけます。花が咲いていてもいいです。

　不織布のトンネルや行灯型フィルムで保温、防風しましょう。

　株が大きく広がるので、畝幅は1mと広くとります。1条植えが栽培しやすいです。

　株間は植えつける種類で異なり、ピーマン、カラーピーマンは40〜45cm、シシトウガラシ、トウガラシ類は50〜70cmとさらに広くとります。

　シシトウガラシは1本でも収穫最盛期になると、多くの本数を収穫できるので、家庭菜園では1〜2本でも十分楽しめます。植えすぎないようにしましょう。

　植えつけ時の注意は、トマト（P12）を参考にしてください。

7. 仕立て方

　ピーマンの枝は、水平より下に垂れると、養分がうまく運べず、よい花が咲きません。枝が垂れないように支柱を立てて誘引すると生育がよくなり、たくさん収穫できます。

4本仕立て

　最初に枝分かれし、さらに次の節で枝分かれして4本の枝が伸びます。この4本をそれぞれ主枝として伸ばし、150cmほどの支柱を4本立てて、それぞれに主枝を結びつけて誘引します。

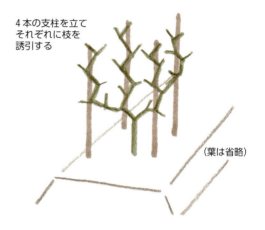

4本の支柱を立てそれぞれに枝を誘引する

（葉は省略）

簡易仕立て

　トンネル支柱や、それに代わる支柱を畝の両側に立て、テープを張って枝が下に垂れないようにします。

　中央部は枝が混み合うので、光があたるように枝を間引きします。

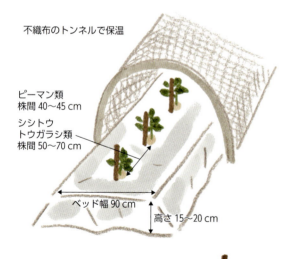

不織布のトンネルで保温

ピーマン類 株間40〜45cm

シシトウ トウガラシ類 株間50〜70cm

ベッド幅90cm

高さ15〜20cm

5月下旬以降の植えつけは行灯型フィルムで防風、保温してもよい

テープを張り枝が垂れないようにする

8. 着果

ピーマンは枝が分岐する各節に果実がなります。

1番果（最初につく果実）がつくと、根や葉や茎に運ばれる養分が果実にとられ生育が遅れます。できるだけ花の状態で摘み取り、株を疲れさせないで2節目から着果させましょう。1番果が着果してしまったら、小さいうちに収穫し、株の負担を減らします。

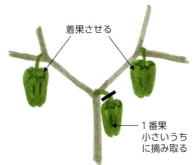

カラーピーマン

カラーピーマンは中型、大型とサイズが異なります。大きくなる果実を1、2節に着果させると、果実に優先的に養分が使われるため生育が極端におさえられ、数個しか収穫できません。また、果実が枝の間にはさまる場合もあります。

下図のように着果させると、生育がよく、収穫数もふえます。

中型
1番果は花のうちに摘み取る。2番果から着果させ、緑色のまま収穫する。3番果から着色させる

大型
1、2番果は花のうちに摘み取る。3番果から着果させる

大型カラーピーマンを1節から着果させたため、株の生育が悪く3～4個しか着果していない状態

分枝の管理

4本仕立てなどで主枝を支柱に誘引すると、分枝した枝で混み合ってきます。その場合は、中央に向かう枝を間引きします。

大型のカラーピーマンは、太い主枝にのみ着果させると、大きく色もきれいになります。

分岐した弱い方の枝を2節残して摘み取ります。残した側枝は葉を2枚残し、つぼみも摘み取り果実がつかないようにします。

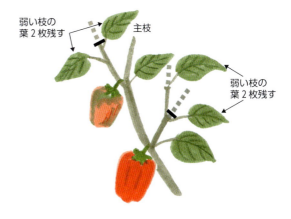

9. 水やり

晴天日の午前中に水やりします。マルチをしている場合は畝の肩部をはいで、肩部がぬれるようにしましょう。

追肥したら、必ず水やりします。

畑が乾くと、石灰不足の尻腐れ果、ひび割れ果、果実に直射光線があたった時の日焼け果などが多くなります。

10. 追肥

収穫が始まったら、30日間隔で追肥します。化成肥料（8-8-8）60 g/m² を、株間にばらまきましょう。

マルチをしている場合は、ベッド肩部のマルチをはぎ、肥料をばらまきして水やりしましょう。

生育の状態は、花の雌しべを観察するとわかります。P26の花のイラストを参照してください。

生育不良の場合は、追肥、水やりをし、果実をやや小さめで収穫して株の元気を取り戻しましょう。

11. 病害虫対策

病気では、半身萎凋病、うどんこ病、灰色かび病が発生します。また、下の写真のように、果実が奇形になるのは、アブラムシで伝染したタバコモザイクウイルスなどのウイルス病です。発生した株は抜き取り、ほかの株や、周囲の農園に広がらないようにしましょう。

害虫では、果実に穴をあけて中に入り込み食害するオオタバコガがあります。また、アブラムシやハダニも発生します。見つけたら、P204の農薬の表を参考にして防除しましょう。

ウイルス病による奇形果

葉の症状

12. 収穫

ピーマン類は完熟すると赤くなります。緑色で収穫するものは、未熟果で収穫しています。したがって、家庭菜園の場合はどの大きさでも収穫が可能です。

黄やオレンジのカラーピーマンも未熟果です。完熟させると最後は赤くなります。

色づく前の緑でも栄養価は十分高く、カラーピーマンは甘くなるころが収穫適期です。

収穫の目安

- **ピーマン**
  開花後1カ月、35〜40gで収穫。
- **カラーピーマン**
  赤は果実全体が赤くなった時、黄・オレンジは8割程度着色した時に収穫。黄・オレンジは収穫後、追熟して着色がすすむ。
- **シシトウガラシ**
  長さ6cmのサイズを目安に収穫。夏は果実の肥大が早いので、毎日収穫が必要。

13. 栄養価・食べ方・保存

ピーマンは栄養価のとても高い作物です。特にビタミンCが多く、野菜のビタミンC含有トップ10のうち1位トマピー、2位赤ピーマン、3位黄ピーマンで、緑でも76mgと夏のホウレンソウの倍も含んでいます。

カラーピーマンの赤はカプサイシン、赤・黄・オレンジはカロテン、紫はアントシアニンと、いずれも抗酸化作用の高い成分と色素です。これらの色素は熱や酸に強く、料理や加工にも向いています。

油やみそとの相性がよく、炒め物や揚げ物、焼き物、サラダといろいろな料理で使われます。

保存適温は10℃で、5℃以下の低温では果皮に黒点が出ます。保存袋にヘタが下になるように入れ、冷蔵庫の野菜室で保存しましょう。

冷凍保存は、ヘタを取り水洗いして2〜4つに切り、タネやワタ部を取り除くと可能ですが、解凍すると食感が悪くなるので、煮込み料理などで使いましょう。

主な栄養成分(可食部100gあたり)

成分	青ピーマン		赤ピーマン		黄ピーマン		トマピー
	生	ゆで	生	ゆで	生	ゆで	生
カリウム	190mg	200mg	210mg	220mg	200mg	210mg	210mg
βカロテン	400μg	410μg	940μg	980μg	160μg	160μg	1,700μg
ビタミンC	76mg	79mg	170mg	180mg	150mg	160mg	200mg
食物繊維	2.3g	2.4g	1.6g	1.6g	1.3g	1.3g	1.6g

(「日本食品標準成分表2010」より)

辛くなる原因は？

収穫したなかには、辛みのあるシシトウや甘いトウガラシが発生することがあります。これは、タネの片親が辛み成分のカプサイシンをもっており、これらの成分が、乾燥や水分変化で多くなるためです。こうしたことが起こらないようするためには、畑を乾燥させないようにこまめに水やりをすることが大切です。

なぜ、野菜には抗酸化物質が含まれるのか

■ **紫外線は植物にも有害**

今から30億年前、太陽の光をうけて光合成をし養分をつくる植物が、海の中に誕生しました。そして4億年前になると、海中よりも強い光が降り注ぐ陸上に進出します。

しかし、陸上でより一層繁栄するためには、今までは海水でガードされていた紫外線を直接浴びることになるため、新たに紫外線から身を守る必要が出てきました。

紫外線があたると、植物や動物の体内で活性酸素が増加します。この活性酸素は細胞の老化を進め、ガンなどの病気の原因になります。

人間も紫外線を浴びすぎると、肌が老化し皮膚がんも発生します。植物も同じです。人間は、服を着て、傘をさしたり、室内に移動したりして、紫外線を浴びる量を減らすことができますが、植物は動くことができないので紫外線から逃れることができません。

■ **植物には強すぎる太陽光線**

太陽光線を葉にうけて、光合成する植物にとって、太陽光線は大切ですが、ほとんどの植物が使える光の強さは、1/3くらいです。太陽の直射光線、約10万ルクスのうち、多くの植物は3〜4万ルクスまでの光しか使えず、それを超える太陽エネルギーは、植物体内の活性酸素を増加させます。

■ **活性酸素除去能力の獲得**

そこで、紫外線を浴びて発生する活性酸素をおさえるさまざまな物質をつくり出すことに成功した植物だけが生き延びることになります。

その代表的な成分がビタミンCや、ビタミンEです。これらの成分は、生育調整に必要ですが、一番大切な働きは、体内で活性酸素を消し去ることです。

花や果実、果皮に多く含まれる、カロテン、リコピン、アントシアニン、ケルセチンなどの色素やポリフェノールも活性酸素をおさえる役割を担っています。

こうした、活性酸素を除く成分を抗酸化物質と呼び、活性酸素をおさえ取り除く働きを抗酸化作用といいます。野菜や果実が、よく老化の防止などによいといわれる所以です。

また、花びらの鮮やかな色は、昆虫を呼び寄せて受粉させる役割だけでなく、繁殖にとって大切な、雄しべや雌しべも活性酸素から守っています。果実の色づきも同様にタネを守っていると考えられています。

■ **植物が人間や動物を守っている**

私たち人間や動物は、こうした抗酸化物質を独自につくり出すことができません。

植物から摂取し、体内で発生する活性酸素を取り除いて命をつないでいるのです。

つまり、人間や動物は、植物自らが生き抜くためにつくり出している貴重な成分によって守られているということになるのです。

スイカ ［ウリ科］

栽培方法	4月	5月	6月	7月	8月	9月	10月
トンネル							

栽培カレンダー　　基準：道央圏

■タネまき　■植えつけ　■収穫

1. 生い立ち

　原産地は南アフリカで、4000年前の古代エジプトの壁画にスイカが描かれていました。当時はタネを食べるために栽培していたようです。

　中国には11～12世紀ごろ伝わり、日本にも伝わりましたが、時期は諸説あります。

　古くは12世紀の鳥羽僧正の「鳥獣戯画」にスイカらしきものが描かれています。

　江戸時代に各地で栽培されるようになり、1696年の『農業全書』には幾つかの品種が紹介されています。

　明治時代になり、現在栽培されている品種の親になった「アイスクリーム」「マウンテンスイート」がアメリカから、黄肉スイカが中国から導入され、以降多くの品種がつくられています。

2. 生育特性

　熱帯が原産のため、**生育適温**は25～30℃と高く、13℃以下では生育が悪くなります。

　発芽適温は25～30℃で、15℃以下では、発芽が悪くなります。

　野菜類のなかでは最も強い光を好み、8万ルクス（太陽の直射は約10万ルクス）まで光を利用できます。雨や曇天が続くと、生育に影響が出ます。

　スイカはつる性の作物です。

　発芽して子葉がひらき、本葉が3～4枚になるころから、茎が伸び始めます。これが親づるになり、親づるの各節からわきづるが伸びます。これが子づるです。子づるからは同様に孫づるも伸びてきます。

　各節には、わき芽と葉と巻きづると花ができる基があります。

　株の栄養条件がよくなると雌花ができます。

　親づるは、本葉が6枚になり、つるが25cm伸びるころ、20節前後に大きな果実になるよい雌花がつくられます。

　子づるは、15節前後にできた雌花が、よい果実になります。

　スイカ1個を大きくするには、40～50枚の葉が必要です。着果してから収穫まで40～50日が目安です。

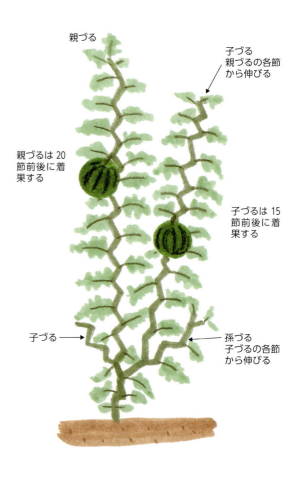

親づる

子づる　親づるの各節から伸びる

親づるは20節前後に着果する

子づるは15節前後に着果する

子づる

孫づる　子づるの各節から伸びる

3. 品種

種苗店にいろいろな品種の苗が販売されています。大玉品種では「祭りばやし777」「マイテー21」、小玉品種では「姫甘泉」「黄こだま2号」など、黄肉品種では「レモニー」、黒皮品種では「タヒチ」、ラグビーボール型の「マダーボール」などがあります。

畑が広い場合は、大玉品種、狭い場合は、支柱栽培やプランター栽培が可能な小玉スイカと、栽培方法で品種を使い分けましょう。

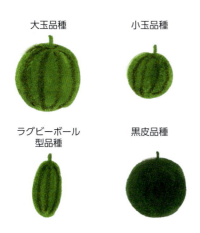

大玉品種　　小玉品種

ラグビーボール型品種　　黒皮品種

4. 苗の準備

苗は種苗店で購入しましょう。

自分で苗づくりする場合は「苗づくり」(P194)を参考にしてください。

ユウガオやカボチャの台木に接ぎ木されている苗を選びましょう。

よい苗の選び方

- 本葉が4～5枚になり、葉が大きくのびのびとしている
- つるは伸びていない
- しっかり接ぎ木されており、台木や穂木の子葉が元気についている
- 葉や茎に病気やアブラムシ、ダニがついていない

5. 畑の準備・施肥

連作を嫌う作物です。前回の植えつけから3年以上はあけましょう。接ぎ木していない苗を植えつける場合は5年以上あけましょう。

日あたりがよく、水はけのよい畑が適しています。

根はたくさんの酸素を必要とします。そのため、つるの下に浅く、広がるように伸びますが、本来、土の中の酸素が十分であれば、深くまで根を張ります。

適正土壌酸度はpH 5.5～6.5です。

前年の秋、または4月下旬までに、完熟堆肥3～4 kg/m^{2}と、苦土石灰100 g/m^{2}をまいて、よく耕しましょう。

肥料の与え方

植えつけの1週間前までに、畑をよく耕します。基肥は、有機化成肥料(8-8-8) 70 g/m^{2}と、過リン酸石灰50 g/m^{2}をまいて耕しましょう。

肥料成分量(1 m^{2}あたり)

区分	窒素(N)	リン酸(P)	カリ(K)
基肥	5 g	15 g	8 g
追肥	4 g	—	4 g

＊追肥は着果がそろったら、マルチから外に伸びているつるの間にばらまく(「北海道施肥ガイド2015」より)

6. 植えつけ

苗は地温が低いと、根が伸びずに枯れてしまいます。植えつけの7～10日前に、高さ10～15 cmの植えつけベッドをつくり、透明マルチフィルムを張って地温を上げます。

ベッドの深さ15 cm部分が16℃以上になるのは、マルチをしてから7日以上必要です。ゴールデンウイークには、マルチを張っておきましょう。

植えつけは曇天をさけ、晴れの日に行います。午前中に作業し、遅くとも午後2時までには終えましょう。夕方に植えて夜低温にあたると、根つきが遅れます。

葉が4～5枚になった苗を、つるを伸ばす側の反対に寄せて植えつけます。

株間は90～100 cm、畝幅は250～300 cmと、つるが伸びる間隔を十分にとります。

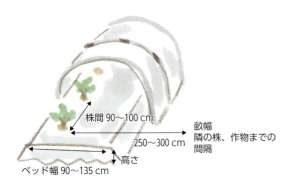

植えつけ苗
本葉が4〜5枚。植えつけ前に苗に水を与える

マルチ下の熱風が茎にあたらないように土を盛る

マルチ

保温キャップで保温・防風

深さ15 cmの地温 16℃以上

7. トンネルの管理

苗が根づいて、つるが25 cmほど伸びてきたら、ポリトンネルに穴をあけて換気し、温度を下げると、雌花ができやすくなります。

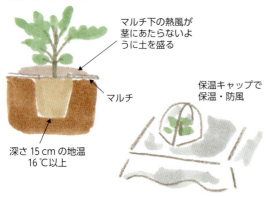

つるを伸ばす方向のトンネルの横にハサミ、または缶をギザギザに切った穴あけ器具で穴をあける。温度上昇に合わせて穴をふやす

ビニールの場合、穴をあけると破れるので、おさえテープでスソ上げする

8. つるの仕立て方・誘引

苗が根づいたら、本葉を5枚残して元気のいい子づる3本を伸ばす方法(A)と、親づるをそのまま伸ばし、子づる2本の計3本伸ばす方法(B)があります。その後に伸びる子づる、孫づるはそのままにし、葉数を確保します。

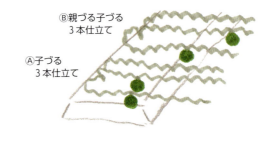

Ⓐ 子づる 3本仕立て
Ⓑ 親づる子づる 3本仕立て

小玉スイカの支柱栽培

畑の面積が小さい場合におすすめです。

1 m² の植えつけベッドをつくり、四隅に支柱を立て、まん中に植えつける。
本葉を5枚残して芯を摘み取り、元気な子づる3本を、支柱にらせん状に誘引する。
小玉スイカを3〜4個着果させる

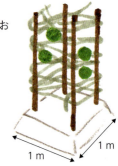

9. 着果

雄花と雌花が咲き、ハチなどの昆虫により、自然に受粉されます。開花時期に雨や低温が続いたり、栽培本数が少なく雄花が少ない場合は人工授粉しましょう。

朝9時ごろ、当日咲いた雄花を摘み取って花びらを取り、雄しべを取り出し、花粉が出ているのを確認します。元気のよい雄しべを雌しべの頭になすりつけ、人工授粉します。

雌花の横に授粉した日付をラベルに書いておくと収穫の目安になります。

人工授粉

雄しべ

雄花　雌花

10. 追肥・水やり・摘果

追肥は果実が大きくなり始めるころに与えます。

根はつるの先まで伸びているので、化成肥料（8－8－8）50 g/m² を、マルチの外のつるの間にばらまきます。つるが旺盛に伸び、つる先がヘビの鎌首のように持ち上がる（つるぼけ）場合は、追肥をやめましょう。

正常な生育
追肥する

雌花からつる先まで 30〜40 cm

雌花

生育が旺盛（つるぼけ）
追肥しない

雌花からつる先まで 50 cm 以上

水やりは、1週間に1〜2回雨があれば、必要ありません。

雨が少ない場合は午前中に水やりします。また、追肥した後も水やりしましょう。

摘果（果実の間引き）

大玉スイカで1株に3つ以上着果した場合は、3つ残して、小さいうちに摘果します。10節以内についている小さい果実を摘み取りましょう。

小玉スイカは1株に5〜6個残して摘み取ります。

11. 病害虫対策

連作すると、土壌伝染性のつる割病が発生し、途中でつるが枯れるので、連作はさけましょう。雨が多い年には、株元の風通しが悪いと葉に淡褐色の病斑や、茎のくぼんだ病斑に小黒点粒が出るつる枯病が発生します。

害虫では、アブラムシが原因で葉が縮れたり、ダニによって葉が黄化したりします。

よく観察し、見つけたら早めに防除しましょう。（農薬については P204 の表を参照）

12. 収穫

受精後、大玉スイカは45〜50日、小玉スイカは35〜40日が収穫時期の目安です。

人工授粉した日を記入したラベルを参考にしましょう。収穫適期のスイカは、柄の細くて短い毛がなくなり、果実のついている節の巻きづるが枯れ、果実を指ではじくと鈍い音がします。

大玉は1株2個、小玉は4〜5個収穫できれば成功です。

細い短い毛がなくなる

人工授粉日を記録したラベル

巻きづるが枯れる

13. 栄養価・食べ方

約90％が水分です。炭水化物の糖質が9.5 g含まれ、果糖が多く、ブドウ糖やしょ糖も含まれます。リコピンも多く、活性酸素をおさえる効果があります。

スイカは解熱、利尿、解毒の効果があるとされ、果汁を濃縮したスイカ糖は漢方で利尿作用があるとされています。

保存は4〜10℃、湿度80〜90％が適しています。

そのまま生で食べることが多いですが、ジャム、ピューレ、シャーベット、ジュース、ゼリー、ワインなどいろいろな楽しみ方もできます。

スイカの皮や、摘果した幼果で、漬け物やピクルスもつくれます。

夏の季節感あふれる野菜です。

主な栄養成分（可食部100 gあたり）

成分	生
水分	89.6 g
炭水化物	9.5 g
カリウム	120 mg
βカロテン	830 μg
ビタミンC	10 mg
食物繊維	0.3 g

（「日本食品標準成分表2010」より）

メロン ［ウリ科］

栽培方法	4月	5月	6月	7月	8月	9月	10月
トンネル	■	■			■		

栽培カレンダー　　基準：道央圏

■ タネまき　■ 植えつけ　■ 収穫

1. 生い立ち

　原産地はアフリカ大陸との説がありますが、その後、野生種は世界各地で確認されており、それぞれの地域でさまざまな品種ができたとする研究もあります。

　古代エジプト、ギリシャ時代から栽培され、日本では縄文遺跡からタネが出ており、人類の昔からの食べ物でした。

　現在栽培されているヨーロッパ系のメロンは、1872（明治5）年、開拓使がアメリカの露地メロンを導入し、東京官園と札幌官園で試験栽培をしたのが始まりです。

　マクワウリやシロウリは弥生時代に中国や朝鮮から渡ってきており、国内各地でさまざまな品種に改良されています。

2. 生育特性

　原産地は南方なので高温を好みます。
　生育適温は昼22〜30℃、夜18〜20℃です。
　発芽適温は28〜30℃です。
　つる性の作物です。
　本葉が数枚になると、茎が親づるとして伸びます。親づるの各節から子づるが、子づるの各節から孫づるが伸びます。
　雄花は各節につきますが、雌花は子づるから出る孫づるの各節によい花がつきます。
　収穫する果実は、孫づるに着果させます。
　大きくなるネットメロンは、子づるの8〜12節から伸びる孫づるの第1節にできた雌花を着果させます。
　マクワウリは、6〜10節から出た孫づるに着果させます。
　着果から収穫までの日数は、品種やネット、ノーネット、マクワなどのタイプで異なります。

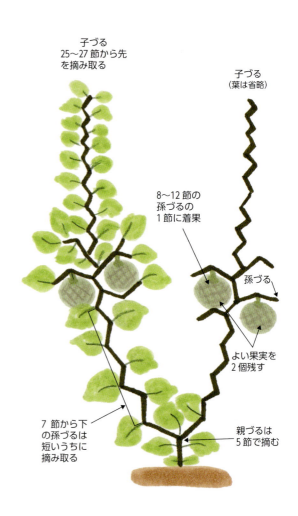

3. 品種

メロンには、ネットのある品種、ネットのない品種、細長いマクワウリ型の品種があります。

北海道で栽培されている主な品種

品種名	タイプ	果肉色	成熟日数
ルピアレッド	ネットメロン	橙	52
レッド113		橙	60
妃		橙	60
キングメルティー		淡緑	45〜48
アンデス		淡緑	55〜60
プリンス	ノーネット	淡橙	40〜43
北海カンロ	マクワウリ	淡緑	40
北海甘あじうり		淡緑	40

(「北海道野菜地図その38」、種苗カタログより)

4. 苗の準備

苗は種苗店で購入しましょう。

自分で苗づくりする場合は「苗づくり」(P194)を参考にしてください。

接ぎ木した苗と、自根苗が販売されています。5月上旬の早い時期に植えつける場合は、接ぎ木した苗を選びましょう。

よい苗の選び方
- 本葉が4枚で、葉が大きく厚くしっかりしている
- 子葉が元気
- 葉や茎に病気やアブラムシ、ダニがついてない

接ぎ木苗

5. 畑の準備・施肥

連作を嫌う作物です。前回の植えつけから3年以上はあけましょう。接ぎ木していない苗を植えつける場合は、5年以上あけましょう。

日あたりがよく、水はけのよい畑が適しています。メロンの根は特に酸素を好みます。そのため、つるの下に浅く広がるように伸びますが、本来、土の中の酸素が十分であれば、深く根を張ります。

適正土壌酸度はpH6.0〜6.8です。

前年の秋、または4月下旬までに、完熟堆肥3〜4kg/m²と、苦土石灰150g/m²をまいて、よく耕しましょう。

苦土石灰 150g/m²
完熟堆肥 3〜4kg/m²

肥料の与え方

植えつけの1週間前までに、畑をよく耕します。基肥は、有機化成肥料(8-8-8)100g/m²と、過リン酸石灰70g/m²、硫酸カリ20g/m²をまき、よく混ざるように耕しましょう。

トンネル栽培の肥料成分量(1m²あたり)

区分	窒素(N)	リン酸(P)	カリ(K)
基肥	6g	20g	15g
追肥1回あたり	4g	—	4g

＊追肥は着果がそろったら、マルチから外に伸びているつるの間にばらまく

(「北海道施肥ガイド2015」より)

6. 植えつけ

苗は地温が低いと、根が伸びず枯れてしまいます。植えつけの7〜10日前に、高さ10〜15cmの植えつけベッドをつくり、透明マルチフィルムを張り、地温を上げます。

ベッドの深さ15cm部分が16℃以上になるにはマルチをしてから7日以上必要です。

ゴールデンウイークには、マルチを張っておきましょう。

植えつけは曇天をさけ、晴れの日に行います。午前中に作業し、遅くとも午後2時までには終えましょう。夕方に植えて夜低温にあたると、根つきが遅れます。

葉が4枚になった苗をつるを伸ばす側の反対に寄せて、植えつけます。

株間90〜100cm、畝幅250cmと、つるが伸びる間隔を十分にとります。

植えつけの詳細はスイカ(P33、34)を参考にしてください。

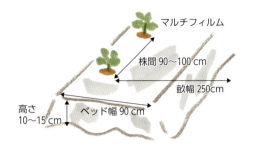

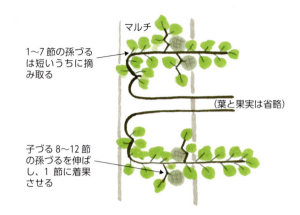

7. トンネルの設置

保温には、ビニールかポリフィルムでトンネルするのが一番よいです。

換気方法も、穴あけではなく、スソを上げる方法が適しています。（設置方法は P197 を参照）

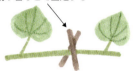

プリンスメロンの場合

子づるを3本伸ばします。以下、ネットメロンと同様に管理し、1つる2個、1株6個を目標に着果させます。

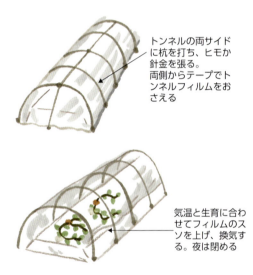

8. つるの仕立て方・誘引

ネットメロンの場合

親づるの葉を5枚残して、芯を摘み取ります。2～4節から子づるが 25 cm ほど伸びたら、元気のいいつる2本を選んで伸ばします。子づるの8～12節の孫づるを伸ばし、孫づるの1節についた雌花を着果させます。よい形の果実を、1つるに2個ならせます。1株4個が目標です。

トンネルの中のマルチの上に果実を着果させるために、子づるを株元でつる先と反対側に引き戻します。

マクワウリ（北海カンロ・アジウリなど）の場合

ネットメロンと同じように管理しますが、子づるを3本伸ばし、孫づるは6節から伸ばし6～11節の孫づるの一節に着果させます。

1つる2～3果、1株7～9果を目標に着果させます。

9. 着果

　雄花と雌花が咲き、ハチなどの昆虫により、自然に受粉されます。開花時期に雨や低温が続いたり、栽培本数が少なく雄花も少ない場合は、人工授粉しましょう。

　朝9時ごろ、当日咲いた雄花を摘み取り、花びらを取って雄しべを取り出し、花粉が出ているのを確認します。元気のいい雌花の雌しべの頭になすりつけ、人工授粉します。

　雌花の横に人工授粉した日付を書いて立てておくと、収穫の目安になります。

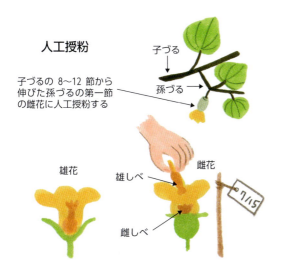

10. 追肥・水やり

　果実が大きくなり始めたら、追肥します。

　根はつるの先まで伸びているので、化成肥料(8－8－8) 50 g/m² を、マルチから外に伸びるつるの間にばらまきます。

　苗を植えつける時に鉢に水をやり、植えつけ後も、鉢と畑の土がよくなじむように鉢まわりに水を少量与えます。根づいたら、水やりを控えましょう。

　その後、つるが伸び始めたら、随時水をやり、生育を進めます。

　開花時期に少し水やりを控え、着果したら追肥と、水やりをして果実を大きくします。ネットが入り始める時期はやや乾燥させ、その後、水やりしてネットが果実全体に入るようにします。収穫の前は水やりを控えて、果実の成熟を進めます。

　ノーネットメロン、マクワウリは、畑の水分があまり変化しないように管理しましょう。

11. 摘果

　生育がよければ、残した孫づるの各節に果実がつきます。目標の個数を残し、卵ぐらいの大きさになるまでに、形の悪いものを摘み取ります。

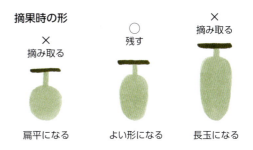

　果実がソフトボール大になったら、市販のフルーツマットに乗せると、網目がきれいに仕上がり、尻部の腐れも防げます。

フルーツマット

12. 病害虫対策

　連作すると、土壌伝染性の病気、つる割病が発生します。途中でつるが枯れるので、連作はさけましょう。雨が多い年に、株元の風通しが悪いと、葉に淡褐色の病斑や、茎にくぼんだ病斑が出て小黒点粒が生じる、つる枯病が発生します。

　生育の後半期、葉にうどんこ病が発生する年もあります。市民農園でまわりのキュウリに発生している場合は予防防除しましょう。

　害虫では、アブラムシが発生して葉が縮れたり、ダニが発生して葉が黄化したりします。

　よく観察し、見つけたら早めに防除しましょう。(農薬については P204 の表を参照)

13. 収穫

　品種により着果から収穫までの日数は異なります。品種の表(P37)の成熟日数を参考にして収穫の目安にします。

　人工授粉した日付、または着果を確認した日付を記入したラベルを収穫の参考にします。

　しかし、株や個々の果実により成熟度合いが異なるので次ページも参考にしてください。

ネットメロン

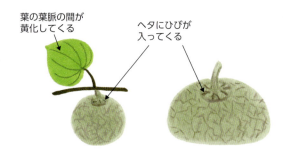

葉の葉脈の間が黄化してくる
ヘタにひびが入ってくる

マクワウリ

着果後40日ごろが収穫の目安。果実のヘタにリング状のひび割れが入り、すぐにもぎ取れる状態が収穫適期です。

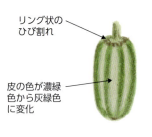

リング状のひび割れ
皮の色が濃緑色から灰緑色に変化

[おいしいネットメロンの見分け方]

形が整い、網目が均一で、しっかり盛り上がっていて、ずっしりと重いものがよいです。栽培期間中の水やりや肥料など、よく管理されていることがネットにあらわれます。

収穫してからも追熟してやわらかくなります。尻部にやや弾力を感じたら食べごろです。

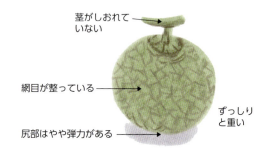

茎がしおれていない
網目が整っている
尻部はやや弾力がある
ずっしりと重い

14. 栄養価・食べ方・保存

水分と炭水化物の糖分が多く、カリウム、ビタミンCも多く含まれます。

糖分は果糖、ブドウ糖、しょ糖をバランスよく含み吸収がよく、夏バテ防止にも役立ちます。

メロンは、メルティング質によるとろけるような舌触りや食感で香りもよく、フルーツの王様的存在です。生食だけでなく、ドリンクやアイス、多くのスイーツなどに利用されています。

また摘果メロンの粕漬けも楽しめます。

保存は10℃、湿度85〜90％が適しています。しかし、低温条件に長くおかれると甘さが低下します。常温で保存し、食べる1〜2時間前から冷蔵庫で冷やしておきましょう。

主な栄養成分（可食部100ｇあたり）

成分	メロン 生	マクワウリ 生
水分	87.9 g	90.8 g
炭水化物	10.4 g	7.8 g
カリウム	350 mg	280 mg
βカロテン	140 μg	140 μg
ビタミンC	25 mg	30 mg
食物繊維	0.5 g	1.0 g

（「日本食品標準成分表2010」より）

メロンのプランター栽培

メロンをプランター栽培すると、収穫して食べることはもちろん、メロンの生育自体をディスプレーとしても楽しむことができます。

ネットの出ないプリンスメロンがつくりやすいですが、ネットメロンでも大丈夫です。

少し大きめのプランターに肥料入り園芸培土を入れ、中央に1本植えつけます。トンネル支柱を交差させるように立て、ポリ袋をかけて保温しましょう。

つるを支柱に結んで交差させ、果実を中央にぶら下げます。

植えつけ時の様子

実がなった様子

「トマトは野菜か？果物か？」論争

「メロンやスイカ、イチゴ、トマトは、野菜か果物か」との問いに対し、昔も今もさまざまな意見が飛び交い、インターネットでもいろいろな意見や解説が掲載されています。しかし、多くの解説に明快なものが少ないのが実情です。

■故澤田栄吉教授の遺言

北海道大学農学部園芸学教室の故澤田栄吉名誉教授が北海道園芸研究談話会で、この問題を取り上げ、報告されたことがあります。まだ30歳ごろだった私にはその時の「トマトは野菜か果物か」の話は、とても強く印象に残りました。

澤田先生は、アメリカでトマトが野菜か果物かを巡り、裁判闘争があったことを紹介し、この問題について、著名な園芸学の研究者が明確な発言をしていないと残念がっておりました。そして、「園芸学に携わった者として、私の遺言としてこの問題の考え方を報告したい」とお話されました。澤田先生の見解をもとに整理すると、以下のようになります。

■果物（フルーツ）とはなにか

水分や甘みがあり生で食べられる果実を果物として分類する場合、それは主に食べる立場から区分したものです。

この時、果物に入る果実には、果樹（木）になる果実のリンゴ、ナシ、ミカン、ブドウなどと、果実のなる野菜（果菜類）のメロン、スイカ、イチゴなどが含まれます。

一方、果樹と野菜は作物の生態から分類されます。果樹は樹に果実がなる作物をさします。クリ、クルミ、オリーブ、アーモンドなど通常生で食べない果実は果物には入りません。

野菜は草本（草）の作物です。野菜の果実でもナス、ピーマン、キュウリ、ゴーヤー、マメ類などの甘くなかったり、通常生では食べない野菜は果物に入りません。

■設問の間違い

ではなにが、混乱させているのでしょうか。「トマトは野菜か果物か」という設問自体に問題があるとは思いませんか。

「野菜か果物か」と野菜と果物を対立した概念として選択を迫っています。20歳の男子に対する「あなたは男ですか、青年ですか？」との問いと同じ質の設問です。正しくは「野菜のトマトは果物に分類できますか」との設問になります。この設問であれば、いろいろな論議が可能になります。調理用トマトは果物には入らない、フルーツトマトは甘く、もっぱら生で食べるので果物に分類してよいのでは、などの議論です。今後、品種開発などで、果物として利用できる果実はふえると思います。

アメリカのトマト裁判はもともと、野菜と果物の関税が異なり、果物扱いの方が有利なために起きた次元の異なる裁判でした。

ただ、野菜と果樹の区分では、イチゴやトマトなどは、樹と草の両方の性質をもつため、「野菜か、果樹か」という議論が成り立ちます。

果物（フルーツ）
水分が多くて
甘く、生で食べる

イチゴ ［バラ科］

栽培カレンダー　　　　　基準：道央圏

栽培方法		8月	9月	10月	11月	12~4月	5月	6月	7月	8月	9月	10月
一季	露地											
	トンネル											
四季	秋植え											
	春植え											

■ 植えつけ　■ 収穫

1. 生い立ち

　野生イチゴは人類にとって大切な食べ物の一つで、石器時代までさかのぼるとされ、世界各地に分布していました。

　野生イチゴは遺伝子のセットが二つの2倍体ですが、アメリカ大陸には遺伝子セットを8セット持った、8倍体の大きなイチゴが分布していました。「バージニアーナ」と「チロエンシス」で、これが現在の大きなイチゴの基となりました。

　前者は16世紀に、後者は18世紀にヨーロッパに渡り、フランスでこの品種を交配したタネから「パインイチゴ」がつくられ、現在の品種の基になります。

　日本へは江戸時代末にオランダから持ち込まれたため、和名「オランダイチゴ」と呼ばれました。

　明治時代、苗で輸入されましたが、ほとんどの苗が途中で枯死しました。そこで、タネを購入してタネまきしたことから日本独自の品種開発が始まり、「福羽（ふくば）」が育成されます。その後、多くの品種ができました。

2. 生育特性

　イチゴは、生育して葉が7～8枚になり、養分をつくるようになると、生長点に花をつくり始めます。さらに葉のわきから芽が伸び始め、葉が数枚になるとまた生長点に花ができます。花は数個の花房です。これが繰り返され、1株に数花房をつけ、開花結実させます（右図参照）。

　私たちが果実だと思って食べている赤い部分は、「花床（かしょう）」（花托）と呼ばれる花梗（かこう）の一部（茎）が大きくなったものです。この花床に次ページの「イチゴの花」の図のように雄しべと雌しべがついています。

　雄しべの花粉が雌しべに受粉し、受精したら、花床の上にたくさんの果実ができます。これは偽果で、「そう果」と呼ばれ、果肉などがなく、タネそのものです。

　このそう果から生長ホルモンなどが送られ、花床が大きくなり、赤いイチゴの果実になります。イチゴの表面のつぶつぶの一つ一つが本来の果実なのです。

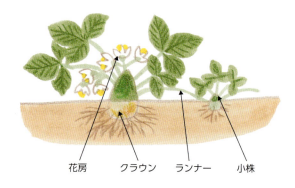

花房　クラウン　ランナー　小株

イチゴの果房

1番果　2番果　3番果

イチゴの花

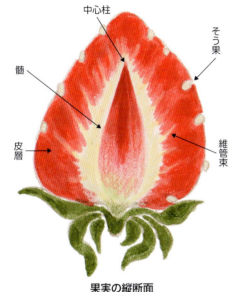

果実の縦断面

雪がとけ温度が上がると、生育が始まります。新しい葉は立ち上がり、花房が生育して開花、結実し、6～7月に収穫されます。しかし4月以降は日の長さが12時間より長くなるので、新しい花房はつくられません。そのため、前年秋にできた花房だけしか収穫できないことから、北海道の一季なり品種の収量は少ないです。

しかし、涼しい気候で、時間をかけてじっくり色づくのでとてもおいしいです。

四季なり品種

「四季なり品種」は、日の長さに関係なく、夏の間も新しく花房をつくり、開花収穫できます。酸味が強いため、生食ではなく、ケーキなどに利用されています。

近年、そのなかで比較的甘い品種が、家庭菜園用品種として開発、販売され始めています。

北海道で栽培されている主な品種

	品種名	種子元	栽培方法	特徴
一季なり	宝交早生	兵庫農試	露地・無加温ハウス	家庭菜園向き
一季なり	けんたろう	道南農試	露地・無加温ハウス	家庭菜園向き
一季なり	紅ほっぺ	静岡農技セ	ハウス加温	生産者向き
一季なり	さがほのか	佐賀農研セ	ハウス加温	生産者向き
一季なり	とちおとめ	栃木農研	ハウス加温	生産者向き
四季なり	すずあかね	ホクサン	夏秋どり	生産者向き
四季なり	ペチカプライム	ホーブ	夏秋どり	生産者向き
四季なり	めっちゃウマッ	デルモンテ	夏秋どり	家庭菜園向き
四季なり	めっちゃデカッ	デルモンテ	夏秋どり	家庭菜園向き

(「北海道野菜地図その38」、種苗カタログより)

3. 品種

イチゴは、休眠して冬越しし、生育を続ける多年性作物です。地際の短縮した茎が木質化したクラウンと呼ばれる部分が、毎年少しずつ伸びます。クラウンから葉や花房や根が出ます。

春から初夏にかけて収穫できる「一季なり品種」と、春から秋まで収穫できる「四季なり品種」があります。

花をつくる条件は品種により異なります。

一季なり品種

温度と日の長さ(日長)に反応して花をつくり始める品種を「一季なり品種」といいます。

北海道では、9月20日前後に日の長さが12時間より短くなると、花をつくり始めます。そして、11月に入り温度が低くなると、葉は地面に張りつき、雪の下で冬越しします。

北海道の花野菜技術センターで、大きくて甘く、日持ちのよい「ゆきララ」(一季なり品種)が開発されました。

露地栽培には、休眠が深く寒さに強い、秋に多くの花房をつくれる「宝交早生」が適しています。

道外でつくられているほかの品種は、休眠がやや浅く、ビニールハウス内で加温して育てる必要があるので、家庭菜園向きではありません。

四季なり品種では、デルモンテ社が家庭菜園向けに「めっちゃウマッ」「めっちゃデカッ」などの品種を種苗店で販売しています。

夏が涼しい北海道では、四季なりイチゴの収穫を秋まで楽しめます。

4. 苗づくり

イチゴをタネまきして育てるのは、品種開発の時だけでした。しかし近年、四季なりイチゴで、栽培でもタネをまいて苗を育てる「種子繁殖性」のイチゴが開発され実用化されています。

多くの品種は、クラウンの葉のわきから出てくるランナーと呼ばれる、つる性の長い茎の各節にできる小株を育て、発根させて苗として利用します。

特に一季なり品種は、春以降は花をつくらず、ランナーを伸ばしてきます。5～6月は、ランナーを短いうちに摘み取ります。

その後、生育のいい株から出る数本のランナーを伸ばし、小株をポットに受けて発根させ、切り離して苗にします。

ランナーにつく小苗は葉が2～3葉になるころに根が出るので、この苗をランナーがついたまま別のポットに植え、ピンなどで固定します。

本数を多く取る場合は、2番目の苗も利用できます。

ランナーを切るタイミングは、新たなポットに植えつけてから2～3週間くらいたち、根が張ってからです。

ランナーの固定のし方

割り箸やUピンなどでランナーを固定する

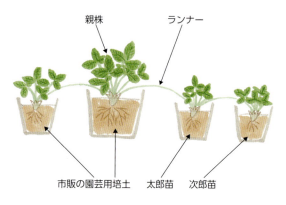

親株／ランナー／市販の園芸用培土／太郎苗／次郎苗

※自家用で苗を取る本数が少ない場合は「太郎苗」も苗として利用できる

苗を取る株の注意点

苗を取る株は、萎凋病（いちょうびょう）などの土壌菌による病気をさけるために、畑の土ではなく、肥料入り園芸培土を使ったポットやプランター栽培の株から、ランナー苗をつくるのが無難でしょう。

数年間、栽培している株は、ウイルス病にかかっている可能性があるので、種苗店などで販売されている苗を購入して苗取り株として、ポットで栽培することをおすすめします。

5. 畑の準備

イチゴの根は浅く、乾燥や湿害に弱いので、日あたりや水はけのよい畑で栽培します。

適正土壌酸度はpH 5.5～6.5です。

植えつける2週間前までに、完熟堆肥2～3 kg/m²と、苦土石灰100～150 g/m²をまいて、よく混ぜます。

苦土石灰 100～150 g/m² ／ 完熟堆肥 2～3 kg/m²

6. 施肥

イチゴの根は、肥料濃度が高いと肥料焼けをおこしやすいです。

基肥と翌年収穫期の追肥に分けてまきます。基肥は、有機化成肥料(8－8－8)100 g/m² をまき、よく耕します。高さ20 cm、ベッド幅70〜80 cmのやや高い畝をつくります。

プランターやポット栽培では、市販の園芸培土を使用します。

肥料入り園芸培土の場合は肥料は入れず、活着してから、不足分を追肥で補います。

肥料成分量(1m² あたり)

区分	窒素(N)	リン酸(P)	カリ(K)
基肥	8 g	10 g	8 g
追肥	5 g	—	6 g

※基肥は植えつけ前、追肥は雪どけ後にまく

(「北海道施肥ガイド 2015」より)

植えつける深さ

× 深すぎ　　○ クラウンが全部隠れない深さ　　× 浅すぎ

7. 植えつけ

本葉が5〜6枚になった、クラウンの太い苗を植えつけます。

ランナーから苗を切り取る時、親株方向のランナーを3 cm ほど残して切り、反対側のランナーは短く切ります。

最初の花房はランナーが伸びる方向に出てくるので、残したランナーが畝の内側になるように植えつけると、花房は通路側にそろって出てきます。

右図のような2条植えにし、条間40 cm、株間は25〜35 cm とします。

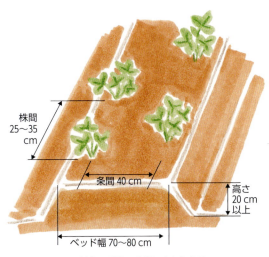

植えつけ後、十分に水を与える

植えつけ苗

本葉が5〜6枚になり、クラウンが太くてがっちりした苗がよい

ランナーは親株側を3 cm 残して目印とし、畝の内側に向けて植えつける

[プランターの場合]

標準プランターは、2〜3株植えにします。

植えつける深さは、生長点のクラウン部分が地表に少し出る程度です。全部隠れる深植えは、芽枯病などで葉が枯れる原因になります。

標準サイズのプランターに3本植え

8. 秋の管理

一季なり品種は、秋の花をつくる期間の生育をよくすると、多くの花房ができます。そのため、秋にマルチを行うと効果的です。

ただし、8月中のマルチ張りは、地温が上がりすぎて、根を傷めるので逆効果になります。

9月10日ごろ、図の要領でマルチをします。

秋、涼しくなると、うどんこ病の発生が多くなります。この時期に防除を行うと、翌年の発生をおさえられます。

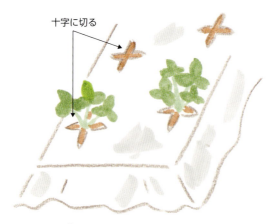

9月10日ごろ、マルチフイルムを株の上から覆い、十字に切り、株をマルチ上に出す

9. 春の管理

春、雪がとけて温度が上昇してくると、新しい葉が伸び始めます。

古い葉や枯れた葉をかき取り、株元のクラウンが半分ぐらい隠れるように土寄せします。

雪どけ後の状態

古い葉や枯れ葉を取り除き、伸びてきた株元のクラウンの半分まで土寄せした状態

10. 病害虫対策

家庭菜園では、ほとんど無農薬で栽培できます。

室内でのプランター栽培で、葉にダニが発生した時はプランターを室外に出し、イチゴで使える殺ダニ剤を葉裏にかかるように散布します。室内での散布はやめましょう。

途中で株がしおれる場合は土壌病害なので、その場所での栽培を中止しましょう。

11. 人工授粉

外で栽培している場合は、野生のハチが飛んできて受粉してくれるので、人工授粉は必要ありません。

プランターなどで室内栽培する場合は、開花した花をやわらかい筆でなでるようにかき回し、雄しべの花粉を中央の雌しべ群に授粉します。午前中に行いましょう。

やわらかい筆でかき回す

12. 収穫

果実は着色が進むにつれ、糖分、ビタミンC、アントシアニン含量が増加するので、まっ赤に色づいてから収穫します。

果実が直接地面に触れると腐敗しやすく、また、ナメクジやワラジムシの食害をうけます。

果実が地面やマルチに触れないように、株の両サイドにテープを張り、果房を乗せる方法も有効です。

13. 2年目以降の株の管理

収穫が終わったら、新しい葉を2～3枚残し、古い葉を全部かき取ります。

太い芽を1～2本残し、小さい芽はかき取り株元のクラウンに土寄せします。古い根は全部褐変していますが、クラウンから新しい根が出て新苗と同じ状態になり、生育を始めます。

生育の悪い株は抜き取り、新しい畑や新しいプランターに新苗を植えつけ、株の更新をしましょう。

土寄せ前に基肥を与えます。

2年株以降の管理

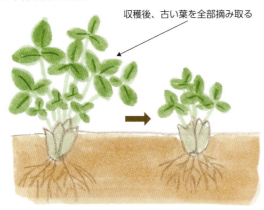

収穫後、古い葉を全部摘み取る

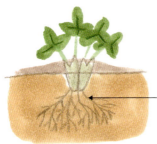

芽を1～2つ残し、クラウンに土寄せする。新しい根が出て、新しい苗を植えたことと同じになる

14. 栄養価・保存

イチゴは、果実類のなかでは最も多くビタミンCを含み、「ビタミンCの女王」と呼ばれています。イチゴ100～150gで1日に必要なビタミンC 60mgを摂取できます。

しかし、ビタミンCは水溶性で、かつ酸化しやすいので、加熱処理するイチゴジャムやすりつぶしたりするジュースやアイスクリームなどの半加工品は酸化が進み、ビタミンCが失われます。

畑からのとれたてをすぐに食べられる家庭菜園が一番栄養価が高いのです。また、イチゴの果肉には抗酸化物質のアントシアニンも含まれています。

すぐに食べる場合は、洗わずにヘタをつけたままラップに包み、冷蔵庫の野菜室で保存します。

長期保存（冷凍保存）する場合は、水洗い後、ヘタを取り、できるだけ低温で急速冷凍します。その後の保存も品質劣化をさけるには、－18℃以下が適しています。

主な栄養成分（可食部100gあたり）

成分	生	ジャム
ビタミンC	62 mg	9 mg
カリウム	170 mg	67 mg
カルシウム	17 mg	9 mg
葉酸	90 μg	23 μg
食物繊維	1.4 g	1.3 g

（「日本食品標準成分表2010」より）

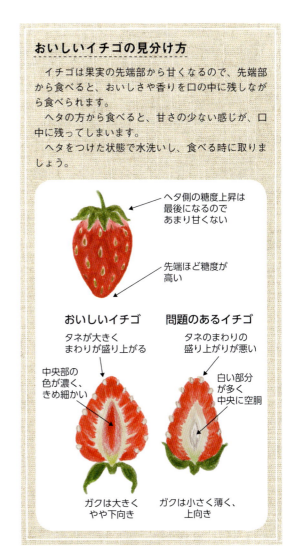

おいしいイチゴの見分け方

イチゴは果実の先端部から甘くなるので、先端部から食べると、おいしさや香りを口の中に残しながら食べられます。

ヘタの方から食べると、甘さの少ない感じが、口中に残ってしまいます。

ヘタをつけた状態で水洗いし、食べる時に取りましょう。

ヘタ側の糖度上昇は最後になるのであまり甘くない

先端ほど糖度が高い

おいしいイチゴ
タネが大きくまわりが盛り上がる
中央部の色が濃く、きめ細かい
ガクは大きくやや下向き

問題のあるイチゴ
タネのまわりの盛り上がりが悪い
白い部分が多く中央に空胴
ガクは小さく薄く、上向き

カボチャ ［ウリ科］

栽培カレンダー 基準：道央圏

栽培方法		4月	5月	6月	7月	8月	9月	10月
	トンネル移植							
露地	ポリポット育苗							
	セルトレイ育苗							
	直まき							

■ タネまき　■ 植えつけ　■ 収穫

1. 生い立ち

　カボチャはアメリカ大陸の古代人が、5000年以上も前から食用や器として利用していました。コロンブスがヨーロッパに持ち帰ると、すぐにヨーロッパ全土に普及します。

　それからわずか50年後の1542年、ポルトガル船が日本にカボチャをもたらし、1573年に長崎に入ると、農家で栽培が始まり、主にオランダ人に販売していました。

　日本人のなかには最初、毒物ではないかと食べない人もいたそうです。

　本格的なカボチャ品種の導入は1868（明治元）年、開拓使が多くの品種を取り入れると、北海道、東北、長野などの高地や、北冷地に普及定着し、現在北海道が全国の6割を占める最大の産地となっています。

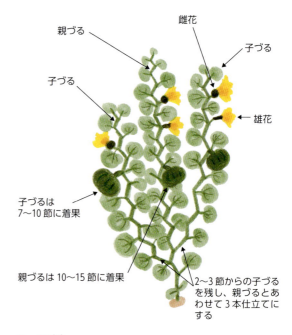

2. 生育特性

　カボチャはつる性で、雄花と子房を持つ雌花がつきます。雌花は、親づるだと10～15節、子づるだと7～10節前後から開花して着果します。

　発芽適温は25～30℃と高いですが、発芽後の**生育適温**は17～20℃と低いため、夏から秋の北海道の気候が適しています。

　雄花の花粉がハチなどの訪花昆虫により雌しべに運ばれ、受粉して果実が大きくなります。

　果実のデンプン蓄積は、平均気温が22～23℃以上になると低下します。

雌花

雄花

3. 品種

北海道で栽培されている主な品種

品種名	果実色	果形	重さ(kg)	備考
みやこ	濃緑	偏円	1.4	親づる1本仕立て
くりあじ	黒緑	栗型	1.3	
くり将軍	濃緑	偏円	2.0	
味平DX	濃緑	偏円	1.9	
えびす	濃緑	偏円	1.8	
こふき	黒緑	偏円	1.8	
くりゆたか	濃緑	偏円	2.0	
雪化粧	灰白	偏円	2.3	灰白色果皮
ほっとけ栗たん	濃緑	栗型	1.8	短節間品種
ジェジェJ	濃緑	偏円	2.0	短節間新品種
坊ちゃん	濃緑	偏円	0.5	ミニカボチャ
プッチーニ	濃黄	台形	0.3	ミニカボチャ
ながちゃん	灰緑	長い紡錘	2～3	長形品種
平安小菊	黒緑	偏円	0.75	日本カボチャ

（「北海道野菜地図その38」、種苗カタログより）

カボチャには、ホコホコ感のある「西洋カボチャ」、やや粘質な「日本カボチャ」、重さを競う「アトランテック・ジャイアント」、ハロウィーンのランタン用品種「ファニーフェース」、装飾用の「ペポカボチャ」など特徴的な品種があります。

また、ミニカボチャでは、とてもおいしい「坊ちゃん」、器としても楽しめる「プッチーニ」があります。

4. 畑の準備

カボチャには水はけのよい畑が適しています。**適正土壌酸度**は pH 5.6〜6.8 です。

前年の秋、または植えつけ2週間前までに完熟堆肥2kg/m²と、苦土石灰100g/m²をまきます。

つるは3mほど伸びるので、スペースを確保しましょう。

ミニカボチャは支柱を立て、誘引して狭いスペースでも栽培できます。（P50参照）

水はけを確保するために高さ10cmくらいのベッドをつくりましょう。

5. 施肥

カボチャは肥料を吸う力が強い作物です。肥料が多すぎると、つるだけが旺盛に生育して着果しづらくなります。

基肥は、化成肥料(8-8-8) 50g/m²と、過リン酸石灰 40g/m²をまきます。

着果したら、つる先に追肥します。

追肥用の肥料がない場合は、リン酸を含む化成肥料(8-8-8)でもよいです。リン酸が多くても影響はほとんどありません。

肥料成分量（1m² あたり）

区分	窒素(N)	リン酸(P)	カリ(K)
基肥	4g	10g	5g
追肥	4g	—	3g

※追肥は着果がそろったら、つる先にまく

（「北海道施肥ガイド 2015」より）

6. 苗づくり

種苗店や農協などでポット苗が販売されていますが、本数が多い場合、自分でも苗づくりができます。

必要本数の3割ほど多めにポットを用意し、そのなかから生育のよい苗を使います。

直径9cmのポットに、肥料入り園芸培土を入れます。

タネを1粒ずつ横にして深さ1cmに埋め、軽くおさえたら、温度が上がる窓辺の日あたりのよい場所に置き、発芽適温の25℃に近づけます。

タネを縦にまくと、図のように子葉がタネからぬけず、「皮かむり」の状態になり、子葉が傷つきます。

7. 植えつけ

ベッド幅は100〜200cmで可能な限り広くとります。マルチは必要ありませんが、地温は15℃くらい必要です。

カボチャは、根がつるの伸びる方向に広がるので、苗はベッドの端の20〜30cmに植えつけます。

株間は、親づる1本仕立ての場合は50cmとし、親づると子づる2本の計3本、または、子づるのみの3本仕立ての場合は100〜120cmにします。残すつるの間隔が30cm以上になるように株間を確保しましょう。

直まきの場合

6月上旬になると、畑に直接タネをまきます。

タネをまく場所を深く耕したら、3粒ずつ2cmほど離して深さ1～2cmにまき、乾かないように水やりします。

発芽し、本葉が2枚になったら、生育のよい株を残し、地際からハサミで切り間引きします。

8. 仕立て方

親づるに着果しやすい品種「みやこ」には、親づる1本仕立てが適しています。

そのほかの品種は、親づると子づる2本、または、親づるを本葉4枚上で摘み取り、2、3、4枚目のわきから伸びる子づる3本を伸ばす3本仕立てが一般的です。

節の間隔が短い短節間品種の「やっこ」や「ほっとけ栗たん」「ジェジェJ」は、放任栽培が可能です。

ミニカボチャの「坊ちゃん」は、本葉5枚の上を摘み取り、各葉のわきから出る子づるを伸ばす放任栽培が適しています。（下図参照）

ミニカボチャの仕立て方
支柱に誘引することも可能

芯を摘み取る

つるを支柱にらせん状に誘引する

本葉5枚を残して芯を摘み取り、伸びる子づるはそのままに

9. 人工授粉

カボチャの栽培本数が少ない家庭菜園では、雌花と雄花の開花のタイミングがずれたり、雄花が少ないと受粉がうまくいかない場合があります。

午前中に雄花を摘み取り、花弁を取って雄しべの花粉が出ているのを確認してから、雌花の雌しべの柱頭にこすりつけて授粉させます。

雄花の花粉を雌花につける
雌花　朝早くに行う

花粉の出た雄しべ

10. 追肥

生育が悪い場合は、つるの長さが50～60cmになるころ、つる先に化成肥料(8-8-8)20g/株をばらまきましょう。

通常の追肥分として、着果がそろい、野球ボール大になるころに、つる先に化成肥料(8-8-8)50g/株をばらまきます。

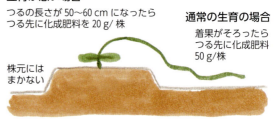

生育が悪い場合
つるの長さが50～60cmになったらつる先に化成肥料を20g/株

通常の生育の場合
着果がそろったらつる先に化成肥料50g/株

株元にはまかない

11. 玉なおし

果実が地面に接している部分は、緑色に果皮が着色せず、黄白色となります。果実の下にフルーツマットを置き、着色させると同時に、果実の腐敗も防止できます。

収穫の2週間前にフルーツマットにのせますが、この時、無理に行うとヘタが折れることがあるのでていねいにしましょう。

市販のフルーツマット

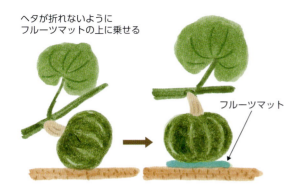

ヘタが折れないように
フルーツマットの上に乗せる

フルーツマット

14. 栄養価・食べ方・保存

カボチャは収穫後、デンプンが分解して糖含量と水分が増加し、甘みが強くやわらかくなっていきます。

ホコホコ感を保ち甘みもあるおいしい食べごろは、収穫1カ月後の、デンプンと糖含量が同じ量になる時期です。

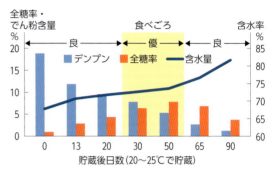

カボチャの貯蔵中の成分変化と食味（道立中央農試、S60）

12. 病害虫対策

家庭菜園で問題になる病気は、うどんこ病です。

害虫ではアブラムシですが、致命的な被害になる例は少ないです。

うどんこ病が広がると、光合成する葉の力が低下して、カボチャの品質が落ちてしまいます。

葉にうどんこ状の病斑が少し発生したら、水和硫黄剤など天然系の農薬で防除します。

（P202の農薬の表を参照）

13. 収穫・キュアリング

品種に差はありますが、着果後、40日前後で収穫できます。

ヘタ全体にひびが入ってコルク状になり、果皮がかたくなったら収穫期です。収穫後、切り口を乾かし果皮の小さな傷を治したら、腐敗を防ぎ保存性をよくするために、日陰で風通しのよい場所に1週間ほど並べて乾かしましょう。

カボチャは代表的な緑黄色野菜です。ビタミンAに変わるカロテンがとても多いです。ミネラルも豊富で、肥満や生活習慣病、目の疲れに効果的で、細菌感染の免疫力を高めるうえでも、中高年の味方です。「冬至カボチャ」は野菜の少ない冬を健康に乗り切るための理にかなった習慣なのです。

保存に一番よい条件は、温度10℃、湿度70〜75％ですが、一般家庭ではこの条件をつくるのは難しいので、ミニコンテナに入れ、できるだけ涼しく、温度変化の少ない場所で保管しましょう。

カットした使いかけのものは、切り口をラップで包み、冷蔵庫の野菜室に保管し、早めに使い切りましょう。

収穫

←ひびが入る

爪が立たないほどかたい

収穫後

風通しのよい
日陰でよく
乾かす

日陰

スノコ

主な栄養成分（可食部100gあたり）

成分	西洋カボチャ		日本カボチャ	
	生	ゆで	生	ゆで
βカロテン	3900 μg	3900 μg	700 μg	810 μg
ビタミンC	43 mg	32 mg	16 mg	16 mg
カリウム	450 mg	430 mg	400 mg	480 mg
葉酸	42 μg	38 μg	80 μg	75 μg
食物繊維総量	3.5 g	4.1 g	2.8 g	3.6 g

（「日本食品標準成分表2010」より）

ズッキーニ ［ウリ科］

栽培カレンダー　　基準：道央圏

栽培方法		4月	5月	6月	7月	8月	9月	10月
	トンネル移植							
露地	ポリポット育苗							
	セルトレイ育苗							
	直まき							

■ タネまき　■ 植えつけ　■ 収穫

1. 生い立ち

原産地は特定されておらず、メキシコの大型カボチャが祖先とされています。

1950年代にイギリスの料理研究家エリザベス・デイビッドが紹介し、食材として人気が出ます。現在の細長い形状のズッキーニはイタリアで改良されました。

日本へは昭和50年以降、アメリカから導入されています。

北海道では、水田の転作として札幌の星置地区の生産者が栽培し札幌市場に出荷しましたが、当時は食べ方が普及していなかったため、買い手がつきませんでした。

しかし、現在は、さまざまな利用ができるクセのない野菜として、直売所などでは定番野菜となっています。

2. 生育特性

ズッキーニはカボチャの仲間で、ペポカボチャの一種です。

カボチャと基本的な特性は同じですが、つるの節間が短く、亀裂した大きな葉が特長です。そして、親づるだけが伸びます。

発芽適温は25〜30℃、**生育適温**は18〜23℃です。

3. 畑の準備

水はけのよい畑が適しています。

カボチャ（P49）と同様の畑をつくりましょう。

4. 施肥

ズッキーニは肥料を吸う力が強い作物ですが、肥料が多すぎると、つるや葉が旺盛に生育して着果しづらくなります。

基肥は、化成肥料（8-8-8）90 g/m^2 と、過リン酸石灰 40 g/m^2 をまき、よく耕します。

追肥は、収穫が始まったら、2週間おきに化成肥料（8-8-8）25 g/m^2 を株のまわりにばらまきます。

肥料成分量（1 m^2 あたり）

区分	窒素(N)	リン酸(P)	カリ(K)
基肥	7 g	10 g	7 g
追肥	2 g	―	2 g

※追肥は収穫が始まったら、2週間おきに株周辺にまく

（栽培事例より）

5. 苗づくり

種苗店などでポット苗が販売されていますが、本数が多い場合は、自分で苗づくりができます。カボチャ（P49）を参考にしましょう。

6. 品種

円筒、球型、緑、黄と多様な品種があります。

北海道で栽培されている主な品種

タイプ	品種名	果皮色
円筒	ダイナー	緑
	ブラックトスカ	緑
	オーラム	黄
	ゴールドトスカ	黄
球型(卵型)※	ブラックエッグ	緑
	ゴールディー	黄
花ズッキーニ用（ズッキーナ）	ステラ	緑

※球型品種は受精の必要がない

（種苗カタログより）

7. 植えつけ

葉が大きく広がるので、畝幅150 cm、株間は100 cmほど必要です。地温は深さ15 cm部分が15℃以上になったら植えつけましょう。

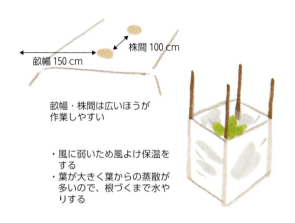

- 畝幅 150 cm
- 株間 100 cm
- 畝幅・株間は広いほうが作業しやすい
- 風に弱いため風よけ保温をする
- 葉が大きく葉からの蒸散が多いので、根づくまで水やりする

8. 人工授粉

ズッキーニの栽培本数が少ない家庭菜園では、雌花と雄花の開花タイミングがずれたり、雄花が少なくて受粉がうまくいかない場合があります。

カボチャ(P50)を参考に人工授粉すると着果が安定します。

雄花が全くない場合、トマトトーン50倍液を雌花開花当日の朝、花の正面から雌しべの方向にスプレーすると着果します。

9. 支柱立て

親づるは短いですが、放置すると徐々に傾き、倒れていきます。草丈50cmぐらいになったら、高さ1mほどの丈夫な支柱を立て、親づるを支柱に結びます。老化した下葉をかき取ると、風通しがよく、果実の腐れを防止できます。

支柱で支えたズッキーニ

- 丈夫な支柱
- 1 m
- 草丈 50 cm

10. 防除

家庭菜園のズッキーニで問題となる病害虫は、うどんこ病、灰色かび病、アブラムシです。カボチャと同様に防除しましょう。

特に、着果しなかった雌花が、株元についていると、灰色かび病などで腐敗してきます。着果しなかった雌花はすぐに取り除きましょう。

ウイルス病のズッキーニ黄斑モザイク病が発生したら、アブラムシが原因です。キュウリなどにも広がるので、すぐに抜き取りましょう。

ズッキーニ黄斑モザイク病

11. 収穫

開花後3～4日、長さ20cm、約150～200g、太さ3～4cmで収穫しましょう。

収穫が遅れ果実が大きくなると、繊維がかたくて光沢もなく、味が落ちます。株の負担が大きいため収穫本数が少なく、病害にも弱くなります。

- 開花後3～4日で収穫
- 花ズッキーニは長さ10cmくらいになったら、花をつけたまま収穫する

20 cm

12. 栄養価・食べ方・保存

生では味も香りもないですが、油を使うと香りが出ます。天ぷらや炒め料理に適しています。

花がついた小さい状態で収穫する「花ズッキーニ」は、蒸し料理やフリット、天ぷらなどの揚げものに向いています。

カボチャ同様、低温障害をうけます。

新聞紙で包み常温で約1週間保存できますが、冷蔵庫の野菜室では2～3日と品質保持期間は短くなります。

長期保存すると、果肉がスカスカになります。冷凍保存も可能ですが、肉質が劣化します。スライスし加熱してから冷凍保存する方法もあります。できるだけ、早めに食べるようにしましょう。

主な栄養成分
(可食部100gあたり)

成分	果実生
炭水化物	2.8 g
カリウム	320 mg
βカロテン	310 μg
ビタミンC	20 mg
葉酸	36 μg
食物繊維	1.3 g

(「日本食品標準成分2010」より)

オクラ ［アオイ科］

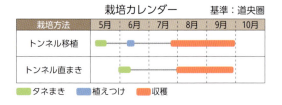

栽培カレンダー　基準：道央圏

栽培方法	5月	6月	7月	8月	9月	10月
トンネル移植	タネまき	植えつけ		収穫		
トンネル直まき		タネまき		収穫		

■タネまき　■植えつけ　■収穫

1. 生い立ち

　原産地は東北アフリカのエチオピア説が有力です。エジプトで紀元前より栽培され、高温性作物のため、中央アジアやインドで普及、栽培されました。

　日本へは中国を経て江戸時代末期に持ち込まれ、本州では角のはっきりした品種、沖縄では丸サヤの品種が普及しました。

　一般に普及し始めたのは戦後で、昭和50年代以降です。

2. 生育特性

　生育適温は昼25〜30℃、夜温20〜23℃です。最低気温は10℃で、それ以下では生育が止まります。地温は20〜25℃が適温です。低温では落花が多くなります。そのため、熱帯では冬を越せますが、日本では冬を越せません。

　発芽適温は25〜30℃です。

　発芽後、子葉がひらき、15〜20日で第1葉が、その後3〜5日おきに新葉がひらきます。

　花は6〜8節以上の葉のわきに1花ずつ着花し、ハイビスカスに似た黄色い両性花が咲きます。朝咲いて午後にはしぼみ、結実します。

　開花後4日くらいで収穫できます。

3. 品種

　五角形と丸サヤの品種があり、白サヤ・紫色サヤ品種もあります。北海道は生育期間が短いので極早生種が適しています。

北海道で栽培されている主な品種

品種名	特徴	種子元
ベーターファイブ	角サヤ、極早生、小葉、側枝良	タキイ
エメラルド	丸サヤ、長サヤ15 cm、やわらかい	タキイ
ガリバー	角サヤ、極早生、曲がり少、イボ果少	カネコ
スターライト	角サヤ、極早生、イボ果少、濃緑	武蔵野
グリーンスター	角サヤ、家庭菜園向き、イボ果少、濃緑	サカタ

（種苗カタログより）

4. 畑の準備・施肥

　多湿を嫌うので、水はけのよい畑で栽培します。**適正土壌酸度**はpH 6.0〜6.5です。

　前年の秋に、完熟堆肥2 kg/m² と、苦土石灰100 g/m² をまき、深く耕します。

　基肥は、化成肥料（8－8－8）120 g/m² と、過リン酸石灰50 g/m² をまきます。

　追肥は生育の様子を見ながら、1〜2果収穫したころから15日間隔で行います。化成肥料（8－8－8）25 g/m² を株間にばらまきましょう。

肥料成分量（1 m² あたり）

区分	窒素(N)	リン酸(P)	カリ(K)
基肥	10 g	20 g	10 g
追肥（1回分）	2 g	1.5 g	2 kg

（栽培事例より）

5. 苗づくり・タネまき

　オクラは根が長く移植にはあまり適していません。しかし、北海道では生育に適した高温期間が短いので、鉢で苗をつくり、トンネルで保温する必要があります。

　苗は市販されていますが、自分で苗づくりする場合は以下の手順を参考にしてください。

　温度管理は「苗づくりの温度管理の目安」の表（P194）を参考にしてください。

発芽しづらいタネなので、1晩30℃くらいの水につけておくと、発芽がそろう

直径9cmのポットで、深さ3cmくらいに3粒まく

植えつけ苗
・園芸用培土、タネまき、温度管理はキュウリと同様
・本葉が2～3枚になるまで育てる

6. 植えつけ

マルチをしてトンネルで保温しておき、十分な地温と気温を確保してから、5月下旬～6月上旬に苗を2～3本植えにします。

直接タネまきする場合は、6月上旬に3～4粒まきましょう。

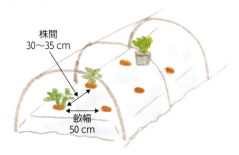

株間 30～35cm
畝幅 50cm

7. 病害虫対策

ナス半身萎凋病（はんしんいちょうびょう）の発生する畑では、萎凋病が生育後半で出る場合があります。連作では立枯病が問題となり、灰色かび病、うどんこ病も発生します。

生育が弱いとイボ果、強すぎると曲がり果が発生しやすいです。

オクラ半身萎凋病

イボ果

8. 摘葉・水やり

開花位置や葉の大きさで生育を観察し、収穫予定の果実の下にある葉を何枚残すかを決めて葉を摘みます。

水やりは追肥に合わせて行います。

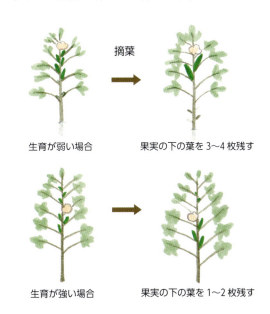

摘葉

生育が弱い場合 → 果実の下の葉を3～4枚残す

生育が強い場合 → 果実の下の葉を1～2枚残す

9. 収穫

品種で差がありますが、一般にサヤの長さ8～10cmで収穫します。

開花後、低温期は6～7日、高温期は3～4日が目安です。

大きくなりすぎるとスジがふえてかたくなり品質が低下します。

8～10cm

10. 栄養価

ビタミンA、葉酸などが豊富で栄養価が高いです。独特の粘質物はペクチン、ガラクタン、アラバンなどの混合物で、これらムチン（粘質物質の総称）はコレステロールを下げる効果があるとされています。

主な栄養成分（可食部100gあたり）

成分	生	ゆで
βカロテン	670μg	720μg
ビタミンC	11mg	7mg
葉酸	110μg	110μg
食物繊維	5.0g	5.2g

（「日本食品標準成分2010」より）

ゴーヤー

和名：ニガウリ・ツルレイシ
[ウリ科]

栽培カレンダー　　基準：道央圏

栽培方法	4月	5月	6月	7月	8月	9月	10月
トンネル移植	タネまき	植えつけ		収穫			
露地移植	タネまき	植えつけ		収穫			

■ タネまき　■ 植えつけ　■ 収穫

1. 生い立ち

インド、バングラデシュなど熱帯アジアで広く自生しており、東インドを中心とした地帯が原産地とみられています。

日本へは16世紀ごろに中国より渡来したと考えられており、沖縄へは15世紀中ごろ、中国から入り栽培されています。

高温性の野菜で、沖縄や南九州で栽培されていましたが、NHKの連続テレビ小説「ちゅらさん」でゴーヤーチャンプルーなど沖縄の食文化が紹介され全国に普及、栽培も広がりました。

2. 生育特性

生育適温 25〜30℃、**発芽適温**も25〜30℃と、高温性のウリ科野菜です。

品種で異なりますが、親づるの5〜10節から雄花と雌花がつきます。

親づるからは数本の子づるが旺盛に伸び、子づるにはよい雄花がつき、開花受精後2〜3週間で収穫できます。

雄花　　　雌花

3. 品種

形は紡錘形で太いもの、中長のもの、円筒形のものがあります。皮の色は緑や白、表面の突起が丸や、やや鋭いものなど多様な品種があります。

種苗店などで販売されており、「群青」「短太」「中長」などがあります。

4. 苗づくり・タネまき

ここ数年、種苗店で苗が販売されるようになりました。やや高価ですが、カボチャの台木に接いだ接ぎ木苗がつる割病に強く、生育も良好です。

自分で苗づくりをする場合は、下記の手順を参考にしましょう。温度管理は「苗づくり」（P194）の表を参考にしましょう。

タネはかたいので、前日から水につけてタネまきすると発芽しやすい

直径9cmのポットに2粒まきし、覆土は1cmくらい。
発芽し、双葉がひらいたら生育のいい方を残し1本植えにする

植えつけ苗
本葉が2〜3枚になった苗を植えつける

5. 畑の準備・施肥

畑づくりはキュウリ (P17) と同様に行います。

適正土壌酸度は pH 6.5〜7.5 の弱アルカリ性なので、苦土石灰 200 g/m² を施肥の 1 週間前に畑にまいて、土とよく混ぜましょう。

基肥は、有機化成肥料 (8-8-8) 200 g/m² と、過リン酸石灰 50 g/m² をまきます。

追肥は生育の様子を見ながら、1 回目を収穫したころに行い、以後 20 日間隔で行います。化成肥料 (8-8-8) 25 g/m² を株間にばらまきましょう。

肥料成分量 (1 m² あたり)

区分	窒素 (N)	リン酸 (P)	カリ (K)
基肥	16 g	25 g	16 g
追肥 (1 回)	2 g	1.5 g	2 g

(栽培事例より)

6. 植えつけ

マルチをして地温を十分に上げ、気温も上昇する 5 月下旬〜6 月上旬に、本葉が 2〜3 枚になった苗を植えつけます。保温キャップなどで保温し、根つきを促します。

株間は 1 m 確保します。

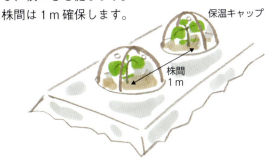

7. 病害虫対策

主な病気はうどんこ病、つる割病、害虫ではアブラムシです。うどんこ病は葉肉に入り、白い粉が見えない異なるタイプの菌です。発病葉は切り取り、ダコニール 1000 の 1000 倍液で防除しましょう。つる割病の発生する畑では、カボチャの台木の接ぎ木苗を栽培しましょう。アブラムシは葉裏に大量に発生するので、確認したらアブラムシ防除剤を葉裏に散布しましょう。(P204 参照)

うどんこ病
白い粉の見えない病斑なので注意

8. 支柱の立て方・仕立て方

丈夫な支柱を立て、キュウリネットを張ります (テープを数段張ってもよい)。親づるがネットに達したら、摘心して子づるを伸ばし誘引すると、子づるによい花がつきます。

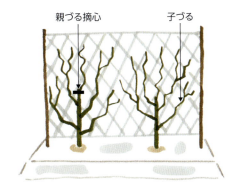

9. 水やり

ゴーヤーの葉は枚数が多く、薄く広いため、葉からの蒸散量が多く水不足でしおれ、葉が焼けます。水分不足にならないように随時水やりしましょう。

10. 収穫

着果から収穫までは、高温期だと 2 週間、温度が低いと 30 日ほどと温度が大きく影響します。表面につやがあらわれると、タネを包むワタが赤くなり、表面も黄色くなり始めます。つやが出る前に収穫しましょう。

11. 栄養価・食べ方

ビタミン C が豊富で、炒めても壊れにくく、果実には血糖値降下作用があるとされています。食べ方もゴーヤーチャンプルーだけでなく、炒め物やてんぷら、和え物と多様です。果実は割れるまで熟すと、苦みが消え、甘みが出ます。赤くなった実のまわりのワタの料理もあります。

主な栄養成分 (可食部 100 g あたり)

成分	生	油炒め
ビタミン C	76 mg	75 mg
葉酸	72 µg	79 µg
食物繊維	2.6 g	2.8 g

(「日本食品標準成分表 2010」より)

サヤインゲン ［マメ科］

栽培方法	4月	5月	6月	7月	8月	9月	10月
露地移植							
露地直まき							

栽培カレンダー　基準：道央圏

■タネまき　■植えつけ　■収穫

1. 生い立ち

中央アメリカ原産で南アメリカ先住民の重要な食料でした。16世紀にスペイン、イタリアに伝わり実だけでなく、サヤも食べるようになります。16世紀末に中国にも伝わり、日本へは1654年中国からの帰化僧、隠元により伝えられ、「インゲンマメ」の由来とされています。

北海道では明治以前は本州から持ってきたインゲンを「菜豆（サイトウ）」と呼び、栽培していましたが、明治以降は海外からの導入品種も栽培されています。

2. 生育特性

つるが伸びて長い期間収穫できるタイプと、つるが伸びず収穫始めは早いが期間が短いタイプがあります。つるが伸びるタイプは支柱が必要です。

生育適温は20℃前後で、冷涼な北海道が適しています。

発芽適温は20～23℃です。したがって、畑へのタネまきは、6月上旬以降になります。

本葉が1枚ひらく時期に5節から上に順次花ができ始め、側枝も2節から花ができます。

本葉が1枚ひらいたら花ができ始める

花は夜から咲き、自家受粉します。受精の適温は16～25℃で、13℃以上が必要です。30℃以上の高温になると、落花が多くなります。

3. 畑の準備

インゲンは連作を嫌うので、3年ほどあけて栽培し土壌病害をさけましょう。

水はけのよい土壌を好み、**適正土壌酸度**はpH 6～6.5です。根は深く広範囲に広がるので、20～30cmくらいまで深くおこしましょう。

前年の秋に、完熟堆肥2 kg/m²と、苦土石灰100 g/m²をまきます。春に未熟堆肥や有機質肥料を与えると、タネバエなどの被害をうける場合があるのでさけましょう。

4. 施肥

マメ類のなかでは窒素肥料が多く必要です。窒素の少ないマメ専用肥料ではなく、普通の化成肥料を与えましょう。基肥は、化成肥料（8-8-8）100 g/m²をまきます。

つるが伸びるタイプの場合、肥料が多すぎると、つるが旺盛になりすぎるつるぼけ状態となり、サヤがつくのが遅れるので、基肥だけで大丈夫です。

ただし、根粒菌のつきが悪く、葉色が淡くて生育が劣るときは、株間に追肥が必要な場合もあります。その場合は、収穫を始めるころに、化成肥料（8-8-8）25 g/m²を株間にばらまきましょう。

肥料成分量（1 m² あたり）

区分	窒素(N)	リン酸(P)	カリ(K)
つるなし	7 g	10 g	8 g
つるあり	9 g	10 g	8 g

（「北海道施肥ガイド2015」より）

5. 品種

つるなし品種は丸サヤ、つるあり品種は平サヤが多いです。

「モロッコインゲン」はサヤが大きくスジが入らないので、サヤが大きくても利用可能です。

つるありとつるなしの両方の品種が販売されています。

道内で栽培されている主な品種

	品種名	サヤの形
つるなし	サマーキセラ	丸
	サハラ	丸
	ピテナ	丸
つるあり	モロッコ	平
	マンズナル	平
	大平莢尺五寸	平

（「北海道野菜地図その38」より）

6. タネまき

地温が15℃以上になる6月以降、タネまきをします。それ以前のタネまきの場合は、マルチやトンネルなどで地温を上げてから行います。

条間・株間はつるあり、なしに合わせ下図を参考にしてください。ハトの被害をうけやすいので、本葉がひらくまで、べたがけ資材や、ペットボトルで覆うなどの対策が必要です。

つるなしは3粒、つるありは2粒を2cmの深さにまきます。タネまき後、水を与えます。

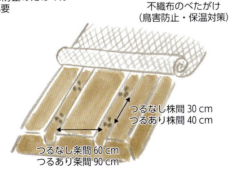

つるなし品種は保温と泥はね防止のためマルチが必要

不織布のべたがけ
（鳥害防止・保温対策）

つるなし株間 30cm
つるあり株間 40cm

つるなし条間 60cm
つるあり条間 90cm

タネの深さ 2cm

タネはへそを下に

鳥の被害が多い場合は、べたがけか、ペットボトルなどで保護する

穴をあける

半分に切り、タネまきした上からかぶせてさし込む

間引き

べたがけやペットボトルは、本葉が出てきたらはがします。発芽し初生葉がひらくころに、つるなしは2本立て、つるありは1本立てに間引きます。初生葉が大きく、形のそろった株を残しましょう。根を傷めないようにハサミで地際でカットします。

7. 苗づくり

鳥害対策をかね、苗づくりをして植えつける方法もあります。

本数の少ない自家育苗の場合、直径9cmのポットに直接タネをまくと簡単です。室内の窓辺の暖かい場所で育てましょう。

市販の園芸用培土に2cmの深さに離して3粒まく

初生葉が出たら間引く。
つるなしは2本、
つるありは1本に

引き抜かずに
地際をハサミで切る

植えつけ苗
本葉2〜3枚になるまで育てる

8. 支柱立て

つるありは、支柱が必要です。竹支柱の場合、合掌式支柱で左右2本を結ぶ方法（2束結束）、4本支柱を上部で結ぶ方法（4束結束）、キュウリネットを支柱に張りつるを誘引する方法などいろいろな方法があります。

太陽が十分にあたるように、南北に延びる畝をつくりましょう。

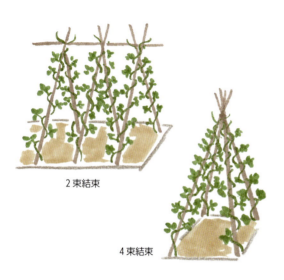

2束結束

4束結束

9. 誘引・摘心・水やり

本葉が5枚ほどになったら、つるが伸び始めます。つるは自分で支柱に絡まりますが、風などで支柱から離れる場合は誘引します。

支柱の上までつるが達したら、つる先を摘み取ります。すると、側つるの生育が促されます。

乾燥すると落花するので、雨が不足する時は随時、水をあげましょう。

10. 病害虫対策

大きな被害になるのは根腐病です。株全体が黄色く変色し生育不良になります。土壌病害なので、連作をさけ、基本的な土づくりを心がけます。

つるなし品種では、雨が続くと、灰色かび病、菌核病が発生します。病気が発生した葉やサヤは摘み取り、畑から持ち出し処分します。

害虫では、タネバエ、ハダニ、アブラムシ、アズキノメイガの食害が発生します。発生が多い場合は、薬剤防除をしましょう。使用する農薬については、P204、205の表を参照してください。

11. 収穫

収穫は、豆のふくらみが目立たないうちに収穫します。サヤを触って、豆のふくらみを感じるものは過熟でかたいです。

モロッコインゲンはサヤがやわらかく、収穫適期が長いので、市民農園などで収穫間隔が長くなる場合に適しています。サヤの取り残しは、生育が弱るので、取り残しがないようにしましょう。

気温の低い早朝に収穫すると鮮度が保たれます。

サヤを触って豆のふくらみがわかるものは、過熟でサヤがかたい

12. 栄養価・保存

豆類野菜であるサヤインゲンは、タンパク質やカリウム、鉄などのミネラルを多く含みます。なかでも骨を丈夫にし、血液凝固作用などの効果を持つビタミンKを多く含んでいます。

また、血糖値を調整する機能性成分も含まれ、甘味成分のグルタミン酸、アスパラギン酸も多く、独特の風味があります。

スジは、両端を折り、スジを引っ張ると取りやすいです。

生での保存期間は短いですが、湿ったキッチンペーパーで包みポリ袋に入れ、冷蔵庫の野菜室で3〜4日保存できます。できるだけ早く食べることをおすすめします。

また、15秒ほどゆでて、冷水（氷水）で冷やし、水分を拭きとってフリーザーバッグに入れ冷凍保存すると、1カ月ほど保存できます。

主な栄養成分（可食部100gあたり）

成分	生	ゆで
カリウム	260 mg	270 mg
カルシウム	48 mg	57 mg
マグネシウム	23 mg	22 mg
鉄	0.7 mg	0.7 mg
βカロテン	520 μg	500 μg
ビタミンC	8 mg	6 mg
葉酸	50 μg	53 μg
食物繊維	2.4 g	2.6 g

（「日本食品標準成分表2010」より）

サヤエンドウ ［マメ科］

栽培方法	4月	5月	6月	7月	8月	9月	10月
露地		タネまき			収穫		

栽培カレンダー　基準：道央圏

1. 生い立ち

原産地は中央アジアから中近東地方とされ、諸説あります。

日本へは中国から9～10世紀に伝わり、江戸時代にはいくつかの品種ができています。

明治期には海外から優れた品種が導入されています。若サヤを食べるサヤエンドウ、未熟粒を食べるグリーンピース、「うすいえんどう」があります。サヤエンドウでは、若サヤのキヌサヤエンドウ、サヤの大きなオランダエンドウがあります。また近年、アメリカで育成されたサヤや実を両方食べられるスナップエンドウも普及しています。

2. 生育特性

生育適温 15～20℃、**発芽適温** 8～18℃と、低温に強く冷涼な気候を好む作物です。

2℃以上で発芽します。高温に弱く、25℃以上では花の受精率が低下します。特にスナップエンドウは高温に弱く、高温期を経過すると株は衰弱します。

エンドウの子葉は、土の中に残り、地上には出てきません。2節から分枝し、開花する10節ごろからも分枝します。花が2つ咲いて、サヤも2つつきます。

スナップエンドウ

3. 畑の準備・施肥

サヤエンドウは最も連作を嫌うので、5年程度あけて栽培し土壌病害をさけましょう。水はけのよい畑を好み、**適正土壌酸度**はpH6.0～6.5です。

前年の秋に、完熟堆肥2kg/m²と、苦土石灰100g/m²をまきます。根が深く伸びるので、20～30cmくらいまでおこしましょう。春に未熟堆肥や有機質肥料を与えると、タネバエなどの被害をうける場合があるので、さけましょう。

基肥は窒素成分の少ない豆用の化成肥料がよいです。豆用化成肥料（3－10－10）120g/m²をまきます。

追肥は窒素単肥の硫安10g/m²を株間にばらまきます。代わりに化成肥料（8－8－8）を追肥する場合は25g/m²です。

肥料成分量（1m²あたり）

区分	窒素(N)	リン酸(P)	カリ(K)
基肥	4g	10g	10g
追肥	2g	—	—

※追肥は収穫が始まるころに株間に与える

（「北海道施肥ガイド2015」より）

4. 品種

「電光30日絹莢」は草丈が高いです。収穫期が早いので、道内では多く栽培されています。スナップエンドウは、サヤにスジがあります。

北海道で栽培されている主な品種

	品種名	草丈	分枝数
絹サヤ	電光30日絹莢	高	少
	白花絹莢	中	多
	華夏絹莢	高	少
スナップ	ニムラサラダスナップ	高	少
	スナック753	高	中

(「北海道野菜地図その38より」)

5. タネまき

サヤエンドウは、2mほどのつるが伸び、株の左右にサヤがつきます。畝の左右から収穫するので1条の畝にして、支柱を立てて栽培します。

畝幅は120〜150cmとり、葉に光が十分にあたるようにします。

株間は1粒まきでは5cm、3粒まきでは15cmとり、深さ2〜3cmにまきます。

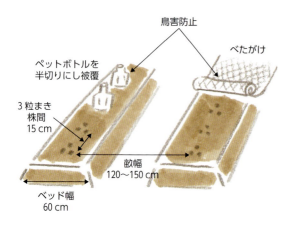

鳥の被害が多い場合は、べたがけか、ペットボトルなどで保護する方法もある

ペットボトルを半切りにしてタネの上にかぶせてさし込む

6. 支柱立て

つるが伸びて支柱全面が覆われるころ、強い風で倒れないように、直径25mmの太い支柱をしっかりと設置します。支柱が細い場合は、支柱の間隔を狭めます。

つるを誘引するためにキュウリネットを張りましょう。

誘引テープの場合、10cm間隔で株を両側から挟むように張ります。

キュウリネットの場合

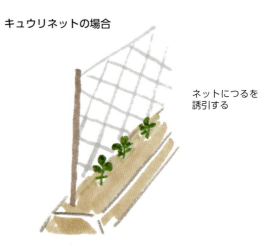

ネットにつるを誘引する

誘引テープの場合

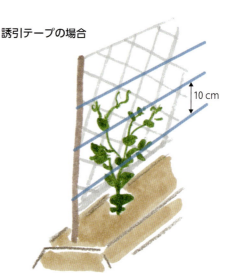

外側に広がるつるをテープでおさえるとよい

7. 誘引・摘心・水やり

本葉が5枚以上になると、つるが伸びてくるので、その前に支柱を立て、つるが伸びてきたらネットや誘引ひもに結んであげましょう。以後は自分の巻きづるで絡まって伸びます。

つるが支柱の先端に到達したら、摘心すると、わきづるの生育が促されます。

雨が少ない場合は、水をあげましょう。

8. 病害虫対策

連作すると立枯病など土壌病害が発生するので、栽培間隔は5年以上あけましょう。

病気では、うどんこ病が発生します。見つけたら早めに防除しましょう。

害虫では、葉やサヤのガクの中に入り込むナモグリバエの害が出ます。葉の縁に白い小斑点が列になっている産卵痕を見つけたら防除しましょう。

また、サヤが白い火ぶくれ症状となるヒラズハナアザミウマも発生しますが、家庭菜園の場合、致命的な被害とはならないので無防除でもかまいません。

防除農薬については、P206の表のアドマイヤー1粒剤を参照してください。

うどんこ病　　　ナモグリバエの食痕

ナモグリバエの産卵痕

葉の縁の産卵痕(つるの先端に近い葉に産卵)

9. 収穫

サヤエンドウは、開花後15日ほどで、中の豆が大きくなる前に収穫します。

キヌサヤは7cm、大サヤで10cmくらいのサヤの長さです。ガクをつけたままハサミで収穫しましょう。

スナップエンドウは、開花後25日くらいで収穫します。

ガク

キヌサヤエンドウ　スナップエンドウ

10. 栄養価・保存

サヤエンドウはビタミンAに変わるカロテン、ビタミンC、食物繊維などが豊富です。スナップエンドウは、サヤが大きく豆も食べるため、カロリーが高めです。体の組織の修復や肌の組織を整える効果があるとされているリジンを多く含みます。

若サヤの生育中に収穫されるので、サヤの呼吸量が多く、すぐに鮮度が低下します。できるだけ早く食べましょう。

保存する場合は、ポリ袋に入れ冷蔵庫の野菜室で3〜4日はもちます。

冷凍する場合は、10秒くらいでかためにゆでて、フリーザーバッグに入れ、冷凍庫で2〜3カ月保存が可能です。煮物や炒めものは冷凍のまま利用できます。

主な栄養成分(可食部100gあたり)

成分	サヤエンドウ 若サヤ		スナップエンドウ
	生	ゆで	若サヤ(生)
カリウム	200 mg	160 mg	160 mg
カルシウム	35 mg	36 mg	32 mg
マグネシウム	24 mg	23 mg	21 mg
鉄	0.9 mg	0.8 mg	0.6 mg
βカロテン	560 μg	580 μg	400 μg
ビタミンC	60 mg	44 mg	43 mg
葉酸	73 μg	56 μg	53 μg
食物繊維	3.0 g	3.1 g	2.5 g

(「日本食品標準成分表2010」より)

エダマメ ［マメ科］

栽培方法	4月	5月	6月	7月	8月	9月	10月
露地 8〜10月どり		タネまき			収穫		

栽培カレンダー　基準：道央圏

■ タネまき　■ 収穫

1. 生い立ち

　ダイズは、東アジアに分布している野生種から分化し、中国で発達しました。日本では縄文遺跡に食用として利用された形跡が残されています。

　ダイズを未成熟なうちに収穫したエダマメを食用にした記録は、江戸時代中期の書籍にありますが、それ以前から食べられていたと思われます。

　この若サヤをそのままゆでて食べる習慣は日本独特のもので、中国や韓国も最近のこととされています。日本各地には独自の品種があります。

2. 生育特性

　生育適温は20〜25℃です。夜間は10℃以上必要です。

　発芽適温は25〜30℃と高く、10℃以下の地温ではタネが腐敗して発芽不良になります。本来、光合成をするはずの子葉は、発芽のための養分を蓄えるだけのものです。その後ひらく初生葉が光合成を始めます。

　その上から出る葉から3枚の本葉が出て、各葉のわきから分枝が伸び始めます。

　気温が15℃以上になると、3〜5節以上の葉のわきに花ができ始めます。

　花は自家受粉で自然に受精しますが、18℃以下が続くと受精不良となり、1〜2粒しか入っていないサヤが多くなります。

　また、生育には強い光線が必要で、生育最盛期に曇天が続いたり、株間が狭く葉が重なり合うと、枝が少なくなったり、サヤのつかない枝が多くなります。

　タネまきから開花まで45日、開花後、早生種で35〜40日、中生種で45日前後、晩生種で50日前後で収穫できます。

エダマメの小さな花

3. 畑の準備・施肥

エダマメは強い日光を好むので、日あたりのよい場所で栽培しましょう。日陰では花がつかない枝が多くなり、サヤがつく数が少なくなります。

水はけがよく、作土の深い畑が適しています。

適正土壌酸度はpH6.0〜6.5です。この条件で根粒菌が発達して、生育がよくなります。

根粒菌は空気中の窒素を固定してエダマメに供給します。

前年の秋、完熟堆肥2kg/m²と、苦土石灰100g/m²をまいて耕します。

基肥は、窒素成分が少ない豆用の化成肥料(3-10-10)100g/m²をまきます。

窒素が多いと茎葉の生育は旺盛になりますが、サヤのつきが悪くなります。

根粒菌

肥料成分量（1m²あたり）

区分	窒素(N)	リン酸(P)	カリ(K)
基肥	2g	10g	8g

(「北海道施肥ガイド2015」より)

4. 品種

北海道は生育適温期間が短いので、極早生〜早生種が向いていますが、香りのある晩生種の茶豆系統も家庭菜園では楽しめます。黒豆や茶豆種もエダマメ収穫時の豆は緑色です。茶豆はアミノ酸が多く、黒豆は糖分が多い傾向があります。

晩生種の茶豆は収穫期が9月になります。草丈も高く、生育が旺盛になるので、株間を30cmと広くとりましょう。

北海道で栽培されている主な品種

品種名	早晩性	備考
サッポロミドリ	極早生	
莢音(さやね)	極早生	
いわいくろ	中生	黒豆
げんき娘	早生	茶豆風味
茶香り	極晩生	茶豆

(「北海道野菜地図その38」より)

5. タネまき

地温が15℃以上になる6月以降にタネまきをします。それ以前にまく場合は、マルチやトンネルなどで地温を上げておきましょう。

条間60cm、株間20〜30cmにまきます。ハトの被害をうけやすいので、本葉がひらくまで、べたがけ資材か半分に切ったペットボトルで覆うなどの対策が必要です。深さ2cmくらいに3粒ずつまきます。

直まきの場合

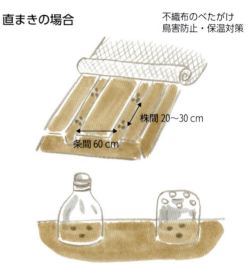

ペットボトルを半分に切り、タネまきした上にかぶせてさし込む

苗づくりをして植えつける

ハト対策や生育を早めるために、苗づくりをして植えつける方法もあります。

直径6cmのポットに肥料入り園芸培土を入れ、直接2粒まいて、そのまま育て、2本植えの苗にします。タネまき後20〜25日で初生葉がひらくころが植えつけ時期です。畝幅、株間は直まきと同じです。

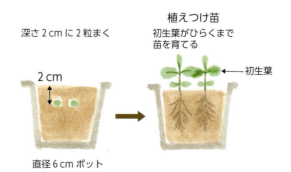

6. 間引き・土寄せ・水やり

3粒まきしているので、本葉が出始めたころに、間引きして2本残します。畝幅や株間が狭い場合は1本残します。光が十分あたるようにしましょう。根粒菌のつきが悪く、生育がよくない場合は、草丈20cmごろに、化成肥料（8-8-8）25g/m²を株間にばらまき追肥します。そして、株が倒れないように初生葉の下まで土寄せします。

開花から収穫までは乾燥させないように水やりしましょう。

土寄せ

2回目　本葉が6～8枚のころ。追肥する場合はこの時期

1回目　本葉が3～4枚のころ

根粒菌

7. 病害虫対策

家庭菜園では、無農薬栽培が可能です。発芽時のタネバエ、サヤがつくころのマメシンクイガ、アブラムシが媒介するダイズ矮化病などが発生しますが、大きな被害になる例は少ないです。除草やシルバーマルチなどで対応しましょう。

未熟堆肥を春に与えると、タネバエが集まり被害が出るのでさけましょう。

マメシンクイガは、サヤがついて大きくなり始めるころに卵をサヤに生みつけるので、この時期に防除します。（防除農薬はP205の表を参照）

ダイズ矮化病
（ウイルス病）

ウイルスに侵された株

マメシンクイガ

©北植防

8. 収穫

早く収穫すると、アミノ酸が多くサヤ色も鮮やかですが、糖分が低くて収量も少ないです。

遅すぎると、アミノ酸が少なくサヤ色も悪く、独特の香りも失われます。

おいしく食べるためには、適期の収穫が大切です。サヤの厚さ5mmくらいになったら収穫適期です。開花後35～40日ごろですが、品種で差があります。本数の少ない家庭菜園では、適期のサヤを順次摘み取ります。たくさん栽培している場合は、上部のサヤがやや未熟の状態で株ごと抜き取り、サヤをもぐと効率的です。

9. 栄養価・保存

エダマメは「畑の肉」といわれるダイズの若どりです。必須アミノ酸の上質のタンパク質、脂肪をバランスよく含み、ダイズにはない、カロテンやビタミンCも含みます。食物繊維も豊富です。アルコール代謝を進め、肝臓負担を軽くする成分が含まれるので、ビールのおつまみに最適です。サポニン、葉酸、ユビキノンなど、エダマメで特に多く摂取できる成分もあります。

収穫後1日でショ糖やアミノ酸が半減するなど鮮度が落ちやすいので、家庭菜園で収穫直後に塩ゆでするのが一番おいしい食べ方です。

冷凍保存する場合は、2分ほど少しかためにゆでて冷ました後、フリーザーバッグに入れ冷凍します。

主な栄養成分(可食部100gあたり)

成分	生	ゆで
タンパク質	11.7 g	11.5 g
カリウム	590 mg	490 mg
カルシウム	58 mg	76 mg
マグネシウム	62 mg	72 mg
βカロテン	240 μg	260 μg
ビタミンC	27 mg	15 mg
葉酸	320 μg	260 μg
食物繊維	5.0 g	4.6 g

（「日本食品標準成分表2010」より）

ソラマメ ［マメ科］

栽培カレンダー　　基準：道央圏

栽培方法	3月	4月	5月	6月	7月	8月	9月
露地移植	■	→	■	→	■		

■ タネまき　■ 植えつけ　■ 収穫

1. 生い立ち

原産地は北アフリカから西南アジアといわれ、諸説あります。6000年前の新石期時代から食用とされ、人類の最も古い食物の一つです。

日本へは奈良時代にインドの僧が伝えたとの伝聞がありますが、記録に残されているのは17世紀はじめです。一般的に普及するのは、明治政府によりヨーロッパから長サヤ系の品種が導入されてからです。寒さに強く、秋まきができるので、水田の裏作として九州や本州の南西部で広く栽培されるようになりました。

北海道でも春に植えつけし、夏に収穫ができます。ゆでたソラマメがお酒のおつまみに最適のため、近年、家庭菜園での栽培が増加し、苗も販売されています。

2. 生育特性

生育適温は15～20℃と狭いですが、栽培は12～25℃で問題ありません。

発芽適温は20～25℃です。

ソラマメは、発芽後ある一定の期間、低温にあたると花ができます。そのため、大粒種だと4週間、中粒種だと3週間ぐらい低温（3～5℃）にあてます。低温には強く、苗の時期には－5℃でも耐えられます。

北海道では、3月末にタネまきをして苗をつくり、4月に戸外で低温にあてて植えつけると、花ができます。花房は主茎で11～13節、分枝茎では7～9節から各節について数花咲き、1～3サヤが実ります。開花から収穫する緑熟期までには、40～50日かかります。

25℃以上で生育が停滞するので、8月で収穫は終わります。

着サヤ状態

主茎／サヤ／分枝茎／根粒菌

3. 畑の準備・施肥

ほかの豆科作物同様、連作を嫌います。3～4年は栽培間隔をあけましょう。

適正土壌酸度はpH5.5～6.0です。また、水はけのよい畑を好み乾燥に弱いため、保水性の高い畑がよいです。

前年の秋に、完熟堆肥2kg/m^{2}と、苦土石灰100g/m^{2}をまいて耕します。

基肥は、窒素の少ない豆用の肥料ではなく、普通の化成肥料をまきます。化成肥料（8-8-8）140g/m^{2}と、過リン酸石灰40g/m^{2}をまき、耕してベッドをつくります。

追肥は化成肥料（8-8-8）50g/m^{2}を株間にばらまきます。

肥料成分量（1m^{2}あたり）

区分	窒素(N)	リン酸(P)	カリ(K)
基肥	10～12g	20g	10～12g
追肥	4g	4g	4g

※追肥はサヤが肥大し始めるころ株間まく

（栽培事例より）

4. 品種

一つのサヤに3粒入っている粒の大きい品種が多いです。最近、低温にあてなくても花のつく品種（「駒栄（こまさかえ）」）も開発され、北海道の春植え栽培に適しています。

主な大粒種（3粒入り）品種

品種名	種子元
打越緑1寸	サカタ
駒栄（こまさかえ）	サカタ
仁徳一寸	タキイ
陵西一寸	みかど協和

（種苗カタログより）

最低気温が0℃以下になる場合は、ビニールで覆い保温する

5. タネまき・苗づくり

本州では直接畑に秋まきするので、冬の低温で花ができますが、北海道の場合、春にタネをまくと、必要な低温にあたらないため、芽が出たタネを冷蔵庫などで1カ月ほど低温処理してからまく必要があります。

家庭菜園ではこれらの処理が難しいので、発芽した苗をそのまま戸外に置いて、低温にあてます。

直径7.5～9cmのポリポットに市販されている肥料入り園芸培土を入れます。タネの横腹の黒いスジ（お歯黒）を下に向けて下図のようにまきましょう。

タネのまき方

タネは土の上に少し頭を出し、芽が鉢の中央に出るようにさし込む

タネのへそ（お歯黒）を下に向ける

3月下旬に20℃くらいの室内の窓辺で、鉢をトレーに並べて発芽させます。

発芽後、4月になったら外に出して低温にあてます。

寒さには強いですが、最低気温が0℃以下になる場合は、ビニールをかけるなど保温します。3～5℃の低温にできるだけあて、花をつくります。鉢が乾かないように随時水やりしましょう。

6. 植えつけ

5月上旬になり本葉が2～3枚になったら、苗を植えつけます。

1条植えが混み合わず、生育がよいです。

保温とアブラムシ予防をかね、不織布でトンネル被覆し、シルバーマルチをすると生育がいいのでおすすめです。

畝幅120cm、株間30cmとし、下図のように苗を植えつけます。

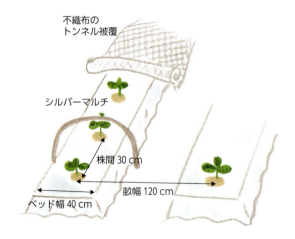

不織布のトンネル被覆
シルバーマルチ
株間30cm
畝幅120cm
ベッド幅40cm

苗は浅植えにし、倒れないように株元に土寄せする
土寄せ

7. 支柱立て・水やり

太い茎が 70〜80 cm になり、分枝茎が伸びてくると風で倒れるので、支柱を立て、両端からテープかヒモで挟み、茎が倒れないようにします。

北海道では主茎によいサヤがつくので、本州のように主茎を摘み取らずにそのまま伸ばし、分枝茎は 4〜5 本残してほかは切ります。本数が多い場合は弱い枝茎を除きましょう。

サヤが肥大する時期に乾燥すると、石灰を吸収できず不足して豆の尻部が変色する場合があるので、雨が不足する場合は、水やりをしましょう。

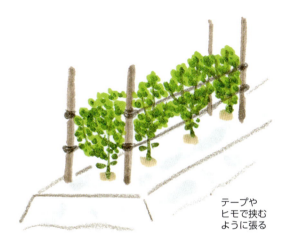

テープやヒモで挟むように張る

8. 病害虫対策

葉に赤く小さい斑点が広がる赤色斑点病を防ぐには、開花期に一回、殺菌剤で防除するとよいです。銅水和剤や、ロブラール水和剤 1000 倍液などが使用できます。

アブラムシが媒介するソラマメ黄化病、ソラマメモザイク病、土壌伝染するソラマメエソモザイク病などのウイルス病、また、土壌菌による立枯病もあります。連作をさけ、アブラムシの防除などが必要です。(防除農薬は P204 の表を参照)

エソモザイク病

9. 収穫

上向きだったサヤが水平より下がり、サヤのスジが濃緑色になったら収穫です。

サヤの色は濃くなり、光沢が出てきます。また、中の豆のお歯黒が黄褐色になっています。黒くなっていたら、取り遅れです。

収穫適期　　　収穫遅れ

サヤのスジが濃い緑色になったら収穫の合図

10. 栄養価・食べ方

タンパク質やカリウム、ビタミン類も豊富で栄養豊かです。利尿薬成分や去痰剤成分を含み、古くから強壮剤としても利用されています。

未熟なサヤで収穫するため、サヤの呼吸量が多く鮮度が落ちやすいので、収穫したら早く食べましょう。

サヤから出したらすぐ調理します。1〜2%の塩水でゆで、3分ほど沸騰させて、ザルにあげます。塩ゆでしたあと、冷ましてラップに包み、冷凍保存も可能です。

主な栄養成分(可食部 100 g あたり)

成分	生	ゆで
タンパク質	10.9 g	10.5 g
カリウム	440 mg	390 mg
鉄	2.3 mg	2.1 mg
βカロテン	240 μg	210 μg
ビタミンC	23 mg	18 mg
葉酸	120 μg	120 μg
食物繊維	2.6 g	4.0 g

(「日本食品標準成分表 2010」より)

ラッカセイ 落花生 [マメ科]

栽培カレンダー　基準：道央圏

栽培方法	4月	5月	6月	7月	8月	9月	10月
トンネル	タネまき	植えつけ				ゆで用収穫	完熟収穫
マルチ	タネまき	植えつけ				ゆで用収穫	完熟収穫
マルチ直まき		タネまき				ゆで用収穫	

■ タネまき　■ 植えつけ　■ ゆで用収穫　■ 完熟収穫

1. 生い立ち

　原産地は南アメリカ、アンデス山脈の東山麓とされ、コロンブスの新大陸発見後、1574年にヨーロッパに伝わったといわれています。

　日本では沖縄で古くから栽培されています。江戸時代に中国から伝わり「ナンキンマメ」として栽培されたとの説もありますが、定かではありません。

　明治以降、アメリカから入った品種をもとに各地で栽培されました。

　北海道では生育期間が短く、ピーナッツとしての完熟マメの収穫が難しいため、経済栽培はされていませんでしたが、近年栽培が始まっています。

　また、やや未熟マメでもエダマメ同様に塩ゆででおいしく食べられるので、家庭菜園での栽培が急増し、タネも販売されています。

2. 生育特性

　生育適温は15～30℃と高く、発芽には15℃以上が必要です。

　芽が出て葉がひらき、40日で葉のわきに花が咲きます。受精すると、花の子房が地面に向かって長く伸び地中にもぐり込みます。この長く伸びた子房を「子房柄（しぼうへい）」といいます。花は落花するため「落花生（ラッカセイ）」と呼ばれます。

　土の中の子房柄は先端がふくらみサヤとなり、中の2粒のマメが大きくなります。1株に20～30サヤできます。花が咲いてからマメが成熟して収穫するまでに約80日必要です。

　北海道は、完熟したマメの収穫には生育日数がギリギリのため、気候により収量や品質が不安定です。そのため、4月にポットにタネまきして苗をつくり、マルチやトンネルで保温して、5月中旬～下旬に植えつけるとよいでしょう。

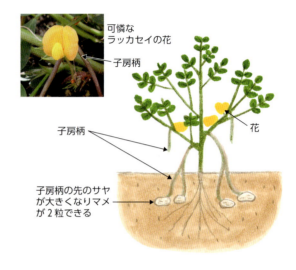

可憐なラッカセイの花 — 子房柄
子房柄 — 花
子房柄の先のサヤが大きくなりマメが2粒できる

3. 品種

　北海道では、開花から収穫まで70～75日で収穫できる極早生種がおすすめです。

北海道で栽培されている主な品種

品種名	特徴
郷の香(さとのか)	ゆでラッカセイに適している
タチマサリ	煎りラッカセイに適している

※いずれも、茎が立つタイプで、極早生種

おおまさり	開花後収穫まで85日かかる

※晩生種だが大サヤでマメが大きく、ゆでラッカセイに適している
(種苗カタログより)

4. 畑の準備・施肥

　水はけのよい、火山灰や砂壌土が適しています。

　根に「根瘤菌（こんりゅうきん）」がついて、空気中の窒素も利用しますが、酸性土壌を嫌います。**適正土壌酸度**はpH6.0～6.5です。

　前年の秋に、完熟堆肥2kg/m^{2}と、苦土石灰100g/m^{2}をまいて、よく耕しておきましょう。

　基肥は、マメ専用肥料がいいです。

代わりに化成肥料(8-8-8)を使用する場合は、40 g/m² と、過リン酸石灰 35 g/m²、硫酸カリ 15 g/m² をまきましょう。

肥料成分量(1 m² あたり)

区分	窒素(N)	リン酸(P)	カリ(K)
基肥	3 g	10 g	10 g

(栽培事例より)

5. タネまき・苗づくり・植えつけ

直径 6 cm のポットに肥料入りの育苗用園芸培土を入れ、4月下旬〜5月上旬にタネをまき、室内の窓辺の暖かい場所で、適時、水をやり管理します。1週間ほどで発芽します。

本葉が2〜3枚になるころに植えつけると生育がよいです。

直まきする場合は、畝幅 70〜80 cm、株間 30 cm、1カ所に2〜3粒まきします。約1週間で発芽します。

苗づくり

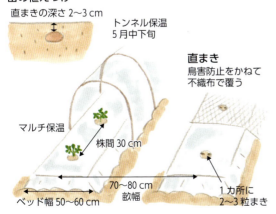

苗の植えつけ

6. 土寄せ

花が咲き、子房柄が伸び始めたら、マルチを取り除き、株元に幅 20〜30 cm 土寄せします。茎が立つ品種に行います。

7. 病害虫

病気では褐斑病、灰色かび病、黒渋病、害虫ではアブラムシ、ハダニが発生する場合がありますが、家庭菜園では無防除で問題ありません。

もし発生して広がる場合は、天然系の農薬で防除しましょう。(P202、204の表を参照)

8. 収穫

9月下旬に試し掘りし、サヤの編み目が8割ほどはっきりした状態が収穫適期です。

収穫直後からゆでラッカセイにできます。煎りラッカセイなどピーナッツにする場合は、株をひっくり返して10日ほど雨にあてないように天日干しします。

保存はネット袋に入れ凍結しない、風通しのよい場所がよいです。

9. 栄養価

ラッカセイには脂質が多く含まれており、その半分はオレイン酸です。オレイン酸は悪玉コレステロールを減らす効果があるとされています。カリウム、ビタミン類も豊富で、食物繊維も多いです。

主な栄養成分(可食部 100 g あたり)

成分	未熟豆	
	生	ゆで
脂質	24.2 g	23.5 g
カリウム	450 mg	290 mg
ビタミンC	20 mg	19 mg
食物繊維	4.0 g	4.2 g

(「日本食品標準成分表 2010」より)

トウモロコシ スイートコーン ［イネ科］

栽培カレンダー　　基準：道央圏

栽培方法	4月	5月	6月	7月	8月	9月	10月
トンネル移植		■ ●			■		
マルチ移植		■			■		
露地直まき			■			■	

■ タネまき　● 植えつけ　■ 収穫

1. 生い立ち

　原産地はメキシコ南部で、古代インディオの食料として発達しました。メキシコのテワカン洞窟から約6800年前のトウモロコシの穂軸が発見されています。栽培種ができるには、メキシコ高原とアンデス地方の品種が出合う必要があったとされ、現在も研究が続いています。

　コロンブスがアメリカからスペインに持ち帰った後30年でヨーロッパ全土に広まります。日本へは1579年ごろポルトガル人によりフリント種が持ち込まれ、江戸時代に山形の新庄地方以南で栽培されています。

　明治政府が食用の北方フリント種（硬粒）と飼料用のデントコーンを北海道に導入し、明治23（1890）年、札幌農学校教師のアーサー・アンバー・ブリガムがフリント種の「札幌八列とうきび」を導入すると、焼きトウモロコシとして普及し、石川啄木に「しんとして、幅広き街の秋の夜の玉蜀黍の焼くるにほひよ」と詠まれました。

　その後、糖分の多い品種が開発され、現在の甘いスイートコーンが栽培され始めたのは、ゴールデン・クロスバンダムがつくられ始めた1950年代ごろからです。現在さらに糖分の多い品種が栽培されています。

2. 生育特性

　トウモロコシは赤道に近いところが原産地なので、強い光とやや高温でよく育ちます。

　発芽適温は32～36℃と高く、最低6～11℃、最高42℃です。地温が15～18℃の時、発芽まで8～10日かかります。

　発芽してから約60日で茎の先端に「雄穂（ゆうずい・雄花）」が咲き、花粉が風で飛ばされます。茎の中央部の葉のわきにできた俵状の雌花から絹糸のような雌しべが伸び、これに花粉がついて受粉します。長い雌しべの中を花粉管が伸びて、一粒ずつ受精し、受精してから25日ほどで収穫できます。

　タネまきからだと、85～90日で収穫できます。

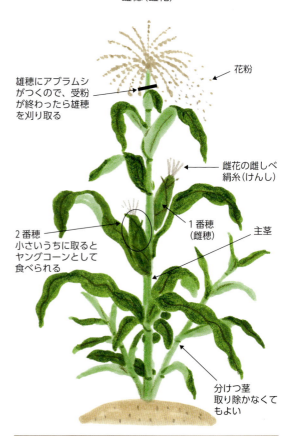

雄穂（雄花）

雄穂にアブラムシがつくので、受粉が終わったら雄穂を刈り取る

花粉

雌花の雌しべ絹糸（けんし）

2番穂 小さいうちに取るとヤングコーンとして食べられる

1番穂（雌穂）

主茎

分けつ茎 取り除かなくてもよい

　トウモロコシは、ほかの品種の花粉が受精して、実に影響を与える「キセニア」現象があり、白粒品種に黄色が混じる場合があります。それをさけるためには、開花時期が2週間以上ずれるようにタネまきします。

3. 品種

トウモロコシは、葉の光合成でショ糖をつくりデンプンに変えて実に蓄えます。

ある時、デンプンに変える能力が低く、糖分の多い種類が見つかりました。「スイートコーン」の始まりです。

その後、糖の含有量を多くする遺伝子が数種類見つかり、これらの組み合わせで、年々とても甘い品種がたくさん開発されています。

ゴールデン・バンダムから、ゴールデン・クロスバンダムを経て、より甘いハニーバンダム時代が昭和40年代でした。

平成に入り、黄色粒に白色粒が混じるバイカラー種が中心となります。

現在は、黄色種でより甘い極甘味種、白色で生でも食べられるタイプなど、糖度が高く風味もある新しい品種が開発されています。

北海道で栽培されている主な品種

	品種名	早晩性	粒色	初期生育	着穂高
バイカラー系	ゆめのコーン80	早生	黄白	良	中
	ゆめのコーン	中早生	黄白	良	中
	優味	中早生	黄白	良	中
	ピーター235	中早生	黄白	やや良	低
	ハーモニーショコラ	中生	黄白	良	中
黄色系	ゴールドラッシュ	早生	黄	良	低
	味来早生130	早生	黄	やや良	低
	味来390	中早生	黄	不良	低
	キャンベラ86	中早生	黄	不良	低
	恵味86	中早生	黄	不良	中
白系	ピュアホワイト	中生	白	不良	中

(「北海道野菜地図その38」より)

イエロー系

バイカラー系

白系

4. 畑の準備・施肥

日あたりがよく水はけのよい、肥沃な畑が適しています。土質はあまり選びません。

適正土壌酸度はpH 5.5〜7.0と広いです。

前年の秋か4月下旬に、完熟堆肥4 kg/m^{2}と、苦土石灰100 g/m^{2}をまいて、深さ20 cmくらいまで、よく耕します。

苦土石灰 100 g/m^2
完熟堆肥 4 kg/m^2

肥料の与え方

基肥は、タネまき、植えつけの1週間前にまき、畑の準備をします。

化成肥料(8-8-8)190 g/m^{2}をまいて耕し、幅90〜100 cmのベッドをつくります。

5月上旬にタネまきする場合は、ポリマルチフィルムを張り、地温を上げておきましょう。

肥料成分量(1 m^{2}あたり)

区分	窒素(N)	リン酸(P)	カリ(K)
基肥	15 g	15 g	15 g
追肥	5 g	―	―

(「北海道施肥ガイド2015」と栽培事例より)

5. タネまき・植えつけ

1条植えでは、花粉が風で飛ばされて受粉できないことがあるので、必ず2条植え以上で植えます。

[直まき]

1本植えは株間30 cm、2本植えは40 cmとします。2本植えは、先端の実入りがやや悪くなります。2条植えの条間は50 cmです。

1カ所に3粒を2〜3cm離して置き、深さ3cmに指で押し込むと、深さが一定で発芽がそろいます。

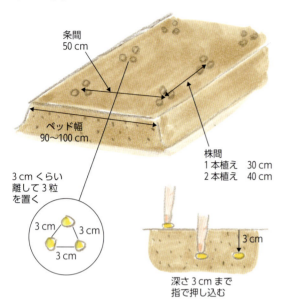

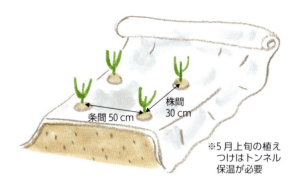

※5月上旬の植えつけはトンネル保温が必要

6. 間引き

　トウモロコシの根は弱く、特に苗や若い時に根を傷めると生育が悪くなります。

　草丈が12〜15cmになったら、生育の悪い株を間引きましょう。間引く株の地下部にハサミをさし込んで切り取り、残す株の根を傷めないようにします。

　苗の場合も同様に間引きます。

生育のよい株を残して1〜2本植えにする

[移植]
苗づくり

　直径6cmのポリポットに肥料入り園芸培土を入れ、温度を確保できる室内の窓辺で苗づくりします。タネを2〜3粒、深さ3cmにまきます。

　発芽後、生育のよい株を残して間引きし、葉が2〜3枚になるまで育て、苗にします。

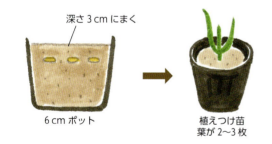

苗の植えつけ

　5月上旬の植えつけは、ベッドをマルチフィルムとトンネルで覆い、地温を上げて保温します。

　5月中旬になると、マルチをするだけでよいです。風よけ保温でもよいです。

7. 追肥

　トウモロコシは、葉が10〜12枚ほどになると生長点に雄花ができます。雄花が中心に見え始めたら追肥をします。これ以降、茎が急速に伸び、葉も穂も大きくなります。

　追肥時期が遅れると、生育が進みません。化成肥料（8−8−8）70〜80 g/m² を、株間にばらまき、水やりしましょう。

　マルチをしている場合は、この時期にはぎ取り、追肥します。

雄花

写真の状態より少し前に追肥する

8. 分けつした茎の処理

株元からわき芽が伸びてきます。この分けつ茎の葉でつくられた養分は、主茎の穂にも送られ、穂の先端の実入りがよくなります。根の量も多くなり、生育が旺盛になるので、かき取らずに放置してもよいです。

ただし、分けつの茎の生育がよいため、収穫が少し遅れるので、トンネル栽培で早く収穫したい場合は、分けつ茎が3～4枚になるころに一回だけ、横に引くようにかき取ると、収穫が2～3日早くなります。

9. 2番穂の処理

茎の中ほどの葉のわきに雌穂が2～3本できます。最上部の雌穂が一番大きくなります。

家庭菜園では、上から2番目の雌穂も小さいですが収穫できます。

1番穂
2番穂

生育途中でかき取る必要はありませんが、2番目の穂が大きくなる前に収穫するとヤングコーンとして食べられます。

ただし、かき取る時は葉を傷めないように、つけ根から折るようにしましょう。

10. 雄花の処理

雄花にはアブラムシがつきやすいので、交配が終わった雄花は、葉の上で切り取ってかまいません。背が低くなるため、強風で倒れる被害も少なくなります。

11. 病害虫対策

問題になる害虫は、アブラムシ、アワノメイガ、アワヨトウです。いずれも、葉が9～10枚になり、雄穂が伸び始めるころが防除適期です。

この時期にダイアジノン粒剤5を5g/m²、株元にまくとよいでしょう。

花粉を飛散したあとの雄穂にアブラムシが発生するので、穂を切り取って防除します。放置すると天敵のテントウムシが飛来して捕食します。

アワノメイガは雌穂に食い込んでいる場合がありますが、取り除けば問題ありません。アワヨトウは移動性の飛来害虫なので、年により発生に差があります。

カラスやアライグマなどの鳥獣害対策はP208を参考にしてください。

12. 収穫

受精から25日ごろ、絹糸が褐色になり、先端の子実がふくらんでいれば収穫です。

収穫が遅れると実にしわが入り、味が落ちます。

13. 栄養価・食べ方・保存

スイートコーンは野菜ですが、穀物としての性質も持っており、デンプンや炭水化物、タンパク質、脂肪を豊富に含んでいます。トウモロコシの粒の胚芽の部分はビタミンB_1、ビタミンB_2、ビタミンEを多く含んでいます。ビタミンEは若返りのビタミンといわれ、動脈硬化や老化防止、不妊、貧血脳軟化症の予防に役立つとされています。ビタミンB_2は体の成長と細胞の再生を助けます。

粒の皮の部分には食物繊維が多く、便秘の改善、肥満防止、高脂血症の予防に役立ちます。

スイートコーンは収穫直後から呼吸により糖分が低下し始めるため、とれたてが一番おいしいです。焼きやゆでのほか、いろいろな調理ができます。

保存する場合は、塩水でゆでて熱が冷めたら粒をそぎ落とし、ラップにくるんで冷凍するといつでも利用できます。

主な栄養成分(可食部100gあたり)

成分	未熟トウモロコシ	
	生	ゆで
エネルギー	92 kcal	99 kcal
炭水化物	16.8 g	18.6 g
タンパク質	3.6 g	3.5 g
脂質	1.7 g	1.7 g
ビタミンB_1	0.15 mg	0.12 mg
ビタミンB_2	0.1 mg	0.1 mg
葉酸	95 μg	86 μg
食物繊維	3.0 g	3.1 g

(「日本食品標準成分表2010」より)

ダイコン ［アブラナ科・ダイコン属］

栽培カレンダー　　基準：道央圏

栽培方法	4月	5月	6月	7月	8月	9月	10月	11月
トンネル移植	■	―	―	■				
露地		■	――――	―――	―――	■		
漬け物用				■	――――	―――	■	

■ タネまき　■ 収穫　　※春まきは4〜5月上旬にマルチ被覆

1. 生い立ち

野菜のなかで最も古い歴史をもち、エジプトや古代ギリシャに栽培や利用の記録があります。

地中海沿岸・中央アジアが原産地で、中国へは2400年前に伝わり、日本では1300年前の『日本書紀』(720年)に「おほね」として記録されています。

平安時代には「すずしろ」として春の七草の一つとされ、漬け物や切り干しで貯蔵するなど、飢饉の際の大切な作物でもありました。

その後、各地で品種改良され、「守口」「桜島」「聖護院」「宮重」「辛み」など、特徴のあるダイコンができ、さまざまな料理に使われています。

2. 生育特性

ダイコンは、根と子葉の下の胚軸（茎）が肥大したものです。葉も食用になります。

タネまき後60日で約40枚の葉が出て、1kgくらいの大きさになります。

生育適温は17〜20℃で、やや冷涼な気温が適します。**発芽温度**は15〜35℃です。10℃以下、40℃以上では発芽不良になります。

ダイコンはタネまき後、水分を吸い始めると、温度を感じるようになります。

0〜13℃の低温を一定期間感じると、それまで葉をつくっていた生長点に花ができます。温度では5〜7℃、生育時期では子葉がひらくころが一番敏感に感じます。

生長点にできた花は、その後の高温と、長日（日の出から日の入りまでの間が12時間以上）で茎が伸び、花が咲いてしまいます。これをとう立ちといいます。とう立ちしたダイコンはかたくて食べられません。

しかし、茎が10cmほどしか伸びていない場合は、茎を摘み取ると、あまりかたくないので食べられます。

生長点に花ができ始めた直後であれば、22℃以上の高温にあたると、花の生長が止まります。

これらの反応は品種によって差があります。栽培時期にあった品種を選び、タネまきすることが大切です。

とう立ちし花が咲いたダイコン

下胚軸(茎)が肥大　根が肥大

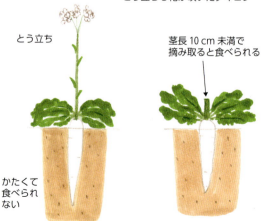

とう立ち　かたくて食べられない　　茎長10cm未満で摘み取ると食べられる

3. 品種

前述の理由から、タネをまく時期によって、栽培できる品種が異なります。

タネの袋に記載された、北海道(寒冷地)に適したタネまきの時期を必ず確認してから、まきましょう。

種苗店の家庭菜園用のタネ売り場では、青首春まき用の「春大根」「春のめぐみ」、初夏まきの「時なし」、夏まきの漬け物用秋ダイコン「耐病総太り」など、タネまきの時期に合わせて販売されています。さらに赤いダイコンやミニダイコン、辛みダイコンなど特徴のある品種もあるので試してみましょう。

北海道で栽培されている主な品種

タネまき時期	品種名
5月上〜6月中旬	晩抽喜太一、貴宮、YR桜坂
6月下〜7月上旬	晩抽喜太一、夏つかさ、献夏37号
7月中〜7月下旬	夏つかさ、かつみ、早太り聖護院
7月下〜8月中旬	耐病総太り、かつみ、耐病宮重

(「北海道野菜地図その38」より)

4. 畑の準備

適正土壌酸度はpH 5.5〜6.8です。前年の秋に完熟堆肥2 kg/m²と、苦土石灰100 g/m²をまき、深く耕します。堆肥は、春には入れない方がよいでしょう。未熟堆肥を春に与えると、タネバエやヒメダイコンバエなどが臭いに集まり、卵を産み幼虫がダイコンを食害する場合があります。

発芽して1週間で直根が25〜30 cm伸びます。25〜30 cmの深さまでよく耕し、幅120 cm、高さ15〜20 cmのベッドをつくります。直根が十分に伸びる作土の深い畑を目指しましょう。

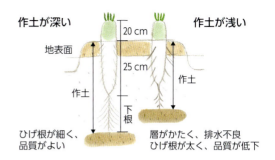

子葉がひらくころ、すでに25 cm以上直根が伸びている

5. 施肥

ダイコンは生育期間が60日前後と短いので、基肥だけでよいです。

窒素肥料が多すぎると、葉が大きくなりすぎ、ダイコンが曲がったり、軟腐病が発生しやすくなります。

基肥は、化成肥料(8-8-8) 70 g/m²をまき、よく耕してベッドをつくりましょう。

肥料成分量(1 m²あたり)

区分	窒素(N)	リン酸(P)	カリ(K)
基肥	5 g	8 g	8 g

(「北海道施肥ガイド2015」より)

6. タネまき

タネまきは地温が10℃以上になる時期、5月10日以降がよいでしょう。畝をつくり、株間25〜30 cmで1カ所に2〜3粒離してまきます。2条植えの場合、条間は50 cmとします。

缶などで深さ1〜2 cmの穴をあけ、1〜2 cmの深さにタネを離して置きます。土をかけて、手のひらで軽くおさえます。土壌水分が少ない場合は、水やりします。

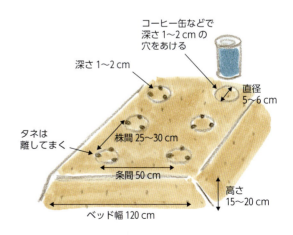

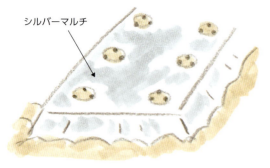

シルバーマルチ

7月以降のタネまきでは、シルバーマルチで覆うと、アブラムシで伝染するモザイク病を防げる。また、地温を低く保つと、生理障害の赤しん症の発生をおさえられる。

バーティシリウム黒点病

空洞症（先端部分）

7. 間引き

本葉が1枚ひらいたら葉の色や形の悪いものは間引きます。さらに本葉が2〜3枚になったら元気な株を1本残して間引きます。

間引きしたダイコンは間引き菜として利用できます。ただし、殺虫剤の土壌施用剤（エチメトンなど）を散布した場合は、効果が1カ月ほど残るので食べないようにしましょう。

本葉1枚 / 本葉が2〜3枚

2本植え / 1本植え

小さいもの、色や形の悪いものを間引く / 間引き後、株元にやさしく土寄せする

8. 病害虫対策

家庭菜園の場合は、ほとんど無農薬で栽培できます。問題になるのは、軟腐病、バーティシリウム黒点病（P169参照）などの病気です。

害虫では、根を食害するタネバエ、キスジノミハムシ、ダイコンバエなどが発生します。また、根の内部がアメ色になる赤しん症や空洞症などがあります。

害虫対策はP206の表を参照してください。

9. 収穫

約60日で1kgぐらいになります。土の上に出ている部分の直径が6〜7cmになったら収穫です。長く畑に置きすぎると老化し、すが入ったダイコンになります。多少早くても、若干辛いですが食べられます。

栽培本数が多い場合は、45日目ごろから収穫を始め、70日以内に収穫しましょう。

秋に収穫する漬け物用のダイコンは「耐病総太り」などのすの入りが遅い品種を栽培しましょう。高温、乾燥、肥料不足の場合、辛みの強いダイコンになります。

表皮が、キタネグサレセンチュウや、キスジトビハムシ、ゴミムシなどで被害をうけていても表皮だけなので、皮をむくと利用できます。

維管束部が黒変するバーティシリウム黒点病の被害をうけると、かたくなり品質が低下します。

す入りダイコンの見極め方

葉の断面で判断できる

葉の根元から上3cm部分の断面

外葉の断面の中心部に白くすが入った状態だと、ダイコンにもすが入っている

中心部が白くスカスカ

10. 栄養価・食べ方

　根は、カリウム、デンプン分解酵素のジアスターゼを多く含みます。

　辛み成分のイソチオシアネートは食欲増進効果があります。その8割を占めるアリルイソチオシアネートは殺菌効果があるため、刺身や弁当の抗菌シートとして利用されています。

　また、必須アミノ酸のリジンを含みます。リジンの効果は、肝機能回復、疲労回復、生長促進、集中力向上などがあげられます。葉にはカロテンやビタミンCが多く含まれているなど機能性の高い食材です。

　ダイコンは漬け物以外でも、大根おろしや、おでん、ふろふき大根などさまざまな食材として利用されます。

　部位により辛みや肉質が異なるので、それぞれの部位の特徴を生かして利用しましょう（下図参照）。

　「おろし」にする場合は、ダイコンをおろし器に直角にあてると、繊維が細かくなめらかになります。

11. 保存・貯蔵

　葉に栄養がとられないように葉を生長点ごと切り離し、新聞紙に包むか、ポリ袋に入れて冷蔵庫の野菜室で保存します。

　保存適温は0～5℃、4～5日は鮮度を維持できます。

　長期保存する場合は、まず土中に穴を掘ります。

　積雪地域では、葉つき・土つきのまま穴に立て置き、上にムシロをかけて雪の下にします。

　雪の遅い地域では、葉つき・土つきのまま穴に斜めに置いて20cmくらい土をかけて雪の下にします。

　ダイコンは凍結しやすいので、年による気象変動で貯蔵の歩留まりが大きく変化します。早めに利用した方がよいでしょう。詳細は「貯蔵方法」（P216）を参考にしてください。

短期の室内貯蔵

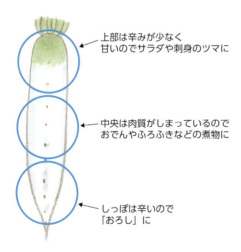

- 上部は辛みが少なく甘いのでサラダや刺身のツマに
- 中央は肉質がしまっているのでおでんやふろふきなどの煮物に
- しっぽは辛いので「おろし」に

生長点を含め葉を切り取る

生長点

穴の空いたポリ袋に入れ、0～5℃の0℃以下にならない場所で、コンテナなどに縦置きする。年内は貯蔵できる。

主な栄養成分（可食部100gあたり）

成分	根		葉	
	生	ゆで	生	ゆで
βカロテン	0 μg	0 μg	3,900 μg	4,400 μg
ビタミンC	11 mg	9 mg	53 mg	21 mg
カリウム	230 mg	210 mg	400 mg	180 mg
葉酸	33 μg	33 μg	140 μg	54 μg
食物繊維	1.3 g	1.7 g	4.0 g	3.6 g

※根は皮をむいた状態　　（「日本食品標準成分表2010」より）

ラディッシュ 二十日ダイコン [アブラナ科]

栽培カレンダー　　　　　基準：道央圏

1. 生い立ち

ラディッシュは英語でダイコンを意味し、「二十日ダイコン」と呼ばれています。

原産地はヨーロッパで、日本へは明治時代に入ってきました。

2. 生育特性

カブと同様、主に子葉の下の茎が大きくなった部分と葉を食べます。

生育適温は10〜20℃と冷涼なので、春と秋が一番よく生育します。

発芽適温は15〜20℃です。8℃以下、40℃以上だと発芽は悪くなります。

収穫までの期間が20〜30日と短いため、いろいろな野菜の前作、後作でも栽培できます。

プランター栽培も可能で、室内であれば、北海道の冬期間でも楽しむことができます。

3. 品種

丸形、長型、中間、色も赤、白、紅白といろいろなタイプの品種があります。

ホームセンターなどで販売されている品種

タイプ	品種名
赤丸	赤丸、コメット、さくらんぼ
白長	白姫、アイシクル、雪小町
紅白	紅白、フレンチブレックファスト、キスミー

赤丸系

白長系

紅白系

4. 畑の準備

適正土壌酸度はpH5.5〜6.8です。水はけがよく、ふかふかでやわらかい土が適しているので、堆肥と石灰のまき方は、ダイコン同様に前年の秋に与え、春には入れない方がよいでしょう。

春に未熟堆肥が入ると、根の形が乱れたり、肌が荒れたり変色する場合があります。

5. 施肥

ラディッシュは生育期間が20〜30日前後と短いので、基肥だけで栽培します。化成肥料(8−8−8) 70g/m² をまき、よく耕してベッドをつくりましょう。

6. タネまき

タネまきは、地温が10℃以上になる、5月10日以降がよいでしょう。

畝幅10〜12cmのベッドをつくり、1〜2cmの深さに1cm間隔でスジまきし、土をかけて手のひらで軽くおさえます。一度に大量にまかずに時期をずらしてタネまきすると、長期間食べられます。

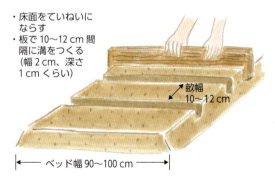

・床面をていねいにならす
・板で10〜12cm間隔で溝をつくる（幅2cm、深さ1cmくらい）

畝幅 10〜12cm

ベッド幅 90〜100cm

1cm間隔でスジまき
約1〜2cmの厚さに土をかけ、軽く手でおさえる

7. 間引き

スジまきすると、タネが小さいため、たくさんまきすぎて、びっしりと発芽してしまうことが多いです。

子葉（双葉）がひらいたら、葉が重ならないように間引きします。残った株が倒れないように、やさしく土寄せしましょう。

本葉が3～4枚になったら、株間3～4cmに間引きして収穫まで育てます。

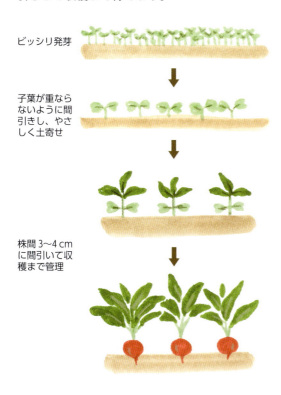

ビッシリ発芽

子葉が重ならないように間引きし、やさしく土寄せ

株間3～4cmに間引いて収穫まで管理

8. 病害虫対策

栽培期間が短いので、基本的に無農薬で栽培できます。

葉がコナガの被害をうける場合があるので、不織布か防虫ネットでトンネルをつくると効果的です。

収穫までの期間が短いので土壌施用殺虫剤は使わないようにしましょう。

9. プランター栽培

生育期間が短く、サイズがコンパクトなので、プランターでも栽培が可能です。赤、白長、紅白といろいろな品種があるので、プランター栽培で彩りを楽しめます。

2条まきして、コナガなどを防止するため防虫ネットで覆うとよいでしょう。

板を使って溝をつくる

防虫ネットで覆う

10. 収穫

タネまきから1カ月くらいで品種固有の大きさになったら、速やかに収穫しましょう。収穫が遅れるとす入りが早く、根が割れてしまいます。

根が大きくなったものから収穫する

11. 栄養価・保存

辛み成分がダイコンより少ないので、サラダに向いています。色どりも鮮やかなので、飾りとしても食欲をそそります。

酢漬けでも用いられ、加熱すると辛みは消え甘みが強くなります。葉にはカロテンが豊富です。

保存には向かないので、早く食べましょう。

保存する場合は、ポリ袋に入れ、冷蔵庫に入れましょう。

主な栄養成分
（可食部100gあたり）

成分	根（生）
カリウム	220 mg
カルシウム	21 mg
ビタミンC	12 mg
葉酸	53 μg
食物繊維	1.2 g

（「日本食品標準成分表2010」より）

カブ ［アブラナ科］

栽培カレンダー　基準：道央圏

栽培方法		4月	5月	6月	7月	8月	9月	10月	11月
小カブ	トンネル移植								
	春まき								
	夏まき								
中カブ	夏まき								
大カブ	夏まき								
紅カブ									

■ タネまき　■ 収穫
※春まきの4～5月上旬はべたがけ被覆

1. 生い立ち

　原産地はアフガニスタンとヨーロッパ南西部海岸とする諸説があります。古代ギリシャ時代から栽培され、日本では縄文時代に伝来しました。

　カブは食用だけでなく、タネから燈油を採取し、春の七草ではスズナ（鈴の形に似る）として広く普及しています。

　江戸時代は多食しても害がなく、穀物と混ぜて食べられる、飢饉の時の救荒食物として栽培が奨励されました。

　小カブ、中カブ、大カブ、紅カブなど多くの品種が開発されており、聖護院カブ（京都）や大野紅カブ（道南）のような伝統野菜も栽培され続けています。

2. 生育特性

　カブはダイコン（ダイコン属）とは同じ属ではなく、ハクサイと同じアブラナ属です。

　肥大している部分は主に胚軸（茎）であり、先端部分が根です。葉も食べられるので、葉つきで販売もされます。

　タネは1000粒で2.5～4gと小さいです。

　生育適温は、15～20℃で冷涼な気候を好みます。

　発芽適温は、15～20℃です。8℃以下、40℃以上で発芽不良になります。

　生育日数は、小カブが春・秋は60日、夏は40日くらいです。中型の紅カブは70～80日、大型の聖護院カブは100日必要です。

　生長点に花ができる条件は、0～15℃で、4～7℃が最も花芽ができやすいです。しかし、本葉が3枚になるころから低温を感じ始めるので、春まきで花ができてとう立ちする例は少なく、品種間でも差があります。

3. 品種

　タネの袋に記載された北海道（寒冷地）のタネまき時期を確認してからまきましょう。

北海道で栽培されている主な品種

区分	タネまき時期	品種名
小カブ	春まき	はくれい、耐病ひかり、玉里、玉波
	夏まき	玉里、玉波、白杯、たかね
大カブ	夏まき	聖護院かぶ
紅カブ	夏まき	大野紅かぶ

（種苗カタログより）

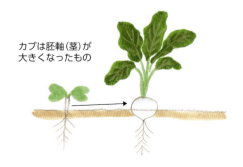
カブは胚軸（茎）が大きくなったもの

聖護院ダイコン
画像提供：タキイ種苗

大野紅カブ

4. 畑の準備・施肥

20 cm ほどの作土層がある畑で、団粒構造の発達した土壌だと生育が早く、大きく育ちます。

根こぶ病に弱いので、キャベツやハクサイで発生したことのある畑はさけましょう。

適正土壌酸度は pH 5.5～7.0 です。

前年の秋、完熟堆肥 2 kg/m² と、苦土石灰 100 g/m² をまき、よく耕しましょう。

基肥は、タネまきの 1 週間前に化成肥料（8-8-8）150 g/m² をまいて耕し、ベッドをつくります。

肥料成分量（1 m² あたり）

成分	窒素(N)	リン酸(P)	カリ(K)
基肥	12 g	15 g	12 g

（「北海道施肥ガイド 2015」より）

点まき
・大カブに適している
・シルバーマルチでアブラムシやキスジトビハムシを予防

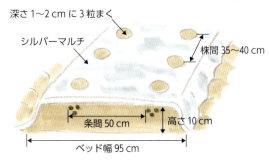

	条間	株間
小カブ	20 cm	10 cm
大カブ	60～66 cm	35～40 cm
紅カブ	35 cm	20 cm

5. タネまき

高さ 10 cm の畝をつくり、下図の方法でスジまき、または点まきします。タネがかくれる程度にふるいで土をかけ、上から軽くおさえます。

畑が乾いている場合は、上からジョウロで水やりします。

タネが小さいので、まきすぎないように注意しましょう。

スジまき
小カブが適している

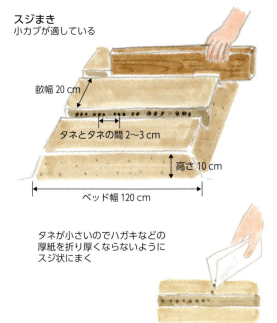

タネが小さいのでハガキなどの厚紙を折り厚くならないようにスジ状にまく

6. 間引き

1 回目は、本葉が 2～3 枚になったら、生育の悪い株を間引いて 2 本残します。

2 回目の間引きは、根の直径が 1.5～2 cm くらいまで大きくなった時です。生育のよい株を 1 本残します。

無農薬栽培の場合は、間引き菜は食用として利用できます。

ただし、害虫のジノミ対策で畑にエチメトン粒剤などの散布をしている場合は、間引き菜としての利用はさけましょう。

1 回目の間引き

2 回目の間引き

7. 防除・裂根対策

カブで問題になるのは、根こぶ病です。

ハクサイやキャベツでも根こぶ病が発生した畑での栽培はさけましょう。

害虫では、コナガ、ヨトウガ、キボシマルトビムシなどが発生します。

キボシマルトビムシ（ジノミ）は子葉や若い葉の時に発生し、その際の食害痕が大きくなります。発芽時に乾燥すると発生しやすくなります。

根こぶ病　　　キボシマルトビムシ（ジノミ）の食害痕

害虫は防虫ネットや不織布のべたがけトンネルで保護するとよいでしょう。

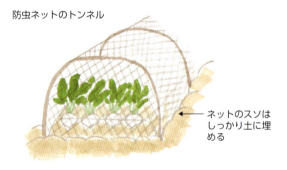

防虫ネットのトンネル

ネットのスソはしっかり土に埋める

裂根（割れ玉）には、肩割れ、尻割れ、腹割れがあります。尻割れが最も多いです。

タネまき後25日以降に発生し、収穫が遅れるほど出やすいです。

裂根

収穫遅れや土壌水分の急激な変化（乾燥→過水分）で発生

また、生育初期から中期にかけて土壌が乾燥すると、その後の雨や水やりで土中の水分量が急激に変化する場合でも起こります。

8. 収穫

小カブは、直径4〜5cmほどの大きさから必要な量だけ少しずつ収穫するとよいでしょう。

収穫が遅れると、一種の老化現象です入りが多くなり、裂根も発生します。

紅カブは300gほどの大きさを目標に収穫しましょう。

す入り

収穫遅れや一種の老化現象。高温（25℃以上）で進行

9. 栄養価・食べ方・保存

カブの白根には、ビタミンCが比較的多く含まれており、葉にはビタミンAに変わるカロテンが多く、鉄分が多いのも特徴です。また、カブは体を温める効果があるとされます。

肉質はなめらかで、ほのかな甘みがあります。

漬け物の素材としても優れており、千枚漬けや浅漬け、一夜漬け、ぬか漬けなど多彩な漬け物ができます。

ぬか漬けにすると、ビタミンB_1、B_2が生の時の3〜10倍に増加します。ぬか床のビタミンB群が、漬けている間にカブに移行するためです。

カブは日本食文化に欠かせない食材です。

葉がついたままでは水分が失われるので、葉をはずし、ポリ袋に入れるかラップをして冷蔵庫の野菜室で保存します。カブは5日、葉は2日ほど保存可能です。

主な栄養成分（可食部100gあたり）

成分	根（ゆで）	葉（ゆで）
βカロテン	0 µg	3,200 µg
ビタミンC	16 mg	47 mg
鉄	0.2 mg	1.5 mg

※根は皮をむいた状態

（「日本食品標準成分表2010」より）

アブラナ科野菜の話

■アブラナ科植物には野菜が多い

アブラナ科のなかには、属といわれる375のグループがあり、3200種で構成されています。

野菜が多いのは、アブラナ属で、アブラナ属に分類されている主な野菜は次の種類です。

ケールから派生した属のなかの小グループ
ケール、キャベツ、ブロッコリー、カリフラワー、コールラビー

ハクサイと同じ小グループ
ハクサイ、コマツナ、タイナ、ミズナ、カブ

この二つの小グループは、見た目では、葉の形状が異なります。キャベツのグループは、葉がつるつるして、ハクサイのグループは、葉に毛が多くざらざらしています。

■カブはダイコンとハクサイ、どちらの仲間？

ダイコンは、ダイコン属で別グループです。そのため、「カブはダイコンとハクサイ、どちらの仲間ですか」とのクイズがよく出されます。

多くの人がダイコンと同じ仲間だとまちがった回答をします。

では、ダイコンとカブはどこがどのように違うのでしょうか。ダイコンは主に根が大きくなり、カブは主に、茎（子葉の下の下胚軸）が大きくなります。したがって、肉質が異なり、ダイコンはザラザラで、カブは密でやわらかいです。また、ダイコンの葉は、若い葉以外は食用にしませんが、カブは葉も食用になります。

■アブラナ科野菜だけを食べる害虫

アブラナ科野菜には、グルコシノレートと呼ばれる成分を含む種類が多いです。

この成分は加水分解されると、イソチオシアネート、ニトリル、イソチオシアン酸アリルなど、辛み刺激物質ができます。

この刺激物質は、植物を食べる昆虫にとっては毒物となるため、アブラナ科野菜が昆虫から身を守る防御装置として働いていました。

ところが、昆虫の進化により、この成分が有害とならない種類が出てきました。これらの種類は、アブラナ科野菜を独占的に食べるようになります。その代表的な昆虫がモンシロチョウやコナガです。

グルコシノレートでアブラナ科であることを確認し、これを食べることで産卵も促されます。また、この成分が体内に蓄積されるので、ほかの肉食性昆虫からも身を守ることができます。

一方、この成分の解毒作用を持つ寄生バチが発生し、幼虫に卵を産みつけて天敵として働くことで、自然のバランスが保たれています。

コマツナやホウレンソウ、サラダナ、シュンギクを並べて植えると、コマツナだけがコナガに食べられる理由です。

ダイコン　　　カブ

最も被害の多いコナガ

コナガのコマツナ食害　　コナガ成虫　　コナガ幼虫

ニンジン ［セリ科］

栽培カレンダー　　基準：道央圏

栽培方法	4月	5月	6月	7月	8月	9月	10月
トンネル移植							
露地							

■ タネまき　■ 収穫

1. 生い立ち

　ニンジンの栽培種の原産地は、中央アジアのアフガニスタンです。

　この種がトルコで交雑して、現在の西洋種に発展したとされています。ヨーロッパには12～13世紀に広がり、当時は紫長ニンジンが中心でした。

　橙黄色種は1650年ごろオランダを中心に発達したとみられています。

　日本へは中国を経て東洋種の「金時ニンジン」などの長根種が入り、1600年代に普及し始め、紫、黄、白色品種が記録されています。

　現在、主流となっている太くて短い西洋種は江戸時代後期に長崎に入り、明治以降はヨーロッパから盛んに導入されます。戦後改良が進み、特に1985年以降は交配種（FⅠ種）が普及しました。

2. 生育特性

　生育適温は18～21℃です。

　この温度は着色が進み、カロテンが増加する温度です。これより高かったり低い場合は着色が悪くて栄養価も低く、生育も遅くなります。

　北海道の夏秋は、冷涼な気候を好むニンジン栽培に、全国で一番適しています。

　発芽温度は8～30℃、**発芽適温**は20～25℃です。発芽には8℃で30日、11℃では20日必要で、5月のタネまきだと約2週間かかります。

　細い子葉が出て、その後本葉が20枚近くになります。タネまきから約50日で根が大きくなり始め、105～110日で収穫です。

　ニンジンは、発芽後、10℃以下の低温が続くと、茎が伸びて白い花が咲く、とう立ちが発生することがあります。とう立ちしたニンジンは、芯がかたくなり食用にはなりません。品種によっても差があります。

3. 畑の準備・施肥

　水はけのよい畑が適しています。

　直根が深く伸びるので、れきや未熟堆肥、かたい土があると、根が分かれて又根になります。

　適正土壌酸度はpH5.5～6.5です。

　前年の秋、完熟堆肥2kg/m²と、苦土石灰100g/m²をまき、深く耕します。春に堆肥をまくのはさけましょう。

　肥料が多すぎると、色つきが悪くなります。

　肥料不足では黒葉枯病が発生しやすいです。

　基肥は、タネまきの1週間前に化成肥料（8-8-8）150g/m²をまき、耕してベッドをつくります。

　生育期間は長いですが、普通の畑は基肥だけでよいです。ただし、砂の多い畑や生育不良の場合は追肥します。

肥料成分量（1m²あたり）

区分	窒素（N）	リン酸（P）	カリ（K）
基肥	12g	15g	15g

（「北海道施肥ガイド2015」より）

4. 品種

　西洋ニンジンと東洋ニンジン（金時など）があります。

　北海道では主に西洋ニンジンが栽培されていて、太くて短い「5寸ニンジン」が栽培しやすいです。

紫色種　　白色種　　橙黄色種

　サラダにも向く、円筒形（ナンテスタイプ）の品種、ベビーキャロット、黄、紫のニンジンなど、いろいろな品種があります。家庭菜園では珍しい品種を楽しむのもよいでしょう。

北海道で栽培されている主な品種

品種名	種子元	肥大の早晩	とう立ちの多少	根色 肉部	根色 心部
愛紅	住化	早	多	並	並
向陽2号	タキイ	早	多	並	並
千浜五寸	横浜	早	並	並	並
ひとみ五寸	カネコ	中	並	濃	濃
里紅	みかど協和	中	少	濃	並
ベーター312	サカタ	中	少	濃	並

(「北海道野菜地図その38」より)

5. タネまき

ニンジンのタネは貯蔵養分が少なく発芽率が低いので、スジまきするか、1カ所に3粒まきにします。

深さ1〜1.5cmにまき、土をかけ手で軽くおさえます。乾燥を防ぐため、もみ殻をベッドにばらまくと効果的です。

条間30cm、株間10cmが標準ですが、株間は7〜8cmでもよいです。

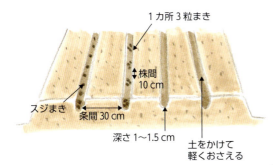

6. 間引き・追肥

間引きは本葉が4枚になるころまでに終わらせます。

間引き後、肥料が流れやすい砂の多い土で生育が悪い場合は、追肥します。化成肥料（8-8-8）50g/m^2 をばらまきましょう。

間引き
葉が4枚になるころに大きすぎたり、小さすぎる株を間引く

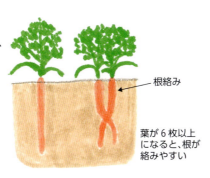

葉が6枚以上になると、根が絡みやすい

7. 病害虫対策

家庭菜園で問題になる病害虫は少ないですが、肥料不足で黒葉枯病が発生します。連作をさけるとよいでしょう。

葉を食べるウリハムシモドキ、キアゲハ、ヨトウガの幼虫が発生しますが、収量に影響を与えるほどの発生はないので、防除の必要はありません。

8. 収穫

170〜200gの大きさで収穫します。

収穫が遅れると品質が低下し、割れが多くてかたくなります。

収穫は根の温度が上昇する前の早朝に行い、収穫したら直射日光をあてないようにします。

強い直射日光にあたったり、高温に置くと、しなびたり色が悪くなります。

裂根

9. 栄養価・食べ方・保存

ほかの野菜と比較してカロテンがとても多く、1/4本で1日に必要な量を摂取できます。カロテンは体内で、必要に応じてビタミンAに変化するので、過剰摂取の必要がありません。

カロテンの吸収率は、生で10％、煮ると30％、油料理だと50〜70％と、油に溶けると吸収がよくなります。油炒めやキンピラがおすすめです。

貯蔵や保存に適した条件は、温度0〜5℃、湿度98〜100％です。

保存する場合、水滴を拭きとり、ラップをするかポリ袋に入れて、冷蔵庫の野菜室に保存します。エチレンガスを出すリンゴやキウイと一緒に貯蔵すると、苦味が出る場合があるのでさけましょう。

主な栄養成分（可食部100gあたり）

成分	西洋ニンジン（根・皮むき）		金時（東洋ニンジン）（根・皮むき）	
	生	ゆで	生	ゆで
βカロテン	6900μg	7500μg	4400μg	4700μg
カリウム	270mg	240mg	520mg	480mg
カルシウム	27mg	30mg	34mg	38mg
葉酸	23μg	19μg	100μg	100μg
食物繊維総量	2.5g	3.0g	3.6g	4.1g

(「日本食品標準分析2010」より)

ナガイモ ［ヤマノイモ科］

栽培方法	4月	5月	6月	7月	8月	9月	10月	11月
露地	芽出し	植えつけ						収穫
		春堀り						

栽培カレンダー　基準：道央圏

■ 芽出し　■ 植えつけ　■ 収穫

1. 生い立ち

　ナガイモの原産地は中国南部の雲南地域とされ、中国では紀元前2000年前から薬用として利用されています。

　日本では縄文後期の陸イネ栽培より前から栽培されている、最も古い食料の一つです。

　ナガイモは、ナガイモ群、イチョウイモ群、ツクネイモ群（塊形の大和イモなど）に分類されています。ヤマノイモは野生種の「自然芋（ジネンジョ）」をさしています。統計資料などではこれら全部を総称して「ヤマノイモ」と呼ぶ場合もあります。

2. 生育特性

　つる性の多年性作物です。雌花と雄花が別の株につく雌雄異株で、ほとんどが雄株です。

　タネイモから芽と吸収根が伸び、つるを支え育てます。その後、イモが肥大します。

　ナガイモは、根が肥大したものではなく、茎が肥大した「塊茎（かいけい）」ですが、茎と根の中間的な性質を持った「胆根体（たんこんたい）」と呼ばれています。そのため、ナガイモを切るとどの個体からも芽が出てくるので、カットしてタネイモとして利用できます。

　生育適温は17～25℃です。0℃以下でイモは凍害をうけます。

　つるの節に、雄花とムカゴが着生し、食用にもなります。また、低温期間の休眠から目覚めると芽が出るので、ナガイモをふやすのに利用できます。しかし、大きなナガイモ生産までには、2年必要なので、一般の栽培にはタネイモが利用されます。

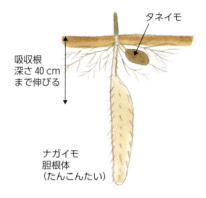

ムカゴはゆでたり、焼いて食べる

3. 品種

　北海道では、夕張地区で栽培されていたナガイモを、現在の主要産地である十勝地区で選抜した系統が主に栽培されています。

　近年、ナガイモの交配や選抜技術が発達して、新品種がつくられるようになりました。

　粘りの強い「きたねばり」、イモが太い「とかち太郎」などが育成されています。また、突然変異から生まれたヒゲ根のない品種もつくられています。

4. タネイモの準備・芽出し（催芽）

イモをそのまま植えつけると、地温が20℃でもタネイモが芽を出すのに40日以上かかり、秋までにイモの生長が間に合いません。

植えつけ前に、暖かい場所で芽を出してから植えつけると、1週間ほどでつるが伸びてきます。

そのために、タネイモの芽出し（催芽処理）を行います。

100gくらいの小さなタネイモは、そのまま芽出し処理します。

200g以上のタネイモは、100～120gくらいの大きさに切り分けて、それぞれを下記の手順で芽出し処理します。

タネイモの切り分け方

タネイモを切る時は、包丁で切れ目を入れ手で折ると、断面の細胞がこわれず切り口が腐りにくいです。首部と尻部を除き、100～200gに切り分けましょう。

切り口の処理とキュアリング

カットした切り口面を乾かし、腐らないようにするためにキュアリングをします。

カット面に、消石灰か木灰をつけると効果的です。

切り口が接触しないように広げて、コンテナなどに入れ、15～20℃の所に10日ほど置き、切り口面を1～2mmコルク化させます。

芽出し処理

発泡スチロールの箱に、オガクズかピートモスを詰め、キュアリングしたタネイモを埋めます。

水につけて湿らせ、ぬれた新聞紙で覆います。温度25～30℃、湿度70～80％で15日ほど管理すると白い芽が出てくるので、長さ1cmくらいになるまで待ちます。

その後、10℃くらいの外に1週間置き、外気にならします。

芽の長さ1cm

5. 畑の準備・施肥

水はけがよく、地下水位が低くて、れきのないやや粘質の畑が適しています。

連作を嫌うので、4～5年はあけましょう。

前年の秋に、完熟堆肥2kg/m²と、苦土タンカル150g/m²をまいて、よく混ぜておきます。

春に、深さ65～80cmの植え溝を掘ります。植え穴を埋め戻し、植えつけの1週間前に根の張る作土層に肥料を与えます。

基肥は、化成肥料（8-8-8）180g/m²と、過リン酸石灰30g/m²をまき、下図のように植えつけのベッドをつくります。

植えつけ溝を掘る 65～80cm

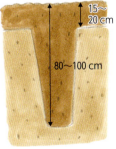

途中に空洞ができないようしっかり埋め戻す 15～20cm / 80～100cm

肥料成分量（1m²あたり）

区分	窒素(N)	リン酸(P)	カリ(K)
基肥	15g	20g	12g
追肥	5g	—	8g

※追肥は7月中旬にまく　（「北海道施肥ガイド2015」より）

6. タネイモの植えつけ

芽出ししたタネイモを植え溝に沿って、株間25cmに芽を横にして置き、5cmほど土で覆います。

畝間は、1条植えは120cmとします。2条の寄せ植えでは90cmとします。

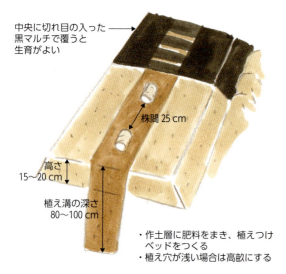

ネットの形と葉への光のあたり方

正目ネット
つるが垂直に伸び、葉に光があたりやすい

棒支柱のみ
つるが絡み合い、葉に光があたりづらい

菱目ネット
つるが重なりやすく、葉に光があたりづらい

7. 支柱立てとネット・つる誘引

つるが伸びると支柱全面が覆われるので、風で倒れないように太い丈夫な支柱を立てましょう。

1条植えは葉に光があたりやすいが、風の強い畑では、2条植えにして合掌支柱がよい

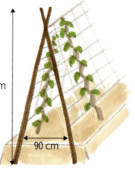

つるの整理・誘引

一つのタネイモから2〜3本のつるが伸びてきたら、ハサミで地際で切り、1本のつるにする

つるが20cm以上になったら、ネットや支柱につるが絡むように誘引する

8. 病害虫対策

病気では、根腐れ病やエソモザイクウイルスなどの、タネイモに由来する病気が発生する場合があります。

連作をさけ、水はけのよい畑で、健全なタネイモを購入して植えつければ、家庭菜園での防除は必要ありません。

9. 収穫・保存

葉が紅葉して枯れる10月25日以降に試し掘りして、イモの成熟度合いを確認します。イモの尻部がややとがり、淡黄色でやわらかい場合は未熟です。尻部が丸く、胴部と尻部の色が同じであれば収穫可能です。

また、首部をすりおろした時、茶色に変色すれば、まだ未熟です。

未熟　先端がとがり　やや白い
完熟　先端が丸く　胴部と同じ色

収穫は、つるを地際から5cmほど残して切ります。その側面にスコップで深い溝を掘り、イモを壁から横にはがすように掘り出します。イモはとても折れやすいので、ていねいに掘り出しましょう。

壁からはがすように収穫

保存

収穫後は直射光線をさけ、ミニコンテナに入れて3〜5℃で仮貯蔵します。その後、新聞紙に包みビニール袋に入れ、3℃くらいの場所に貯蔵します。

冷凍保存する場合は、すりおろして冷凍用の袋に入れます。自然解凍すると食感が保たれます。

10. 栄養価・食べ方

ナガイモは炭水化物、カリウム、ビタミンB_1、ビタミンC、食物繊維を多く含みます。炭水化物は加熱しなくても消化されるαデンプンです。さらに、コリンやサポニンなどが含まれるため、疲労回復効果がある滋養強壮の野菜として利用されてきました。

粘り成分のムチンも含まれ、胃壁や体内の粘膜保護効果があります。そのため、風邪の予防に役立ち、タンパク質の吸収を促します。

また、ダイコンと同じ消化酵素のアミラーゼやジアスターゼも多く含まれています。

最近では、タンパク質の一種のディオスコリンがB型インフルエンザウイルス、A香港型に対し抑制効果があるという研究報告もあります。

11月から収穫されるナガイモは、風邪の流行する冬に大切な食材です。

トロロや酢の物、炒めものなどで楽しみましょう。

主な栄養成分（可食部100gあたり）

成分	ナガイモ		ジネンジョ	ヤマトイモ
	生	水煮	生	生
炭水化物	13.9 g	12.6 g	26.7 g	27.1 g
カリウム	430 mg	430 mg	550 mg	590 mg
ビタミンB_1	0.1 mg	0.08 mg	0.11 mg	0.13 mg
ビタミンC	6 mg	4 mg	15 mg	5 mg
食物繊維	1 g	1.4 g	2 g	2.5 g

（「日本食品標準成分表2010」より）

ナガイモのアク（ポリフェノール）について

ナガイモをすりおろすと、茶色に変わることがあります。これは未熟イモに多く含まれるポリフェノールが、すりおろすことで空気に触れるためです。食べても毒ではなく、抗酸化作用など有用な成分なのですが、苦みや渋みがあり、食味が落ちます。

葉が紅葉し、十分に完熟したイモを収穫しましょう。ポリフェノールは皮のすぐ下の維管束に多いため、維管束が集まるイモの首部に近いほど多くなります。

試し掘りして、首部をすりおろし、茶色に変色しなければ完熟です。

ジャガイモ ［ナス科］

栽培カレンダー　基準：道央圏

栽培方法	4月	5月	6月	7月	8月	9月	10月
べたがけ	浴光催芽開始	植えつけ		収穫			
露地	浴光催芽開始		植えつけ		収穫		

■浴光催芽開始　■植えつけ　■収穫

1. 生い立ち

　ジャガイモは、南米アンデス高原地帯原産で先住民の貴重な食料でした。1560年代にヨーロッパに普及し、日本へは1610年ごろオランダ人によりジャカルタ経由で持ち込まれました。そのため、ジャガタライモからジャガイモと呼ばれるようになったという説もあります。

　最初は観賞用でしたが、冷害でも収穫が可能なため、江戸時代は凶作の備えとして東北や高冷地で栽培され、北海道ではニシン場や開拓民の貴重な自給食料となりました。

　明治に入り「男爵」「メークイン」などが導入され、開拓使が持ち込んだものを加えて研究開発が進み、現在の品種があります。

2. 生育特性

　タネイモから伸びた茎は、葉が13～15枚になるころ生長点に花房ができます。

主茎の下のほうから側枝が長く伸び、枝分かれして葉がふえます。

　一方、地中では地上の草丈が3cmくらいになると、地中の茎のタネイモに近い節から上へ順次、わき芽が変化した「ストロン」と呼ばれる地下茎が水平に伸びます。ストロンの先端の伸びが止まり、先端にデンプンが蓄積されてイモ（塊茎）が大きくなり始めます。

　生育適温は、昼20～24℃、夜8～12℃、光合成適温20℃と冷涼な温度です。

　夜の地温が高すぎると、イモの形が崩れ、肌が粗くなります。

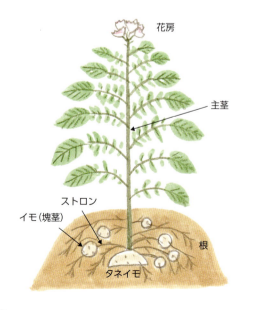

3. 畑の準備

　水はけが悪いと、疫病や粉状そうか病が発生しやすいので、水はけのよい畑がいいです。

　適正土壌酸度はpH 5.5～6.5ですが、pH 6.0以上になるとそうか病が発生しやすくなるので、石灰は与えない方がよいでしょう。また、バーク堆肥の使用もそうか病が発生しやすくなります。

4. 品種・タネイモの確保

　肉質や色など、利用目的に合わせて栽培しましょう。

　タネイモは種苗店で販売されているウイルス病や病原菌に侵されていないものを使います。食用で販売されているイモや、自分で育てたイモは、アブラムシが運んだウイルス病（葉巻病・モザイク病）をもっている可能性が高いです。数株

男爵

メークイン

でも発生すると、アブラムシにより全体に広がります。特に市民農園ではほかの畑にも広がるので注意しましょう。

レッドムーン

北海道で栽培されている主な品種

品種名	特徴
男爵	明治41年にイギリスより導入。古い品種だが、デンプンが多く、ホコホコとして、現在でも北海道を代表する品種
メークイン	大正6年にイギリスより導入。やや粘質で煮崩れしにくい
ワセシロ（伯爵）	昭和49年道試験場で育成。白色の早生で肥大が早い。男爵同様おいしい
キタアカリ（黄金男爵）	昭和62年道試験場で育成。黄色デンプンが多い。男爵同様おいしい
スノーマーチ	平成16年道試験場で育成。そうか病に強く、デンプンも多い
さやあかね	平成18年道試験場で育成。疫病に強く、黄白色。デンプンも多くコロッケに向く
インカのめざめ	平成15年北農研で育成。小粒で濃黄色。栗のような風味で粘質
インカパープル	平成15年北農研で育成。紫色で、粘質。食味は中くらい
インカレッド	平成15年北農研で育成。皮、肉質とも赤

（北海道馬鈴しょ協議会資料より）

5. 浴光催芽

休眠しているタネイモを目覚めさせ、芽を大きく育てるために浴光催芽を行います。

植えつけの約20日前に、タネイモをミニコンテナなどに入れ、窓辺の光のあたる場所に置き、15〜20℃で管理します。全部のイモに光があたるように時々、並べ変えます。1cm未満の太い芽が出たら植えつけます。

植えつけの20日前
気温15〜20℃
（25℃以上にしない）

ネットなどに入れ
時々向きを変えて
全体に光をあてる

6. 施肥

ジャガイモの根は土の中の茎の節からも伸びてきます。最初は水平に伸び、花が咲くころから下に伸びます。最初のころ、タネイモの真下に根はあまり伸びません。基肥は、化成肥料（8-8-8）100 g/m^2 と、過リン酸石灰 50 g/m^2 を畑全面にまき、20 cm ほどの深さまでよく耕して混ぜましょう。

肥料が多すぎると、葉や茎が大きく育ち、それらに養分を取られます。イモのデンプンやうまみ成分のグルタミン酸が少なくなるので、肥料のやりすぎには気をつけましょう。

肥料成分量（1 m^2 あたり）

区分	窒素(N)	リン酸(P)	カリ(K)
基肥	8 g	18 g	12 g

（「北海道施肥ガイド 2015」より）

植え溝にまく方法

肥料の与え方には、上記のほか、基肥の7割を畑全面にまいて耕し、タネイモの植え溝に残りの3割をまく方法もあります。肥料が無駄なく効果的に吸収されます。この方法による植え溝への肥料の与え方は下図を参考にしましょう。

植え溝にまく場合

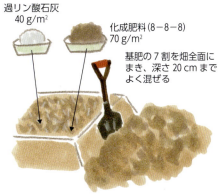

過リン酸石灰 40 g/m^2
化成肥料（8-8-8）70 g/m^2
基肥の7割を畑全面にまき、深さ20 cmまでよく混ぜる

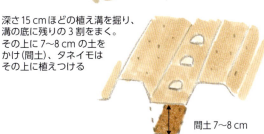

深さ15 cmほどの植え溝を掘り、溝の底に残りの3割をまく。その上に7〜8 cmの土をかけ（間土）、タネイモはその上に植えつける

間土 7〜8 cm

7. タネイモの切り方

芽が大きくなっている市販のタネイモか、浴光催芽ずみのものを植えつけます。

60g以下のものは、そのまま1球イモとして植えつけます。大きいイモは、二つ切りか三つ切りにして、1個35〜60gのタネイモにします。

大きい芽がつくように、下図のように縦切りにします。浴光催芽中に切り、切り口が十分乾いてから植えつけます。熱湯でよく消毒した包丁を使いましょう。

タネイモの切り方

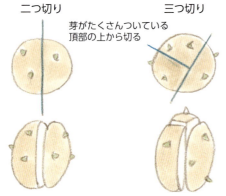

8. タネイモの植えつけ

畝幅75〜80cmの場合、深さ5〜7cmの植え溝を掘ります。植え溝に肥料をまく場合は、肥料の上に土をかけて、同様の植え溝をつくります。

タネイモが切りイモの場合は切り口を下にし、1球イモの場合は芽の多い頂部を上にして植え溝に30cm間隔で置きます。そして、5cmほど土がかぶるように埋め戻して軽くおさえ平らにします。

悪い例

植えつけ前に畝をつくると、イモの位置が浅くなります。イモが畝から出て直接光があたり、皮が緑色になります(緑化イモ)。

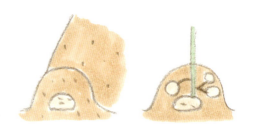

9. 土寄せ

地面に芽が出てから10日後に、5〜6cmの厚さに土寄せします(1回目)。

草丈が約25cmに伸びたら、さらに5〜6cmの厚さに2回目の土寄せをします。すると、溝からあぜの上までの高さが25cmくらいになります。

畝の中央がへこまないように、ていねいに土寄せしましょう。畝の中央がへこむと、雨水がたまり、疫病などでイモが腐りやすくなります。

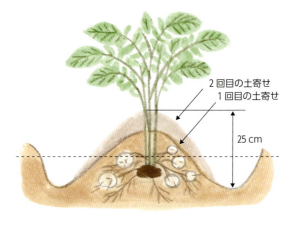

10. 病害虫対策

家庭菜園では、疫病、黒あざ病、そうか病、粉状そうか病が問題となります。

害虫は、ハリガネムシ(コメツキ)、オオニジュウヤホシテントウムシなどですが、実害は少ないです。

ジャガイモ疫病

6月の雨が多い時期、葉に褐色の病斑が発生して、急速に広がります。

病原菌は、雨水と共に地中のイモまで達し、腐らせます。6月下旬に雨が多い場合は、防除が必要です。ジマンダイセン水和剤、ビスダイセン水和剤などを、600倍で散布すると効果があります。

そうか病

あばた状の病斑がイモに発生します。土壌酸度がpH6.5くらいで発生することが多いため、石灰の施用を控えます。

表皮だけの症状なので、自家用で食べるのには問題ありませんが、販売はできません。連作や高温、乾燥で増加します。

粉状そうか病

症状はそうか病に似ていますが、イモが太る時期に低温で雨が多く、水はけの悪い畑では発生しやすくなります。酸性土壌でも発生します。無病のタネイモを使い、畑の排水性を高めましょう。

オオニジュウヤホシテントウムシ

成虫、幼虫ともジャガイモの葉を編み目状に食害します。

イモが肥大する時期に発生が多いと、多少大きさに影響が出ますが、大きな被害にはなりません。家庭菜園では、防除の必要はありません。

緑化イモ

培土が浅くイモがむきだしになり、皮が緑色に変色する緑化イモも問題となります。毒素のソラニンを含むので食べないようにしましょう。

緑化イモ

11. 収穫・保存

葉が黄色くなり、枯れ始めたら収穫適期です。晴天の日に収穫し、日陰で乾かしましょう。

貯蔵に適した条件は、温度4〜5℃、湿度90〜95％です。

保管場所は零下まで下がらず温度変化の少ない暗所が適しています。通気性のある黒布や紙袋で覆い、ダンボールに入れて保管しましょう。

保管の際、長時間光があたると緑化イモになってしまいます。

長期貯蔵の場合、中にリンゴを数個入れると、エチレンガスの発生により芽出しがおさえられます。（畑での長期貯蔵は、P217を参照）

リンゴを数個、イモの上に置く

12. 栄養価・食べ方

デンプンを多く含むので、炭水化物が多く、主食エネルギー源ともなります。

カリウムやビタミンC、葉酸が多く、特にジャガイモに含まれるビタミンCは加熱してもあまり減少しません。

味が淡泊なので、煮る、揚げる、ゆでる、焼くなどいろいろな料理の食材として利用されます。

主な栄養価(可食部100gあたり)

成分	蒸し	水煮	フライドポテト
エネルギー	84 kcal	73 kcal	237 kcal
炭水化物	19.7 g	16.8 g	32.4 g
カリウム	330 mg	340 mg	660 mg
ビタミンC	15 mg	21 mg	40 mg
ビタミンB_1	0.05 mg	0.06 mg	0.12 mg
ビタミンB_2	0.02 mg	0.03 mg	0.06 mg
ビタミンE	0.1 mg	0.1 mg	5.4 mg
葉酸	22 μg	18 μg	35 μg
食物繊維	1.8 g	1.6 g	3.1 g

(「日本食品標準成分表2010」より)

ゴボウ ［キク科］

栽培カレンダー　　基準：道央圏

栽培方法	4月	5月	6月	7月	8月	9月	10月	11月
露地		タネまき			収穫			
越年春どり	タネまき		収穫					

■ タネまき　■ 収穫

1. 生い立ち

　ゴボウは野菜として日本で発展したので、原産も日本との記載が一部ありますが、それはヤマゴボウと思われます。ゴボウの野生種は、欧州北部からシベリア、北部中国に分布しています。

　中国で薬用として利用されていたのが日本へ渡り、薬用だけでなく、野菜として発展したとされています。平安年代にゴボウの記録があり、また縄文遺跡からも利用が確認されています。

　特に関東地方で多くの品種が開発されています。

2. 生育特性

　春にタネをまくと、翌年に花が咲く2年生作物です。肥大した根を収穫します。若い葉柄を食用とする品種もあります。

　発芽適温は20～25℃です。15℃以下、30℃以上では発芽がおさえられます。

　生育適温は20～25℃です。

　直根が70～80cmも伸び、肥大します。

3. 品種

　家庭菜園用として長さ40cmほどのミニゴボウ「サラダむすめ」や葉ゴボウなどもあります。

　漬け物で使用されているヤマゴボウは、モリアザミの根を使用しており、別の種類です。

北海道で栽培されている主な品種

品種名	種子元	根長	肥大早晩	す入り
常豊	柳川	長	早	晩～やや晩
柳川理想	柳川	長～やや長	やや早	やや晩
柳川中生	柳川	やや長	早～やや早	晩～やや晩
滝まさり	みかど協和	長～やや長	やや早	晩

（「北海道野菜地図その38」より）

4. 畑の準備・施肥

　直根が真っすぐ伸びるため、れきや未熟堆肥がなく、地下水位も深い畑が適しています。前年の秋に、完熟堆肥2kg/m²と、苦土石灰200g/m²をまいてできるだけ深く耕しましょう。

　基肥は、化成肥料(8-8-8)150g/m²と、過リン酸石灰140g/m²を、作土と深さ50cmのタネまき溝の掘り上げた土にまき、溝に戻して、高さ20cmの高畝ベッドをつくりましょう。

肥料成分量（1m²あたり）

区分	窒素(N)	リン酸(P)	カリ(K)
基肥	12g	40g*	12g
追肥	6g	—	6g

※追肥はタネまき後、60～70日にまく
＊トレンチャー溝内 100cm混和の場合

（「北海道施肥ガイド2015」より）

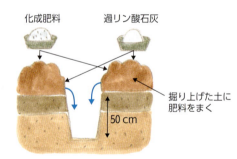

掘り上げた土に肥料をまく

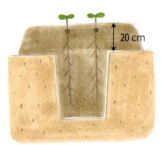

5. タネまき・間引き・追肥

　条間70cm、株間3cmに1粒まきし、最終的に株間10cmとなるように、間引きします。発芽まで1週間以上必要です。

　5月上旬以前のタネまきは、地温を上げるために不織布をべたがけしましょう。

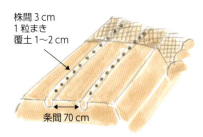
株間3cm
1粒まき
覆土1～2cm
条間70cm

間引き

本葉が3枚　　株間10cm

追肥・土寄せ
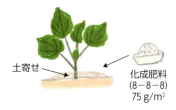
タネまき後60～70日ごろ
土寄せ
化成肥料(8-8-8) 75g/m²

6. 病害虫対策

　ゴボウの病害では、葉脈や葉に褐色の小さな斑点が出る黒条病がありますが、家庭菜園では防除の必要はありません。

　ゴボウの根が黒変するネグサレセンチュウの被害が発生する畑がありますが、そのような畑での栽培はやめましょう。

　家庭菜園で被害をうけやすいのは、アブラムシです。ゴボウヒゲナガアブラムシが葉裏に発生するので、時々確認して、発生したら防除しましょう。（アブラムシの防除薬剤は、P204の表を参照）

葉裏のアブラムシ

7. 収穫

　ゴボウは一定の大きさになったら、若ゴボウとして収穫できます。

　直径が2cm以上になったら収穫を始めますが、1cmくらいでも若ゴボウとして食べられます。収穫が遅れると、す入りが多くなります。

　根が深いので、畝に沿ってスコップで株の横に深い溝を掘り、横から掘り出すと、ゴボウを折らず、楽に収穫できます。

　越冬栽培は寒さで地上部が枯れてもそのまま雪の下にして、春に雪がとけたら収穫しましょう。

8. 栄養価・食べ方

　ゴボウの炭水化物は、イヌリンを多く含みます。イヌリンはコレステロール値低下に役立つとされています。

　また、多く含まれる食物繊維のヘミセルロース、リグニン、ペクチンは整腸作用があります。

　切って放置するとポリフェノールにより茶色に変わりますが、酢水につけるとおさえられます。

　ゴボウ独特の香りは皮の下に多いので、皮はむかないでそぎ落とす程度にします。この香りは肉や魚の臭みを消します。

　サラダや煮物、キンピラなどいろいろと利用できます。

　土つきのまま新聞紙に包み、冷暗所で2週間ほど保存できます。

　洗いゴボウはポリ袋に入れ、冷蔵庫の野菜室で保存します。ササガキなどは酢水につけ、水切りしてフリーザーバッグに入れ、冷凍保存が可能です。

主な栄養成分(可食部100gあたり)

成分	根(生)	根(ゆで)
炭水化物	15.4 g	13.7 g
カリウム	320 mg	210 mg
葉酸	68 μg	61 μg
食物繊維	5.7 g	6.1 g

（「日本食品標準成分表2010」より）

ヤーコン ［キク科］

栽培方法	4月	5月	6月	7月	8月	9月	10月	11月
露地マルチ	苗づくり	植えつけ					収穫	

栽培カレンダー　基準：道央圏

■ 苗づくり　■ 植えつけ　■ 収穫

1. 生い立ち

　ペルーからボリビアにかけてのアンデス山脈斜面の高原地帯が原産地です。

　2000年前の古くから栽培されていましたが、現在は自家消費が中心です。

　日本へは種苗会社が挿し木苗をニュージーランドから1985年に導入し、低カロリーダイエット作物として全国で栽培が始まりました。

　その後、フラクトオリゴ糖が多く含まれることが明らかになり、健康食品としても注目され、家庭菜園でも栽培されるようになりました。

2. 生育特性

　キク科の多年生作物ですが、霜で地上部が枯れるので、日本では1年生作物の扱いになります。

　生育適温は15～23℃で、25℃以上だと生育が停滞するなど、やや冷涼な気候が適しています。

　発芽適温は15～23℃です。

　草丈は150cm、茎数10本、葉の大きさが30～40cmと大型の野菜です。

　サツマイモに類似する根が肥大した「塊根（かいこん）」を収穫しますが、日が短くなると、茎の基部に小さな1～50gくらいの「塊茎（かいけい）」もついてきます。

　食用には塊根が適しています。

3. 品種

　品種は、最初に導入されたペルーA群系から、寒地で収量が多く裂根の少ない「サラダオトメ」が育成されました。

　その後、食味、貯蔵性などを改善した「サラダオカメ」「アンデスの雪」などが育成されています。

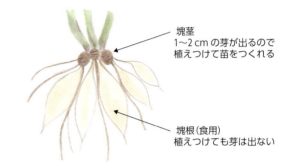

塊茎
1～2cmの芽が出るので植えつけて苗をつくれる

塊根（食用）
植えつけても芽は出ない

4. 畑の準備・施肥

　日あたりがよく、水はけのよい畑が適しています。**適正土壌酸度** pH 5.0～6.0です。

　写真のように草丈が150cm以上と旺盛となるので、ほかの野菜の収穫や管理の邪魔にならないように、植えつけ場所を選びましょう。

　前年の秋、完熟堆肥2kg/m^{2}と、苦土石灰100g/m^{2}をまき、よく耕しておきましょう。

　基肥は、化成肥料（8−8−8）200g/m^{2}を全面にまき、深さ20cmまでよく混ぜます。

　追肥の効果は明確になっていません。生育が悪い場合は、8月以降に与え、生育が順調な場合は必要ありません。

草丈150cm以上の旺盛な生育

肥料成分量（1m²あたり）

区分	窒素(N)	リン酸(P)	カリ(K)
基肥	15g	15g	15g
追肥	2g	—	2g

※追肥は8月に生育状況を見て、株間にまく

（栽培事例より）

5. 植えつけ

　市販されている苗を植えつけるのが無難です。自分で苗づくりする場合は、5〜20gの塊茎を、市販の肥料入り園芸培土を入れた9cmポットに、1cmの深さに植えつけます。4月中旬に植えつけ、室内の暖かい窓辺で管理します。

　遅霜の心配のない、5月下旬以降、本葉が4枚になったら苗を植えつけましょう。

苗づくり

6. 病害虫対策

　寒冷地の北海道では、土壌病害が少ないです。タネにする塊茎は、健全な生育をしている株から採種しましょう。

　害虫では、アブラムシ、ダニ、オンシツコナジラミ、ネキリムシなどが寄生、また加害しますが、家庭菜園では防除の必要はありません。

7. 収穫・保存

　霜で葉が枯れるまで、塊茎は大きくなり、フラクトオリゴ糖も増加します。

　葉が枯れ始めたら掘り取り収穫しましょう。

　枯れてからも放置して収穫が遅れると、裂根が多くなります。

　収穫したら、乾かないようにポリ袋に入れ、5〜10℃の冷蔵庫や涼しい場所で保存しましょう。

　日光があたると、皮が赤褐色に変色するので、黒色のポリ袋を使いましょう。

8. 栄養価・食べ方

　水分が多く、イモでありながら、タンパク質や脂質はほとんどありません。糖質は、多糖類のフラクトオリゴ糖が多く含まれます。フラクトオリゴ糖は胃や小腸での消化が少なく、大腸で善玉菌であるビフィズス菌のエサになり、腸内環境を整えて便秘改善効果があるとされています。

　ポリフェノールも多く、老化防止、発がん抑制なども期待される、機能性豊かな野菜です。

　水分が多く、シャキシャキした食感を生かしたサラダや酢物、また、炒め物やキンピラ、漬け物、ジュースなどさまざまな利用ができます。

　加熱すると甘みが増します。

　葉、茎は乾燥させて「ヤーコン茶」としても楽しめます。製法はインターネットなどで紹介されています。

主な栄養成分（可食部100gあたり）

成分	塊茎
水分	83.1g
タンパク質	1.0g
脂質	0.1g
糖質	13.8g
カリウム	344mg
ビタミンC	5mg
食物繊維	2.6g
ポリフェノール	203mg

（愛媛県工業技術センター調査より）

サツマイモ ［ヒルガオ科］

栽培方法	栽培カレンダー 基準：道央圏						
	4月	5月	6月	7月	8月	9月	10月
マルチ			植えつけ				収穫

1. 生い立ち

　原産地はメキシコを中心とする熱帯アメリカで、原住民が栽培し始めたとする説が有力です。

　コロンブスが持ち帰りイサベル女王に献上したことは有名ですが、寒冷地に適さず洋食に合わなかったため、ヨーロッパではあまり普及しませんでした。その後、ヨーロッパ人のアジア進出に伴い東南アジアに渡り、中国福建省に1600年ごろ伝わっています。

　日本へは、福建省から沖縄に伝わり栽培され、鹿児島や長崎などいくつかのルートで本土にも普及します。江戸時代になると、飢饉などの救荒用としても大切な作物となりました。

　当初はサツマイモを直接畑に植えつけていましたが、タネイモが腐れることが多く、苗で植えつける方法が一般的になりました。

　近年、早生種の品種開発がすすみ、北海道でも栽培できるようになりました。家庭菜園でも花形の野菜となり、苗も販売されています。

2. 生育特性

　サツマイモはつる性の一年生作物です。

　熱帯原産のため、**生育適温**は30℃と高く、イモが大きくなる畑の地温は22～26℃が適しています。イモから伸びる若つるを苗にします。

　苗の植えつけも18℃以上の地温が必要です。

　生育の仕方は、7～8節の長さのつるを畑にさし込むように植えつけると、地中のつるの各節から根が伸びてきます。この根にデンプンが蓄積して大きくなったイモ（「塊根」かいこん）がサツマイモです。

　イモに十分なデンプンがたまり、おいしくなるには、植えつけから収穫までの平均気温の積算温度が2400℃以上必要です。

　札幌の6～9月の平均気温の積算温度は約2400℃です。したがって、道央部での収穫期は9月末から10月はじめとなります。

← 養分を吸収する根
← 根が肥大したサツマイモ（塊根）

3. 品種

北海道で栽培されている主な品種

品種名	特徴
べにあずま	イモの形はやや不ぞろいだが、甘くて栽培しやすい
べにはるか	甘みが強く、貯蔵しやすい
シルクスイート	とても甘く、形ぞろいがいい
クイックスイート	形ぞろいがよく、電子レンジでの調理にも適している
パープルスイート	紫色のイモで食味がよい

（種苗カタログより）

4. 畑の準備・施肥

排水のよい畑が適しています。

適正土壌酸度は pH 5.5〜7.0 と広いです。

前年の秋に、完熟堆肥 2 kg/m² と、苦土石灰 100 g/m² をまいて、よく耕しておきましょう。

苗の植えつけ時期は、地温が 18℃以上になる 5月下旬〜6月上旬です。

基肥は窒素肥料を多くしないことが大切です。窒素肥料が多すぎると、つるや葉だけが旺盛に茂り、イモは細いまま「つるぼけ」状態になります。

窒素の少ない豆専用の肥料が適しています。代わりに化成肥料（8-8-8）の場合は 60 g/m² をまきます。さらに、過リン酸石灰 35 g/m² と、硫酸カリ 20 g を追加でまき、ベッドをつくりましょう。

追肥の必要はありません。

肥料成分量（1 m² あたり）

区分	窒素（N）	リン酸（P）	カリ（K）
基肥	5 g	10 g	15 g

（「北海道野菜地図その40」より）

5. 苗の準備

5月下旬から種苗店などでつる苗とポット苗が販売されます。つる苗は茎が太く、葉が痛んでいない苗を購入しましょう。

ポット苗は、ウイルスに侵されていない高価な苗です。4月中に購入できる場合は、葉を 4〜5 枚残して芯を摘み取ります。残った葉のわきからわきつるを伸ばし 7〜8 節伸びたら摘み取り、苗として利用できます。

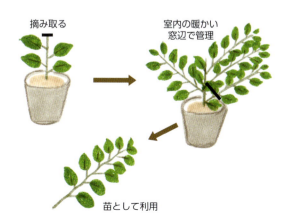

摘み取る → 室内の暖かい窓辺で管理 → 苗として利用

6. 植えつけの種類

苗の植えつけ方法には、垂直植え、斜め植え、船底植えなどがありますが、北海道では斜め植えが栽培しやすいです。

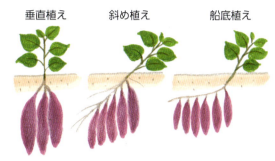

垂直植え／斜め植え／船底植え

大きいイモがつき個数が少ない／手ごろな大きさのイモがそろう／小さいイモがつき個数が多い

7. 畝づくり・植えつけ

5月中旬に高さ 20〜25 cm のベッドをつくり、黒マルチで覆います。

地温が 18℃以上になっているのを確認して、斜め植えで 5月末〜6月はじめに苗を植えつけます。

畝幅は 90〜120 cm、株間は 30〜40 cm です。

苗の葉が直接マルチにふれると、高温で葉が焼ける場合があるので、株元に土を寄せます。

植えつけ後、葉はしおれた状態が 10 日近く続きますが、根づくと再生してきます。

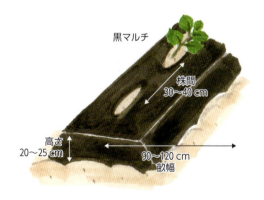

黒マルチ／株間 30〜40 cm／高さ 20〜25 cm／90〜120 cm 畝幅

しおれた状態／土を寄せる／黒マルチ

斜め植えの方法

箸や竹の棒で、斜めに苗をさし込む穴をあけます。地上に葉が4枚くらい出るようにその穴に苗をさし込んで植えつけます。

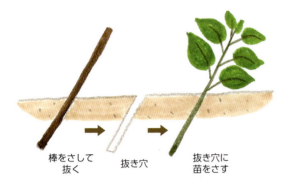

棒をさして抜く　　抜き穴　　抜き穴に苗をさす

ポット苗を植えつける時の注意

ポット苗を根鉢のまま植えつけると、土の中でヘビのトグロ状にイモが大きくなります（写真下）。

根鉢をくずし、根を伸ばして植えつけましょう。苗が大きい場合は根をカットしてさし苗にします。

根鉢の根を伸ばす

ポット苗　　根鉢　　とぐろ状に肥大

8. つるの管理

つるが旺盛に伸び、畝はつると葉で覆われますが、ほかの作物に影響がなければ、そのままにしておきましょう。つるの各節から根（不定根）が伸び、水分を吸収します。

本州では「つる返し」と呼ばれ、遅い時期に株元に子イモがつくのを防止するため、つるを持ち上げ不定根を切る方法がありますが、現在は株を傷めることが多いために行われなくなっています。北海道でも必要ありません。

9. 病害虫対策

病害虫の被害は少なく、家庭菜園では防除の必要はありません。ただし、春に未熟堆肥を入れると、コガネムシやコメツキの幼虫（ハリガネムシ）にイモが食害される場合があります。また、アブラムシが発生する場合もあります。発生が多い場合は、天然系の防除農薬で葉裏に薬剤がかかるように防除しましょう。（P204・206の表を参照）

10. 収穫・保存

9月末から10月はじめ、霜の降りる前に試し堀りし、200～300gのイモがついていたら掘り取ります。雨がなく、畑が乾いている状態で作業しましょう。

収穫中のイモは、皮がやわらかくはげやすいのでていねいに扱いましょう。堀り取ったイモをミニコンテナに入れ、ビニールで覆い、15～40℃に4日ほど置くと腐れにくくなります。

保存温度は13～15℃、湿度95％です。9℃以下の低温では腐れやすくなります。北海道産は未熟で貯蔵性が悪い場合が多いので、早めに食べましょう。

炭酸ガスがたまらないようにスソをあける

11. 栄養価

サツマイモの主な成分は炭水化物のデンプンです。カリウムも多く含まれます。ビタミンCも多く、特に加熱調理した時、糊化したデンプンの作用で壊れにくくなり効率的に吸収されます。

老化をおさえるビタミンEや、紫、赤などのイモにはカロテンも多く含まれます。

整腸作用のある食物繊維が多いのも特徴です。北海道産のサツマイモは、本州産と比較して甘みが強く、やや粘質の傾向があります。

主な栄養成分（可食部100gあたり）

成分	塊茎		
	生	蒸し	焼き
炭水化物	31.5 g	31.2 g	39.0 g
カリウム	470 mg	490 mg	540 mg
ビタミンC	29 mg	20 mg	23 mg
ビタミンE	1.6 mg	1.5 mg	1.3 mg
食物繊維	2.3 g	3.8 g	3.5 g

（「日本食品標準成分表2010」より）

知っておきたいサツマイモのこと

■特徴のある栄養と機能性

サツマイモは甘くておいしいだけでなく、健康や美容、若さの維持にも役立つ優れた野菜です。

ヤラピン

サツマイモは食物繊維が豊富ですが、同様の効能を持つヤラピンも含まれています。

サツマイモを輪切りにした時に白い液が出てきます。これがヤラピンでサツマイモ独特の成分です。

ヤラピンは胃の粘膜を守り、腸の働きをよくし、便をやわらかくする働きがあるといわれています。加熱しても失われないので、焼きイモや蒸したり煮たりしても効果は発揮されます。

ビタミンC

夏のホウレンソウと同じぐらいのビタミンCが含まれています。

加熱すると失われやすいですが、デンプンに守られて、壊れずに吸収されます。1本で一日に必要な量を摂取できます。

ビタミンE

抗酸化作用で細胞の老化を防ぎ、若さを保つ代表的成分のビタミンEが豊富で、玄米ごはんの2倍の量が含まれています。1本で一日に必要な量を摂取できます。またビタミンEは、血流をよくし、代謝が高まります。

カリウム

多く含まれるカリウムも、高血圧や脳卒中、骨粗しょう症の予防に効果があるとされています。

■効率的に栄養を摂取する調理法

皮ごと食べる

皮にはポリフェノールが豊富です。また、ヤラピンは皮に近い部分に多く含まれます。

これらの栄養成分を生かすためには、皮をむかずに一緒に料理しましょう。

また、皮にはデンプンの分解酵素が含まれるので、ガスの発生も防ぎます。

焼く・蒸すが最適

煮たり、ゆでるとゆで汁に流れ出して失われる栄養素が多くあります。焼きイモや蒸しイモ（ふかしイモ）が一番優れた調理方法です。

豚汁やみそ汁などに使う場合は、汁に栄養成分が残るので問題ありません。

60℃前後の温度でより甘さが強くなるので、電子レンジではなく、蒸し器やオーブンでじっくり調理するのがおすすめです。

■おいしく食べるための保存方法

サツマイモは収穫直後よりも、2カ月ほど保存して水分を減らすとよりおいしくなります。

洗わないで、一つずつ新聞紙で包み、ダンボール箱に入れ、13〜15℃の風通しのいい場所で保存しましょう。ビニール袋などで密閉すると、サツマイモの呼吸による炭酸ガスがたまり腐れやすくなります。

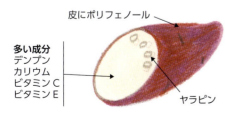

多い成分
デンプン
カリウム
ビタミンC
ビタミンE

皮にポリフェノール

ヤラピン

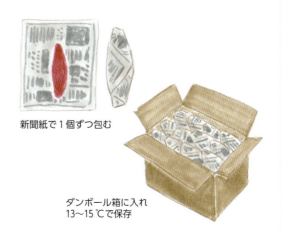

新聞紙で1個ずつ包む

ダンボール箱に入れ
13〜15℃で保存

サトイモ ［サトイモ科］

栽培方法	4月	5月	6月	7月	8月	9月	10月
露地マルチ	■芽出し	■植えつけ					■収穫

栽培カレンダー　基準：道央圏

1. 生い立ち

原産地はインドガンジス川流域やセイロンなど多湿な南方で、タロイモの仲間です。日本へは南方民族より縄文時代には伝えられ、稲作以前の主な食べものであったとの説もある古い野菜です。

中国からも伝わり、各地で多くの品種が育っています。山でとれる「山芋」に対し、里でとれる芋なので「里芋」と呼ばれました。

熱帯が原産のため、東北までが産地です。北海道では生育期間が短く、経済栽培は難しいですが、家庭菜園では十分、育てられます。

2. 生育特性

サトイモはジャガイモ同様、茎が肥大した「塊茎（かいけい）」です。塊茎には短い節がたくさんあり、そこからわき茎が伸び、肥大して子イモになります。子イモからもわき茎が伸び、孫イモになり、1株に20〜30個のイモがついて大きくなります。

生育適温は25〜30℃と高温で、タネイモから芽を伸ばすには15℃以上が必要です。

5℃以下になるとタネイモは腐敗してきます。

北海道では、マルチフィルムで被覆し、地温を十分に上げ、遅霜の心配のない5月下旬以降に植えつけます。収穫は10月中旬ごろです。

3. 品種

子イモ用の「石川早生」「土垂（どだれ）」、親イモと子イモの両方食べられる「セレベス」、親イモと子イモが分球しないで塊状となる「八つ頭（やつがしら）」などさまざまな品種があります。北海道では、子イモや孫イモを食べる石川早生や土垂が栽培しやすいです。

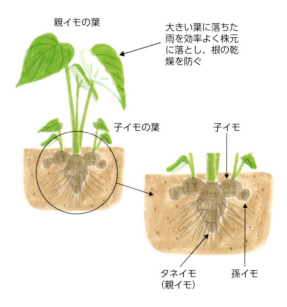

4. 畑の準備・施肥

サトイモは連作障害が出やすい代表的な野菜です。5年は栽培間隔をあけましょう。

水分が多い土壌が適しているので、乾燥する畑はさけます。

たくさんの根が深さ20cmまで伸びます。土寄せが必要なので、深くてやわらかい土壌がよいです。

適正土壌酸度は幅広く、pH6くらいで問題ありません。

基肥は、化成肥料（8-8-8）120g/m²と、過リン酸石灰50g/m²をまきましょう。

追肥は土寄せ時にまきます。

肥料成分量（1m²あたり）

区分	窒素(N)	リン酸(P)	カリ(K)
基肥	10 g	20 g	10 g
追肥1回あたり	2 g	—	2 g

※追肥は土寄せ時に2回まく　　　（栽培事例より）

5. タネイモの植えつけ

霜の心配がなくなる5月下旬に植えつけます。

株間30cm、畝間90〜100cmに、約50gのタネイモを芽を上にして置きます。

地温を上げられるマルチ栽培がおすすめです。マルチ栽培では、7月上旬にマルチをはいで、土寄せ時に追肥する方法と、収穫までマルチで覆う方法があります。後者の場合は、肥料を追肥分も合わせて基肥として与え、タネイモを深く植えつけます。

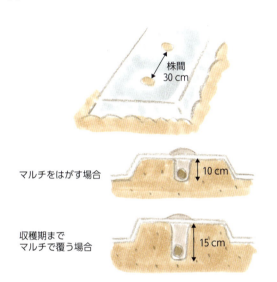

6. 病害虫対策

病気では、タネイモから持ち込まれる、乾腐病、黒斑病、根腐病があるので、市販されている健全なタネイモを使用しましょう。

害虫では、ワタアブラムシ、ヨトウガの被害をうける場合があります。家庭菜園では大きな被害にはならないので、防除の必要はありませんが、発生が多い時は防除しましょう。

乾燥により石灰欠症が発生する場合があるので、土壌が乾かないようにしっかり水やりをしましょう。

7. 追肥・土寄せ・水やり

子イモは光にあたると大きくならないので、株元に土を寄せて光を遮断します。また、乾燥も嫌うため、ベッドが乾かないようにこまめに水やりしましょう。

追肥のタイミングは1回目が7月上旬、2回目は7月下旬です。化成肥料(8-8-8) 25g/m² を株間にまき土寄せします。

追肥して土寄せ

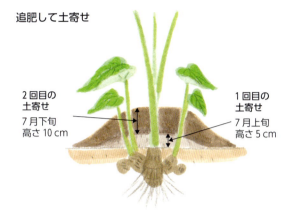

8. 収穫

10月中旬ごろの晴天の日にスコップで株ごと掘りおこします。

土を振るい、外側から子イモをかき取り収穫します。

9. 栄養価・保存

イモ類のなかでは、デンプンやタンパク質が多いわりに低カロリーです。塩分を排出するカリウムも豊富です。独特のヌメリはムチンやガラクタンで、胃の粘膜や腸の働きをよくし、血糖値やコレステロール値の上昇をおさえる効果があるとされています。

泥つきのまま新聞紙に包み、10℃前後の常温で保管します。皮をむいたものは早く食べましょう。

主な栄養成分(可食部100gあたり)

成分	イモ(生)	イモ(水煮)	イモ(冷凍)
炭水化物	13.1 g	13.4 g	16.1 g
タンパク質	1.5 g	1.5 g	2.2 g
カリウム	640 mg	560 mg	340 mg
ビタミンC	6 mg	5 mg	5 mg
葉酸	30 μg	28 μg	22 μg
食物繊維	2.3 g	2.4 g	2.0 g

(「日本食品標準成分表2010」より)

キャベツ ［アブラナ科］

栽培カレンダー　基準：道央圏

栽培方法	4月	5月	6月	7月	8月	9月	10月	11月
6月どり（べたがけ）								
7～10月どり								
貯蔵用								

■ タネまき　■ 植えつけ　■ 収穫

1. 生い立ち

原産地は地中海沿岸、ヨーロッパの大西洋沿岸です。現在の結球性キャベツは、それまで栽培されていた非結球性のケールを基にイギリスで13世紀に誕生しました。18世紀、オランダから日本に導入されましたが、最初は観賞用とされ、食用は明治時代以降からです。

2. 生育特性

生育適温は15～20℃、28℃以上で生育が抑制されるので、冷涼な北海道に適しています。また凍害をうけるのは−5℃以下なので、雪の下でも貯蔵が可能です。

植えつけた株が、茎径6mm以上で10℃以下に2カ月間さらされると、生長点に花ができます。しかし、6月中旬以降は最低気温が10℃以上になるので、滅多に、とう立ちして花が咲く事例はありません。

球の肥大については、ハクサイ（P108）を参照してください。

3. 品種

葉のかたさや、大きさの違いにより多くの品種があります。生育日数は、小さくて丸いボールタイプで85日、サラダ用のやわらかいサワータイプで90日、大きくて、いろいろな利用ができる寒玉タイプが110日、一玉10kg以上にもなる漬け物用の「札幌大球」は130～150日かかります。

札幌大球

北海道で栽培されている主な品種

タイプ	品種名	用途
ボール系	アーリーボール エックスボール	サラダ、炒め物
サワー（波葉）系	楽園、涼波	サラダ
寒玉系	おきな、みくに、若峰、冬駒、湖月SP	炒め物
大玉系	札幌大球	漬け物

（「北海道野菜地図その38」より）

4. 苗づくり

発芽適温は15～20℃のため、直まきでは生育が遅くなるので苗をつくって植えつけます。本数が少ない場合は、市販されている苗を使用し、多い場合は苗を育てましょう。

苗のつくり方はブロッコリーの苗づくり（P148）を参照してください。

「札幌大球」は4～5枚の大苗に育てるので、ポリポットで苗づくりをしましょう。

5. 畑の準備・施肥

キャベツの根は湿害をうけやすいので、水はけのよい畑が適しています。根こぶ病が発生した畑はさけましょう。

適正土壌酸度はpH6.0～6.5です。

前年の秋に、完熟堆肥2kg/m²と、苦土石灰100g/m²をまいてよく混ぜます。

基肥は、化成肥料（8−8−8）200g/m²をまいてベッドをつくりましょう。

肥料成分量（1m²あたり）

区分	窒素(N)	リン酸(P)	カリ(K)
基肥	16g	14g	12g
追肥	6g	—	6g

※追肥は結球し始めるころに与える

（「北海道施肥ガイド2015」より）

6. 植えつけ

　水はけをよくするため、高さ10 cmのベッドをつくり、条間60 cm、株間33〜50 cmに植えつけます。札幌大球は葉が大きいので、畝幅100 cm、株間100 cmとします。植えつけ後、鉢土の上に土をかけて水やりします。

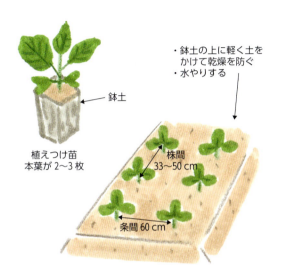

植えつけ苗
本葉が2〜3枚

・鉢土の上に軽く土をかけて乾燥を防ぐ
・水やりする

7. 病害虫対策

　害虫では、アオムシ、コナガ、ヨトウガ、ナメクジ、アブラムシなどの被害をうけます。
　病気では、根こぶ病、軟腐病、黒腐病などです。葉を食害される害虫対策は、防虫ネットでトンネル被覆して栽培するとよいです。
　また、石灰欠により芯腐れや内部の葉が枯れる症状が出る場合があります。石灰欠乏症については、P185を参照してください。

防虫ネットのスソにすき間がないようにしっかり土でおさえる

8. 土寄せ・追肥

　植えつけ半月後、除草をかねて、株元に土寄せします。倒伏や株元の腐敗を防げます。
　追肥は、中心の葉が立ち上がり、結球がピンポン玉大ぐらいになったら化成肥料(8-8-8)70 g/m²を株間にまきます。

追肥時期の生育状況

9. 収穫・保存

　球を押してみて、かたくしまってきたら収穫します。収穫が遅れ雨にあたると、球が割れます。貯蔵用には8分くらい結球した状態がよいです。
　ラップで包み、冷蔵庫の野菜室で保存しましょう。長期保存は「貯蔵の方法」(P218)を参照してください。呼吸量が多いサワータイプは、日もちしないので早めに食べましょう。

10. 栄養価・食べ方

　キャベツは古くローマ時代から、薬用植物として栽培されてきました。ビタミンA、B、C、E、K、キャベジン、ミネラル、食物繊維などの機能性成分が豊富です。
　ガンや潰瘍を予防する野菜として知られています。消化促進効果があり、風邪の予防や疲労回復、美肌効果、便秘の解消、貧血や高血圧の改善、いらいらなどストレスの解消にも効果があります。キャベツのビタミンCはホウレンソウより少ないですが、収穫後の減少は遅く安定しています。
　キャベツはアクがなく甘みもあり、生食のサラダやおひたし、煮物、炒め、漬け物とさまざまな料理に利用できます。

主な栄養成分(可食部100 gあたり)

成分	生	ゆで
カリウム	200 mg	92 mg
βカロテン	49 µg	57 µg
ビタミンC	41 mg	17 mg
ビタミンK	78 µg	76 µg
食物繊維	1.8 g	2.0 g

(「日本食品標準成分表2010」より)

ハクサイ ［アブラナ科］

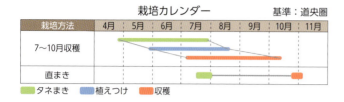

栽培カレンダー　　基準：道央圏

栽培方法	4月	5月	6月	7月	8月	9月	10月	11月
7～10月収穫								
直まき								

■ タネまき　■ 植えつけ　■ 収穫

1. 生い立ち

　北・東ヨーロッパからトルコ高原の野生種が中国に渡り、品種がつくられました。現在の結球ハクサイが日本に導入されたのは明治23年以降で、比較的新しい野菜です。

　漬け物や鍋物に利用され、短期間で全国に普及しました。

2. 生育特性

　生育適温は20℃前後、球が肥大する適温は15℃前後と涼しい気候を好むので、北海道は栽培適地です。ただし、発芽から本葉が8枚になる間に、13℃以下に一定期間おかれると生長点に花ができ、とうが伸びて花が咲き、ハクサイになりません。したがって、春の植えつけは、暖かい場所で苗をつくり植えつけます。北海道では、直接タネまきできるのは、7月下旬ごろからになります。

　外葉が大きく生長すると、葉でつくられた生長ホルモンが新しい葉の裏側に強く作用して、新しくひらく葉が立ち上がり、葉の裏側が伸びて、結球が始まります。

3. 品種

　砲弾形の形状が一般的ですが、円筒形の「竹の子ハクサイ」や「ミニハクサイ」などもあります。球の内部が黄色やオレンジ、白などの品種もあります。

4. 苗づくり

植えつけ苗
本葉が5～6枚

　ハクサイの苗は市販されていない場合が多いので、苗を育てましょう。

　ハクサイは、本葉4～5枚のポット苗として育てる方が、畑で低温にあたる期間が短く、花が咲く「とう立ち」を防げます。

　ポット苗の育て方はブロッコリーの苗づくり（P148）を参照してください。

5. 畑の準備・施肥

　ハクサイはやや保水性の高い畑が適しています。したがって、極端に高い畝での栽培はさけましょう。

　適正土壌酸度はpH6.5～7.0です。

　前年の秋に、完熟堆肥2kg/m²と、苦土石灰200g/m²をまいてよく混ぜます。

　根こぶ病が発生しやすいので、発生したことのない畑で栽培しましょう。発生した畑で栽培する場合は、根こぶ病抵抗性品種を使い、また「ネビジン」（土壌施用殺菌剤）を処理する方法があります。しかし、家庭菜園では栽培を中止し、ほかの野菜を栽培する方がよいでしょう。

　基肥は、化成肥料（8-8-8）200g/m²をまいてベッドをつくりましょう。

北海道で栽培されている主な品種

タネまき	植えつけ	収穫期	品種名
4月下旬	5月下旬	7月中下旬	はるさかり、春笑、黄子
5月下旬	6月下旬	8月上中旬	晴黄65、優黄
6月下旬	7月中旬～	9月上旬～	晴黄65、優黄、きらぼし
7月下旬（直まき）		10月下旬～	晴黄65、優黄、きらぼし優黄

（「北海道野菜地図その38」より）

肥料成分量（1m²あたり）

区分	窒素(N)	リン酸(P)	カリ(K)
基肥	16g	18g	18g
追肥	6g	—	4g

※追肥は結球し始めるころにまく

（「北海道施肥ガイド2015」より）

6. 植えつけ

ハクサイは、降雨時の水はけをよくするため、高さ10 cmのベッドをつくります。条間75 cm、株間50 cmに、本葉が4～5枚のポット苗を植えつけます。

ミニハクサイの場合は、条間25 cm、株間25 cmで植えつけると、600 gぐらいの使い切りサイズのミニハクサイを収穫できます。

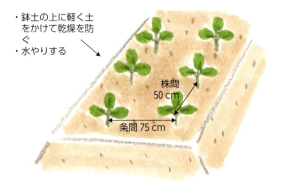

・鉢土の上に軽く土をかけて乾燥を防ぐ
・水やりする
株間 50 cm
条間 75 cm

7. 土寄せ・追肥

植えつけの半月後に、除草をかねて株元に土寄せし、倒伏や株元の腐敗を防ぎます。

追肥は、中心の葉が立ち上がり、結球がピンポン玉大になるころに化成肥料（8-8-8）70 g/m²を株間にまきます。

防虫ネットのスソにすき間ができないように土、またはピンでしっかりおさえる

8. 病害虫対策

害虫では、アオムシ、コナガ、ヨトウガ、ナメクジ、アブラムシなどの被害をうけます。

病気では、根こぶ病、軟腐病、黒斑病などです。葉を食べる害虫への対策は、防虫ネットでトンネル被覆して栽培するとよいです。

農薬で防除する場合は、葉裏もよく観察し、幼虫が小さいうちに、葉裏によくかかるように防除しましょう。（農薬についてはP202、205を参照）

9. 収穫・保存

結球が始まって20日ほどで収穫期となります。8～9分結球し、球を上から押すと少し凹み、弾力性のあるものが食べごろです。

保存は、新聞紙で包み、暗い所に縦置きします。

使い残しは、ラップに包み、冷蔵庫の野菜室で保存します。

長期貯蔵の場合は、P218を参照してください。

寒さから守るため、外葉ごとしばる

10. 栄養価・食べ方

カリウムやカルシウムなどミネラルがバランスよく含まれ、ビタミンC、Kも比較的含まれています。

ハクサイは淡泊な味なので、どのような料理にも使用できます。煮物や鍋物、炒め物、漬け物、サラダとさまざまあります。

グルタミン酸やアスパラギン酸の甘味成分も多く、優れた食材です。

主な栄養成分（可食部100 gあたり）

成分	生	ゆで
カリウム	220 mg	160 mg
カルシウム	43 mg	43 mg
ビタミンC	19 mg	10 mg
ビタミンK	59 μg	87 μg
食物繊維	1.3 g	1.4 g

（「日本食品標準成分表2010」より）

レタス（リーフレタス）・サラダナ ［キク科］

栽培カレンダー　基準：道央圏

栽培方法	4月	5月	6月	7月	8月	9月	10月
露地栽培							

■ タネまき　■ 植えつけ　■ 収穫

1. 生い立ち

　原産地は地中海沿岸から中近東地帯とされ、起源前2500年ごろの古代エジプトに、類似した絵が描かれているのが最古の記録とされています。

　日本へは平安時代にリーフレタスのカキチシャが中国から入ってきています。チシャは乳草の略です。

　玉レタスの生産が本格的に始まったのは戦後で、駐留軍への対応から始まり消費が拡大、全国的に栽培されるようになりました。

　冷涼な北海道の気候が生育に適しており、サラダナなどリーフレタスは栽培も簡単なので、家庭菜園やプランターで栽培したい野菜です。

2. 生育特性

　生育適温は15〜20℃、玉レタスの球の肥大適温は10〜16℃です。

　発芽適温は15〜20℃です。5℃以下、25℃以上では発芽が悪くなります。

　長い間20℃以上にあたり続けると、生長点に花ができて花茎が伸び始めるので、玉レタスは形がくずれてきます。

3. 畑の準備・施肥

　どのような土壌でもよいのですが、深くまで堆肥を入れた保水性の高い畑が適しています。

　適正土壌酸度はpH6.2〜6.8です。

　前年の秋か春早く、完熟堆肥3kg/m^2 と、苦土石灰150g/m^2 をまきましょう。

　基肥は、化成肥料（8-8-8）150g/m^2 を畑全面にまいてよく耕します。

　生育期間が短いので追肥の必要はありません。サラダナなどリーフレタスも同様です。

肥料成分量（玉レタス1m^2 あたり）

区分	窒素（N）	リン酸（P）	カリ（K）
基肥	12g	12g	14g

（「北海道施肥ガイド2015」より）

4. 品種

　玉レタス、リーフレタス、半結球のロメインレタス、生育の早いサラダナと、タイプの違う品種があります。

北海道で栽培されている主な品種

品種名	特徴
シルル	玉レタス。早生、つくりやすい
マイヤー	玉レタス。暑さ、病気に強い
アスレ	玉レタス。低温に強く食味よい
晩抽レッドファイヤー	赤紫のリーフレタス
グリーンウエーブ	濃緑のリーフレタス
ロマリア	小型のロメインレタス（半結球）
サマーグリーン	サラダナ。タネまき後40日収穫

（種苗カタログより）

5. タネまき・育苗

　レタス類は苗を育てて植えつけると、栽培しやすいです。ただし、サラダナは、タネまきから40〜50日で収穫でき、間引き菜としても利用できるので、直接、畑にタネまきする方法でもよいです。

　苗の育て方は、P194を参照してください。直径6cmポットに直接タネまきすると育てやすいです。タネまきが7月の高温期の場合は、タネを8時間くらい水につけ、ぬれタオルで包み、冷蔵庫で2日保存してからまくと、発芽がそろいます。

　レタスのタネは光を好みます。タネがかくれる程度に土をかけ、深くならないように注意しましょう。苗は、タネまき後30〜40日、本葉が

110

3～4枚になるまで育ててから植えつけます。

　春の地温の低い時期は、マルチ栽培が適しており、葉も汚れなくていいです。

　7月の植えつけでは、シルバーや白のマルチをすると、地温がおさえられ生育がいいです。

条間と株間

	条間 cm	株間 cm
玉レタス	50〜60	30〜33
リーフレタス	45	30
サラダナ	20	20

玉レタスの場合

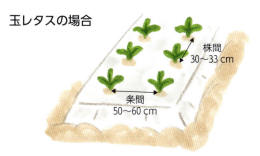

サラダナの直まき
タネをばらまきし、
タネがかくれる程度に
ふるいで土をかける

プランター栽培のサラダナ

6. 間引き・水やり

　直まきしたサラダナは、葉が重なってきたら、間引き菜として利用しながら株間を広げます。

　苗を植えつけた場合、根づくまで株元に水やりします。以後は乾燥したら水やりしますが、玉レタスの場合、球ができ始めたら病気が出やすくなるので、水やりはやめましょう。

7. 病害虫対策

　キク科のため、アブラナ科につく害虫がこないので、比較的病害虫が少ない野菜です。

　水はけが悪い畑で、豪雨があると軟腐病が発生する場合があります。ベッドを高くして、水はけをよくしましょう。

8. 収穫

　玉レタスは、8分ほど巻き、上からおさえると弾力が出てくるころが収穫適期です（P212参照）。

　苦みもなく、シャキシャキとおいしくなっています。包丁で株元から切り取ると白い液が出てくるので、拭き取り、球を逆さまにして球内にたまっている水を出します。

　サラダナやリーフレタスも品種に適した日数で収穫し、かたくならないようにしましょう。

9. 栄養価・食べ方

　レタスの切り口から出る白い乳液はラクチュコピクリンと呼ばれるポリフェノールの一種です。苦み成分で、抗酸化力があります。この成分は軽い沈静作用や睡眠促進効果もあるとされますが、そのためには大量に食べなければなりません。

　鉄の包丁で切ると切り口が変色しやすいので、手でちぎるとよいです。冷水に短時間さらすと、パリパリとした食感が楽しめますが、長時間さらすとビタミンCが水に溶け出すので、さけましょう。

　サラダナ、リーフレタス、サニーレタスはカロテンやビタミンCが多く、ビタミンKも多く含まれており、緑黄色野菜に分類されています。

主な栄養成分（可食部100gあたり）

成分	レタス 結球葉／生	リーフレタス 葉／生	サラダナ 葉／生
カリウム	200 mg	490 mg	410 mg
βカロテン	240 μg	2,300 μg	2,200 μg
ビタミンC	5 mg	21 mg	14 mg
ビタミンK	29 μg	160 μg	110 μg
葉酸	73 μg	110 μg	71 μg
食物繊維	1.1 g	1.9 g	1.8 g

（「日本食品標準成分表2010」より）

ホウレンソウ ［アカザ科・ヒユ科 APG iii］

栽培カレンダー　　　　基準：道央圏

栽培方法	4月	5月	6月	7月	8月	9月	10月	11月
露地		■■■■■■■■■■■■■■						

■ タネまき　■ 収穫

1. 生い立ち

原産地は西アジアのイラン旧ペルシャ地域で、中国には6世紀、ヨーロッパには16世紀ごろ伝わっています。日本へは中国から16世紀後半に東洋種が伝わり、江戸末期から明治初期に西洋種が伝わりました。

北海道では江戸末期にえりも町での栽培記録があり、大正時代には伊達町で北海道独自の品種「伊達種」ができています。

戦後は北海道試験場育成の「札幌大葉」、民間育成の「ニューアジア」などが普及しました。

冷涼な気候を好むホウレンソウは、夏から秋にかけて北海道から本州市場に送られており、全道各地にホウレンソウの産地があります。

2. 生育特性

生育適温は15～20℃と低く、低温にも強くて、雪の下で越冬できます。しかし、暑さには弱く、25℃以上で生育不良になります。

発芽適温は15～20℃です。25℃以上では発芽が悪くなります。

ホウレンソウは葉がひらいて生育が進むと、生長点に花ができ、茎が伸び（とう立ち）て花が咲きます。日が長い時期だと、早く花ができてしまい、とう立ちします。また、低温で花ができやすく、その後の高温で花茎が伸び、開花しやすくなります。

生育初期が低温で、日が長い5～6月にタネをまく場合は、とう立ちの遅い品種「晩抽性品種」を栽培する必要があります。

ホウレンソウには、雄株と雌株があり、雄株がとう立ちしやすい傾向があります。

3. 品種

葉先がとがった品種「剣葉ホウレンソウ」は東洋種と呼ばれ、早く花ができてとう立ちしやすい品種です。露地栽培では、8月以降にタネまきする秋どりに向いています。

葉先が丸い「西洋種」はとう立ちが遅い品種です。日が長くなる、5～7月のタネまきに使いましょう。

葉柄や葉脈が赤く、機能性の高い品種には、エグ味やシュウ酸が少なく、サラダでも食べられる「サラダホウレンソウ」、プランター栽培に適した「ミニホウレンソウ」などもあります。

とう立ちした状態

剣葉ホウレンソウ

西洋ホウレンソウ

サラダホウレンソウ

ミニホウレンソウ

北海道で栽培されている主な品種

タネまき時期	品種名
5～7月中旬	SC7-405、アリスト、サマンサ、ネオサイクロン
7月下旬～8月中旬	ネオサイクロン、アリスト、スペードワン
8月下旬	アステア、ミストラル

(「北海道野菜地図その38」より)

4. タネまき

高さ5～10cmのベッドをつくります。地温が高くなる夏のタネまきは、平畝とします。水はけのよい畑では、V字形のタネまき溝をつくり、溝の底にタネをまくと、高温期の発芽がより安定します。

さらに、タネを一晩水につけて冷蔵庫に入れ、白い根が見え始めたらタネまきすると発芽がそろいます。畝幅20cm、深さ1cmにスジまきして、土をかぶせます。

稲ワラや寒冷紗、モミガラなどで覆い、水やりして乾燥を防ぎます。

布袋に入れて水に一晩つける

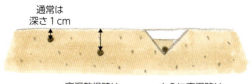
通常は深さ1cm
高温乾燥時は深さ2cmにまく
さらに高温時はV字形の溝にまく

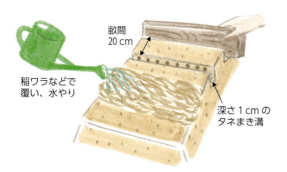
稲ワラなどで覆い、水やり
畝間20cm
深さ1cmのタネまき溝

5. 畑の準備・施肥

保水性があり、また水はけのよい畑が適しています。

適正土壌酸度はpH 6.0～6.5です。

酸性土壌では葉が黄化し生育が進みません。

前年の秋に、完熟堆肥2kg/m²と、苦土石灰150g/m²をまいてよく混ぜておきます。

根が深く伸びるので、20cmの深さまでスコップでよく耕しましょう。

市民農園など春から準備する場合には、タネまきの2週間前までにこれらの作業を終わらせましょう。

酸性土壌で葉が黄化した生育不良の株

基肥は、化成肥料(8-8-8)100g/m²と、過リン酸石灰40g/m²をまいてよく耕し、ベッドをつくります。

生育期間が短いので追肥の必要はありません。

肥料成分量(1m²あたり)

区分	窒素(N)	リン酸(P)	カリ(K)
基肥	9g	15g	8g

(「北海道施肥ガイド2015」より)

前作があり、夏に2回目のタネまきをする場合は、前の野菜の残肥料や高温で畑に含まれる肥料分が出てくるので、上記基準量の半分をまきます。

6. 間引き

発芽がそろったら、混み合った場所から間引きし、葉が4枚になるまでに5〜6cmの株間にします。

株間 5〜6cm

↓ 間引き菜として利用しながら株間を広げる

7. 病害虫対策

アカザ科のため、アブラナ科に飛来する害虫の被害をうけないので、家庭菜園では無農薬栽培できます。

ただし、同じ場所で連作すると、べと病や根腐病が発生する場合があるので、連作はさけましょう。

8. 収穫・保存

草丈25cmくらいで収穫します。葉でつくられた養分が一番たまる夕方に収穫すると、栄養や機能性成分が最も多く、おいしいです。家庭菜園だからこそできる収穫方法です。（P115参照）

保存方法は、乾燥防止のため、ポリ袋に入れ、冷蔵庫の野菜室に立てて保存しましょう。

9. 栄養価・食べ方

ホウレンソウは、鉄、マグネシウム、亜鉛、銅など野菜類では少ない無機成分をたくさん含んでいます。ビタミン類も、ビタミンAになるカロテンが特に多く、ビタミンCも豊富です。また葉酸が多いので鉄分が効果的に吸収されます。ただし、健康にあまりよくない硝酸やシュウ酸も含まれます。

窒素過多で硝酸が増加します。窒素肥料をやりすぎないようにしましょう。

ホウレンソウは、アクがあるので、下ゆでして水にさらしてから調理するようにします。ゆでる時は火の通りにくい茎の部分を先に入れます。ただし、ゆですぎるとビタミンCが減少するので1〜2分程度にし、冷水にさらしてから、水分を絞ります。

主な栄養成分(可食部100gあたり)

成分	葉(生)	葉(ゆで)
カリウム	690 mg	490 mg
鉄	2.0 mg	0.9 mg
カルシウム	49 mg	69 mg
マグネシウム	69 mg	40 mg
βカロテン	4200 μg	5400 μg
ビタミンC(夏)	20 mg	10 mg
ビタミンK	270 μg	320 μg
食物繊維	2.8 g	3.6 g

(「日本食品標準成分表2010」より)

硝酸とシュウ酸

硝酸は体内で亜硝酸塩となり、アミンと反応すると、発がん性のニトロソアミンを生成するとされています。

シュウ酸は大量に摂取すると、カルシウムの吸収障害となり、また結合して結石をおこす成分です。

しかし、ゆでる(2分30秒)ことにより、硝酸は30〜80%、シュウ酸は40〜80%減少します。

収穫は朝どりと夕どり、どちらがベスト？

■トマトは朝どり、ホウレンソウは夕どりがおすすめ

　野菜は午前中、太陽の光を葉いっぱいにうけて、葉の温度も上がり、「光合成」が活発になります。この光合成によってできた栄養分の含有量が、果実類と葉菜類では収穫するタイミングにより大きく左右されることがわかっています。

　家庭菜園では、栄養が1番豊富なタイミングで収穫することが可能なので、知っておくとよいでしょう。

■果実類は朝どりで

　収穫する部分が果実の場合は、果実に十分に養分が送り込まれた早朝が一番栄養分が多くなります。したがって果実類は朝どりが栄養価も高くおいしいのです。

■葉菜類は夕どりで

　葉の栄養分の濃度は夕方が一番多くなります。朝どりすると、折角葉にたまった養分が、夜の呼吸や、根などの生長に使われて少なくなってしまいます。ホウレンソウの調査結果によると、朝5時と夕方4時では、朝だと糖が1/10、ビタミンCが3割低い結果になっています。このことから、葉菜類は夕方に収穫することをおすすめしています。

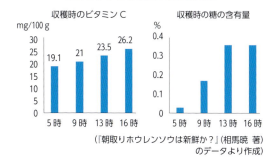

ホウレンソウの朝と夕方の養分差
（『朝取りホウレンソウは新鮮か？』(相馬曉 著)のデータより作成）

■光合成とは？

　では、小中学校で学んだと思いますが、光合成についてもう一度復習してみましょう。

　光合成とは、畑の養分と水を根で吸い上げ葉に送り、葉で葉緑体がつくられます。葉の緑色の葉緑体が光合成を行う場所です。葉は気孔から、炭酸ガス（CO_2）を取り組み、水（H_2O）と太陽の光のエネルギーで、炭水化物（デンプンや糖など）を合成し、余分な酸素を空気中に放出します。

$$6CO_2 + 12H_2O \rightarrow C_6H_{12}O_6 + 6H_2O + 6O_2$$
　　炭酸ガス　水　　　炭水化物　水　酸素

　光合成でできた炭水化物は、いろいろな栄養の基になります。

　葉でつくられた炭水化物は、作物が生長している部分や果実やイモなど養分を蓄える器官に送られます。この養分が葉から各器官に送られることを「転流」といいます。転流は葉に養分が蓄積された夕方から活発になります。

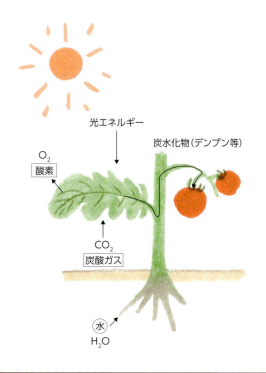

シュンギク ［キク科］

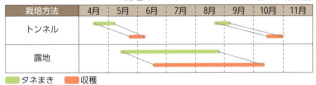

栽培カレンダー　　基準：道央圏

栽培方法	4月	5月	6月	7月	8月	9月	10月	11月
トンネル								
露地								

■ タネまき　■ 収穫

1. 生い立ち

原産地は地中海沿岸ですが、独特の香りのため、欧米では食べられず、中国、東南アジアでは古くから利用されていました。

特に中国では「食べる風邪薬」とされ、日本へも室町時代以前に伝えられています。関西では「キクナ」といわれています。

2. 生育特性

生育適温は15〜20℃と低く、0℃でも枯死せず雪の下で越冬できます。

暑さにも比較的強いですが、28℃以上では、生育がおさえられます。

発芽適温は15〜20℃です。10℃以下35℃以上では発芽が難しいです。日が長い時期の栽培では、生長点に花ができ、咲きます。

花茎が伸びて開花すると、葉もかたくなります。収穫は早めに摘み取るか、または、株張りタイプは株ごと掘り取りして収穫しましょう。

とう立ちし開花した状態（摘み取りタイプ品種）

3. 品種

シュンギクの品種は葉の大きさで、「小葉」「中葉」「大葉」のタイプがあります。

多く栽培されているのは中葉と大葉です。また、株の茎が伸びてくる「株立ちタイプ」と茎が伸びず葉が横に広がる「株張りタイプ」があります。

北海道で栽培されている主な品種

品種名	タイプ	とう立ち
株張り中葉春菊	株張り	晩
菊次郎	株張り	やや晩
さとあきら	株立ち	早
なべ奉行	株立ち	早

（「北海道野菜地図その38」より）

4. 畑の準備・施肥

保水性があり、水はけのよい畑が適しています。**適正土壌酸度**はpH 6.5です。

前年の秋に、完熟堆肥2kg/m^{2}と、苦土石灰150g/m^{2}をまいてよく混ぜておきます。

市民農園など春から準備する場合には、タネまきの2週間前までにこれらの作業を終わらせましょう。

基肥は化成肥料（8−8−8）200g/m^{2}と、過リン酸石灰40g/m^{2}をまいてよく耕し、ベッドをつくります。

抜き取り栽培では、基肥だけでよいです。

摘み取り栽培では、摘み取ったら、化成肥料（8−8−8）40g/m^{2}を株間にばらまき追肥します。

肥料成分量（1m^{2}あたり）

栽培方法	区分	窒素(N)	リン酸(P)	カリ(K)
抜き取り	基肥	15 g	10 g	10 g
摘み取り	基肥	15 g	10 g	15 g
	追肥	2〜4 g	—	2〜4 g

※追肥は摘み取り収穫したら、毎回まく

（「北海道施肥ガイド2015」より）

5. タネまき

高さ5～10cmのベッドをつくります。畝幅15～20cm、深さ1cmにスジまきして、土をかぶせます。稲ワラや寒冷紗、もみ殻などで覆い、水やりをして乾燥を防ぎます。

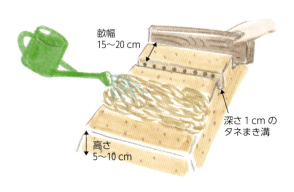

6. 間引き

本葉が2枚になるころまでに、1本立ちにし、間引き菜として食べます。

抜き取って収穫する抜き取り栽培の場合は、株間5cmとし、畝幅や株間を狭くします。

下葉3～4枚を残して摘み取る摘み取り栽培は、株が大きくなるので、株間を15～20cmまで広げます。

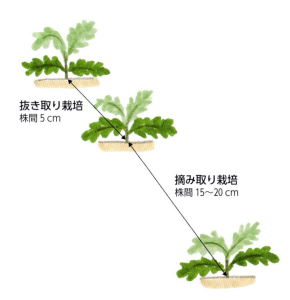

7. 収穫

抜き取り栽培はいつでも収穫できますが、草丈20cm以上で抜き取るのがよいでしょう。

摘み取り栽培は、下図を参考にしてください。

摘み取り栽培の収穫

8. 栄養価・食べ方・保存

体内でビタミンAに変わるカロテンが、ホウレンソウや小松菜よりも多いです。また、カリウムや食物繊維も多く、独特の香り成分は、せき止めや胃の保護、リラックス効果などがあるとして薬用で利用されていました。

シュンギクの特有の香りが鍋物や天ぷら、おひたしなどの日本料理に合っています。おひたしは緑色をきれいに残すために、塩を少し入れ1～2分ゆでるとよいです。

保存する場合、横にしておくと、立ち上がるエネルギーで養分を消耗します。乾燥を防ぐためビニール袋に入れ、冷蔵庫の野菜室に縦置きで保存しましょう。

主な栄養成分(可食部100gあたり)

成分	生	ゆで
カリウム	460 mg	270 mg
βカロテン	4,500 μg	5,300 μg
ビタミンC	19 mg	5 mg
ビタミンK	250 μg	460 μg
食物繊維	3.2 g	3.7 g

(「日本食品標準成分表2010」より)

ミズナ（京菜） ［アブラナ科］

栽培カレンダー　　　基準：道央圏

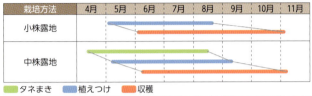

1. 生い立ち

　ツケナ類の原産地は多くが中国ですが、ミズナは日本の京都が原産地とされています。江戸時代に京菜として全国に普及しましたが、明治以降は京都だけが主産地となりました。

　平成元年に、京都府がホウレンソウのように小株で販売すると、消費者の支持を得て、全国で栽培されるようになり、夏から秋にかけて北海道も産地となりました。

　近縁種で丸葉の壬生菜（ミブナ）もあり、ミズナ同様に生産されています。

2. 生育特性

　生育適温は15～25℃で、北海道の夏から秋の時期は適しています。

　しかし、25℃以上の高温では草丈が伸びて葉数が少なく、15℃以下では生育がおさえられます。

　早生種を5月上旬にタネまきし、低温の日が多いと、早く花ができてとう立ちして開花します。

　発芽適温は15～30℃です。発芽までは3～4日です。

3. 畑の準備・施肥

　有機質に富み、保水性の高い畑だと、やわらかい葉のミズナができます。「水入菜」と呼ばれるほど初期の生育に水分が必要です。

　乾きやすい畑では生育が悪く、葉や茎がかたくなりやすいです。

　適正土壌酸度はpH5.5～6.5です。

　前年の秋に、完熟堆肥2 kg/m² と、苦土石灰150 g/m² をまいてよく混ぜておきます。根が深く伸びるので、20 cmの深さまでスコップでよく耕しましょう。

　市民農園など、春から準備する場合には、タネまきの2週間前までにこれらの作業を終わらせましょう。

　基肥は、化成肥料（8－8－8）120 g/m² をまいてよく耕し、ベッドをつくります。

　生育期間が短いので追肥の必要はありません。

肥料成分量（1 m² あたり）

区分	窒素(N)	リン酸(P)	カリ(K)
基肥	9 g	10 g	12 g

（「北海道施肥ガイド2015」より）

4. 品種

　京都の上鳥羽あたりで栽培されていた「千筋京水菜」から選抜して改良されています。小株栽培や中～大株栽培などに向く品種、サラダに向く、タネまき後30日くらいで収穫できる早生の品種もあります。

北海道で栽培されている主な品種

品種名	サイズ	主な用途
清流	小株	サラダ
京みぞれ	小株	サラダ、漬物、鍋物
京しぐれ	小株	
千筋京水菜	中～大株	漬け物、鍋物、サラダ

（「北海道野菜地図その38」より）

5. タネまき

　高さ5～10 cmのベッドをつくります。

　畝幅20 cmで3～5 mmの深さにスジまきして、土をかけて軽く手でおさえます。

　稲ワラや寒冷紗、もみ殻などで覆い、水やりをし乾燥を防ぎます。

　5月上旬～中旬のタネまきは、不織布でべたがけすると保温され発芽がそろいます。

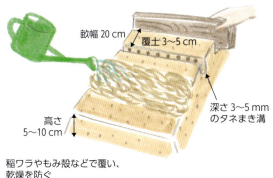

稲ワラやもみ殻などで覆い、
乾燥を防ぐ

6. 中株栽培の苗づくり・植えつけ

　中株栽培の苗は、約1カ月間セルトレイで育て、畑に植えつけます。

　植えつけ後、30日ほどで収穫できるので、畑を有効に使えます。

7. 間引き・水やり

　スジまきしているので発芽がそろったら、本葉が4枚になるころまでに株間5〜6cmになるように間引きします。生育の初期に水分が必要です。

　随時、畝間に水やりしましょう。

この時期までに間引く

8. 病害虫対策

　害虫では、コナガやハモグリバエの被害をうける場合があります。

　防虫ネットでトンネルをつくり防ぎましょう。（P202参照）

　根こぶ病菌が定着している畑では、苗をつくり移植栽培すると、直根が守られ被害を軽減できます。

ミズナの根こぶ病

9. 収穫・保存

　草丈が30〜40cmで収穫しますが、それ以前でも間引き菜として食べられます。

　根を畑に残さないように引き抜いて収穫をすると、根こぶ病の予防になります。

　鮮度の低下が早いので、できるだけ使い切り、保存する場合は、湿った新聞紙で包み、ポリ袋に入れ、冷蔵庫の野菜室に立てて置きます。

10. 栄養価・食べ方

　緑黄色野菜のミズナは、体内でビタミンAに変わるカロテンが多く含まれ、ビタミンCも豊富です。

　また、ほかのツケナ類より老化防止効果があるとされるビタミンEを多く含みます。

　また、ホウレンソウ同様、カリウム、カルシウム、鉄などのミネラルを豊富に含んだ、機能性の高い野菜です。

　ミズナは特有の香りと淡い辛みがあります。そして、歯触りのよいショリショリ感が特徴です。白い葉柄と鮮やかな緑の彩りを生かして、サラダの新食材として利用されるようになりました。伝統的な食べ方としては、はりはり鍋、漬け物、浅漬け、和え物など、いろいろ利用されています。

主な栄養成分
（可食部100gあたり）

成分	生
カリウム	480 mg
カルシウム	210 mg
鉄	2.1 mg
マグネシウム	31 mg
βカロテン	1300 μg
ビタミンC	55 mg
ビタミンE	1.8 mg
食物繊維	3.0 g

（「日本食品標準成分表2010」より）

チンゲンサイ　青梗菜
[アブラナ科]

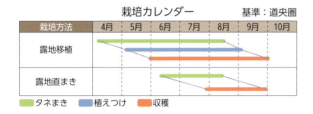

1. 生い立ち

　チンゲンサイはハクサイやカブと同じアブラナ属です。原産地とされるバルカン半島高原地帯から中国に伝わります。中国中部地区でツケナとして栽培されたなかからできたタイナの仲間です。

　日本へは、中国野菜ブームが起きた昭和50年代中ごろから導入され、多くの中国野菜のなかで、消費者に最も受け入れられた品目です。

　栄養価が高い緑黄色野菜で、アクやクセがなく、中国料理には欠かせない食材として人気があります。

2. 生育特性

　生育適温は15～25℃ですが、ホウレンソウやコマツナより寒さに弱く、5℃以下では生育が遅くなり、3℃以下では低温障害が出ます。

　発芽適温は20～25℃です。10℃以下では発芽不良となります。タネまき後、低温にあたると、花ができてとう立ちするので、本葉が5枚になるまでは15℃以上で管理する必要があります。暖かい場所で苗をつくり、5月の植えつけはトンネルやべたがけで保温します。畑に直接タネまきする場合は6月以降になります。

3. 畑の準備・施肥

　適正土壌酸度はpH 5.5～6.5です。

　乾燥には弱いので、前年の秋に、完熟堆肥2kg/m^{2}と、苦土石灰100g/m^{2}をまき、深く耕します。

　根こぶ病が発生するので、発病したことのある畑での栽培はさけましょう。

　基肥は、化成肥料（8－8－8）200g/m^{2}をまいて耕し、ベッドをつくりましょう。

肥料成分量（1m^{2}あたり）

区分	窒素(N)	リン酸(P)	カリ(K)
基肥	15 g	12 g	15 g

（「北海道施肥ガイド2015」より）

4. 品種

　北海道で農家が主に栽培している品種は、とう立ちがやや遅く、春から初夏栽培に適する「春賞味」、とう立ちが遅く、高温でも徒長しない「青美」、葉の部分が多く、葉色が濃い「涼武」などです。

　種苗店では「チンゲンサイ緑陽」などが販売されていますが、どの品種でも問題はありません。

5. 苗づくり

　セルトレイに、肥料入り園芸培土を入れ、2～3粒ずつタネをまきます。

　市販されている36穴のセルトレイで苗づくりをするとよいでしょう。

　日のあたる室内の暖かい場所で管理します。

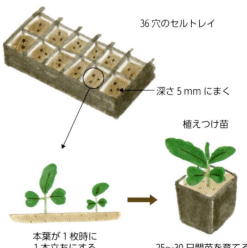

6. 植えつけ・直まき

苗の植えつけ、タネまきともに、条間10〜20cm、株間15cmとします。タネまきは深さ1cmに3粒まきします。

7. 間引き・水やり

直接タネまきした場合は、本葉が1枚になったら生育のよい株を残して、1本立ちにします。

乾燥は嫌いますが、一度に多量の水やりは、軟腐病が発生する場合があるので、さけましょう。

8. 病害虫対策

害虫では、コナガ、ハモグリバエの被害をうけます。防虫ネットでトンネル被覆して防ぎましょう。

害虫被害が主なので、無農薬栽培が可能です。ハクサイと同じ仲間のため、根こぶ病が発生しやすいです。

根こぶ病が、キャベツやハクサイなどで発生した場所での栽培はさけましょう。

根こぶ病

防虫ネットか不織布のべたがけトンネルで覆うと生育も早く、害虫を防げる

地際は土をかけるかピンでしっかり止める

9. 収穫

草丈が20〜25cmまで生育したら、地際から切り取ります。古い外葉を取り除き、中心部の立ち上がった葉柄を残します。大きくなりすぎると、葉のみずみずしさが失われます。

葉柄（ようへい）

10. 栄養価・食べ方・保存

チンゲンサイはカリウム、カルシウム、鉄などのミネラルが豊富で、ビタミンAに変わるカロテンやビタミンCも豊富な緑黄色野菜です。

最近の研究では、メラニンをおさえる効果による美肌効果や、免疫性増強など機能性野菜としても注目されています。

葉柄が幅広く、肉厚で淡緑色となるのが特徴です。調理するとこの部分が甘く、シャキシャキとした歯ごたえがあり、煮込むことの多い中華料理には欠かせない食材です。

加熱すると緑色が濃くなります。

保存はラップで包み、冷蔵庫の野菜室に立てて置きますが、シャキシャキ感が落ちてくるので、できるだけ早く食べましょう。

主な栄養成分（可食部100gあたり）

成分	生	ゆで
カリウム	260 mg	250 mg
カルシウム	100 mg	120 mg
鉄	1.1 mg	0.7 mg
マグネシウム	16 mg	17 mg
βカロテン	2000 μg	2600 μg
ビタミンC	24 mg	15 mg
葉酸	66 μg	53 μg
食物繊維	1.2 g	1.5 g

（「日本食品標準成分表2010」より）

コマツナ ［アブラナ科］

栽培カレンダー　基準：道央圏

栽培方法	4月	5月	6月	7月	8月	9月	10月
露地栽培		━━━━━━━━━━━━━━					
			━━━━━━━━━━━━━━━━━━━				

■ タネまき　■ 収穫

1. 生い立ち

　コマツナはカブの仲間のクキタチナから育成され、東京都の江戸川区でうまれた地方品種です。
　当初は、「冬菜」「葛西菜」と呼ばれていましたが徳川吉宗が鷹狩りの時、小松村で献上され、それから「小松菜」と呼ばれるようになったといわれています。
　アクがなく、いろいろな料理の食材となります。鉄やカロテン、ビタミンC、カルシウムなどが多く、栄養価が高いため全国で栽培されるようになりました。
　北海道は夏から秋にかけて栽培に適し、6〜10月まで収穫できるので、家庭菜園では欠かせない野菜です。

2. 生育特性

　生育適温は15〜25℃で、北海道の夏から秋は栽培に適しています。高温にも低温にも耐えます。
　発芽適温は15〜35℃です。高温期は3日で発芽し、5日で子葉がひらきますが、低温では遅くなります。5月中旬のタネまきでは、若いうちに一定期間低温にあたると花ができてとう立ちするので、防虫をかね不織布でトンネル保温しましょう。

3. 畑の準備・施肥

　どのような土壌でもいいですが、根が浅いので堆肥を入れた保水性の高い畑が適しています。
　前年の秋に、完熟堆肥2 kg/m²と、苦土石灰100 g/m²をまき、よく耕します。

根こぶ病のコマツナ

　基肥は、化成肥料（8-8-8）150 g/m²をまいてよく耕し、ベッドをつくります。
　生育期間が短いので、追肥の必要はありません。
　コマツナはカブの仲間で、根こぶ病の被害をうけます。キャベツ、ハクサイで根こぶ病の発生しない畑で栽培しましょう。

肥料成分量（1 m²あたり）

区分	窒素(N)	リン酸(P)	カリ(K)
基肥	12 g	10 g	12 g

（「北海道施肥ガイド 2015」より）

4. 品種

　品種により、葉の形が異なりますが、北海道では、「よかった菜」「浜ちゃん」「河北」などが多く栽培されています。
　根こぶ病に強い「CR緑郷」もあります。

5. タネまき

　高さ5〜10 cmのベッドをつくります。
　畝幅15〜20 cmで深さ1 cmのスジまき用のまき溝を、板や支柱を押しつけてつくります。タネは直径1〜2 mmと非常に小さいので、まきすぎないようにていねいに置き、溝を戻して土をかけ、手のひらで軽くおさえます。
　稲ワラや寒冷紗、もみ殻などで覆い、水やりをして乾燥を防ぎます。
　防虫ネットや不織布でトンネル被覆すると、保温され発芽がそろいます。生育も早くなり、虫害を防ぎ無農薬栽培できます。

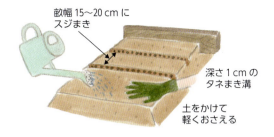

7. 病害虫対策

害虫では、コナガ、ハモグリバエの被害をうけます。防虫ネットでトンネル被覆して防ぎましょう。

根こぶ病菌が定着している畑では、栽培をさけるか、抵抗性品種（CRと記載されている品種）を栽培しましょう。

8. 収穫

草丈が20～30cmくらいが食べごろです。それより小さい間引き菜も食べられます。

秋、気温が10℃以下になると、生育が止まり糖分や甘み成分が多くなる「寒締めコマツナ」としても楽しめます。葉に養分がたまる夕方の収穫が栄養価は高くなります。

6. 間引き・水やり

スジまきしているので発芽がそろいます。本葉の出始めに株間が2cmになるように間引きし、その後、本葉が3～4枚になったら、株間4～5cmに間引きします。

生育の初期は水分が必要です。

高温時に乾燥すると枯れてしまいます。随時、水やりしましょう。

9. 栄養価・食べ方

コマツナはカルシウム含有量が多く、ホウレンソウの3倍以上あります。ホウレンソウがシュウ酸と結びついて吸収されにくいのに比べて、コマツナは水溶性で吸収されやすいです。

また、ホウレンソウに比べ、鉄分は同等で、ビタミンCはやや多く、収穫後の減少は少ないです。

緑黄色野菜としてとても優れています。

アクがなく、和洋、中華ともに向いています。和え物、おひたし、汁の実、煮物、炒め物などさまざまな料理の食材になります。

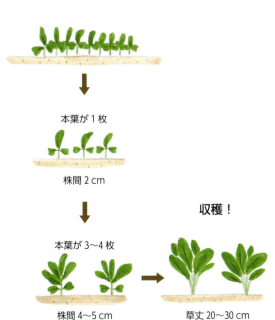

主な栄養成分(可食部100gあたり)		
成分	生	ゆで
カリウム	500 mg	140 mg
カルシウム	170 mg	150 mg
鉄	2.8 mg	2.1 mg
マグネシウム	12 mg	14 mg
βカロテン	3100 μg	3100 μg
ビタミンC	39 mg	21 mg
葉酸	110 μg	86 μg
食物繊維	1.9 g	2.4 g

（「日本食品標準成分表2010」より）

タイナ 体菜・シャクシ菜
[アブラナ科]

栽培カレンダー 基準：道央圏

栽培方法	4月	5月	6月	7月	8月	9月	10月	11月
露地（刈りタイナ）								
漬け物用タイナ								

■ タネまき　■ 植えつけ　■ 収穫

漬け物用

1. 生い立ち

　タイナを含むツケナ類は、園芸上の呼び方です。アブラナ科のアブラナ属で球をつくらない葉物野菜で、漬け物や煮物に使われる葉菜類の総称です。

　原産地は北ヨーロッパ、シベリア、トルコ高原などとされ、中国に伝わってから、いろいろなツケナ類に発達しました。

　日本へは古事記に記載があるので、中国、朝鮮半島を経て伝わり、古くから栽培され、それぞれの地域で独自に発達しました。

　タイナは関西地方で育成、発達しています。若いうちに刈り取る「刈りタイナ」、大きくして漬け物で利用する「漬け物用タイナ」があります。

　刈りタイナは生育が早く、プランターでも栽培できるので、家庭菜園におすすめです。

2. 生育特性

　生育適温は昼20～25℃、夜10～15℃と、比較的、涼しい気候が適しています。

　発芽適温は15～20℃です。5℃以下の低温、30℃以上の高温では、発芽が悪くなります。

　発芽から本葉が3～4枚の若いうちに、13℃以下の低温に一定期間あたると、生長点に花ができてその後の高温で花茎が伸び、開花します。

　刈りタイナは問題ありませんが、タイナを漬け物用に大株に育てる場合はとう立ちすることがあります。

　漬け物用は低温の心配のない7月下旬～8月上旬にタネまきして苗を育て、本葉が4～5枚まで育ったら植えつけます。霜が降りる前に収穫します。

3. 品種

　品種は少なく、「雪白体菜」が一般的に栽培されており、種苗店で販売されています。

刈りタイナ

漬け物用タイナ（大株）

4. 畑の準備・施肥

　タイナの根は、やや深く伸びます。

　刈りタイナの場合は土質を選びませんが、大株にする漬け物用はやや粘質で肥沃な畑が適しています。

　適正土壌酸度はpH6.0～6.5です。

　前年の秋に、完熟堆肥2kg/m²と、苦土石灰100g/m²をまき、よく耕しておきましょう。

　基肥は、化成肥料（8-8-8）100g/m²と、過リン酸石灰50g/m²をまき、よく耕しベッドをつくります。

　漬け物用タイナの追肥は、化成肥料（8-8-8）60g/m²を株間にまきます。

肥料成分量（1m²あたり）

区分	窒素(N)	リン酸(P)	カリ(K)
基肥	5～10g	20g	5～10g
追肥	5g	―	5g

＊追肥は漬け物用栽培の本葉が4～5枚になったら株間に与える
（栽培事例より）

5. タネまき

水はけをよくするために、高さ15cmのベッドをつくり、畝幅10〜15cmに深さ1cmのタネまき溝を板などでつくります。

タネをスジまきして土をかけ、手で軽くおさえて水やりします。

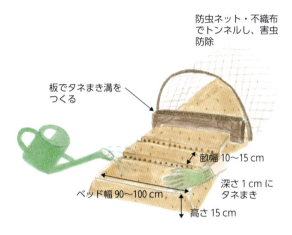

漬け物用に大株に育てる場合

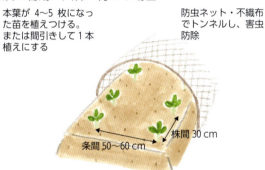

プランター栽培

標準サイズのプランターの場合、2条にスジまきし、間引きしながら、随時収穫できます。

冬や早春でも、暖かい窓辺で栽培できます。

発芽した状態(2条まき)

6. 病害虫対策

害虫では、コナガ、ハモグリバエの被害をうけます。防虫ネットか不織布トンネルで覆い、防ぎましょう。根こぶ病菌が発生したことのある畑はさけましょう。

7. 収穫

刈りタイナは草丈約20cmが収穫適期ですが、25cm以上になると葉柄がかたくなります。間引き菜も食べられます。

漬け物用の大株は40〜50cmで収穫し、数時間天日干しして水分を減らします。葉柄が、少ししんなりする状態で漬け物に加工します。

8. 栄養価・食べ方

カリウムやカルシウムなどのミネラル分が豊富です。ビタミンAに変わるカロテンやビタミンCも多いですが、下表は本州産の冬どりのデータなので、北海道の夏秋どりでは数値はやや低くなります。

おひたしやごま和えにでき、みそ汁の具などで利用されています。

ハクサイ同様、漬け物にでき、新潟県長岡の塩漬けが有名です。漬け物やゆでて塩抜きし油で炒めるなど、さまざまな食べ方が楽しめます。

主な栄養成分(可食部100gあたり)

成分	つまみな生	たいさい生	塩漬け
カリウム	450 mg	340 mg	330 mg
カルシウム	210 mg	79 mg	78 mg
βカロテン	1,900 μg	1,500 μg	2,100 μg
ビタミンC	47 mg	45 mg	41 mg
葉酸	65 μg	120 μg	120 μg
食物繊維	2.3 g	1.6 g	2.5 g

＊「つまみな」は刈りタイナ、「たいさい」は大株タイナのこと
(「日本食品標準成分表2010」より)

パセリ ［セリ科］

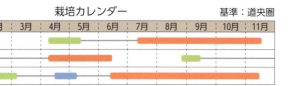

栽培カレンダー　　基準：道央圏

栽培方法	2月	3月	4月	5月	6月	7月	8月	9月	10月	11月
露地 直まき			タネまき			収穫				
露地 直まき(越冬)			タネまき				タネまき			
移植	タネまき			植えつけ		収穫				

■ タネまき　■ 植えつけ　■ 収穫

1. 生い立ち

　原産地は地中海沿岸といわれ、古代ギリシャ時代からハーブとして利用されていました。また、食後にかんで歯磨きや口臭消しにも使われたといわれています。

　イギリスで栽培が始まり、移民によってアメリカにも広まりました。

　日本へは、1708年「オランダセリ」として伝わっています。明治時代に栽培方法も紹介されていますが、栽培が普及したのは大正時代以降です。

　戦後品種の改良も進み、料理の飾りや、独特の香りを生かした食材として貴重な野菜となっています。

　家庭菜園やプランターに数本だけでも植えるといつでも利用できます。ぜひ栽培したい野菜です。

2. 生育特性

　生育適温は15〜20℃と低く、25℃以上の高温だと生育も葉の縮れも悪くなります。

　5℃以下の低温で生育は止まりますが、北海道では雪の下で越冬できます。

　発芽適温は20〜23℃です。発芽まで10日以上かかります。タネまきから収穫ができる、本葉が12〜13枚の株に育つまでには、100日ほどかかります。

　本葉が3〜4枚以上になった株が10℃以下の低温に40日以上あたると、生長点に花ができます。そのため8月にタネまきして秋まで生育させ、雪の下で越冬させた株は、6月ごろとうが立ち、花が咲きます。それまでの間は収穫できます。

　花が咲き、タネが結実して畑に落ちると、再び、発芽して生育するので、一度タネまきすると、以後、毎年生育します。

3. 品種

　料理の飾りとしても利用するので、緑色が鮮やかで、縮みがしっかりした品種がいいです。

　「中里」「USパラマウント」「瀬戸パラマウント」などがあります。

　また縮みのない「イタリアンパセリ」も香りがまろやかで人気があります。

4. 畑の準備・施肥

　根は30cmまで深く伸びるので、深く耕し、水はけと風通しのいい場所が適しています

　適正土壌酸度はpH6.0〜6.5です。

　前年の秋か、タネまき、または植えつけ20日前までに、完熟堆肥3kg/m²と、苦土石灰100g/m²をまき、深く耕します。

　基肥は、化成肥料(8-8-8) 200g/m²をまいて耕し、ベッドをつくります。

　追肥は、収穫はじめごろから20日おきに化成肥料(8-8-8) 40g/m²を株間にばらまきます。

肥料成分量(1m²あたり)

区分	窒素(N)	リン酸(P)	カリ(K)
基肥	15g	20g	15g
追肥1回あたり	3g	3g	3g

＊追肥は収穫始めごろから、20日おきに株間にまく

(栽培事例より)

5. タネまき・苗づくり・植えつけ

　苗は購入するのがよいでしょう。

　自分で苗づくりする場合は、2〜3月上旬にタネまきします。タネは一晩水につけると、よく発芽します。直径6cmのポリポットに肥料入り育苗用園芸培土を入れ、一鉢に7〜8粒ばらまき、タネがかくれる程度に薄く土をかけて水をやります。室内の窓辺の暖かい場所で管理しましょう。

苗づくり

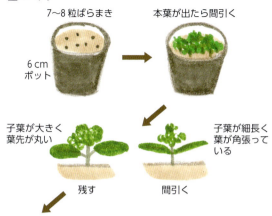

直まき

[プランター栽培]

深さ30cmくらいのプランターに30cm離して2本植えつけます。

肥料は畑と同じ割合で与えますが、生育を見て、追肥や水やりをしましょう。

畑の株を秋に掘り上げ、プランターに移植し、室内で管理すると、秋から冬も収穫できます。

6. 病害虫対策

肥料が多すぎると、軟腐病が発生します。地際の黄色に変色した葉や、わき芽を取り除き、株元の風通しをよくしましょう。

害虫では、アブラムシやヨトウガの被害をうける場合があります。生葉を利用するので、家庭菜園ではできるだけ無農薬がよいでしょう。

発生が多い場合は、天然系農薬で防除しましょう。（P204、206参照）

7. 収穫

本葉が12～13枚以上になったら、常に10枚は本葉が残るように1～2枚ずつ下葉から収穫します。20日おきに追肥し、水やりします。

8. 栄養価・食べ方・保存

パセリは、野菜のなかではカルシウム、カロテン、ビタミンC、鉄分などの栄養成分がとても多く含まれますが、食べる量が少ないため、実際の栄養効果は小さいです。

しかし、強い香りの成分としてアピオールやピネンなどを含みます。アピオールは食欲増進、消化を助け、口臭をおさえるなどの抗菌作用があります。

パセリは葉も茎も食べられ、生や天ぷら、乾燥、冷凍といろいろ利用できます。

水分が少ない野菜なので、茎を水分のある紙で包み、通気性のある袋に入れ、冷蔵庫の野菜室で保存しましょう。

主な栄養成分
（可食部100gあたり）

成分	生
カリウム	1,000 mg
カルシウム	290 mg
鉄	7.5 mg
βカロテン	7,400 μg
ビタミンC	120 mg
葉酸	220 μg
食物繊維	6.8 g

（「日本食品標準成分表2010」より）

ネギ ［ユリ科・ネギ科 APG iii］

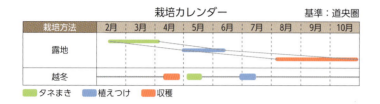

1. 生い立ち

ネギの原産地は中国西部と推測され、3000年以上の歴史があります。

中国北部では軟白した「葉鞘（ようしょう）」を利用し、中南部では葉を主に利用する葉ネギが栽培されています。

日本では万葉集に歌われ、平安時代の『本草和名』(918年)に栽培法が記載されているので、8世紀以前に伝わっているようです。

全国各地に土着して多くの品種群ができました。京都の「九条ネギ」、東京の「千住一本太ネギ」、金沢の「加賀一本ネギ」、群馬の「下仁田ネギ」などです。

現在、これらの品種の特性を生かしながら、多くの品種が育成されています。

2. 生育特性

生育適温は10〜20℃と低く、5℃以下、25℃以上で生育が停滞します。

土をかぶせ軟白する時の適温は15℃です。冷涼な気候が適しています。

葉鞘の太さが5〜6mmのネギが7℃以下の低温に一定期間あたると、生長点に花ができます。その後、温度が上がると、花茎が伸び、とう立ちしてネギ坊主の花が咲きます。とう立ちしたネギは葉がかたくなります。

長ネギは、葉が盤茎から伸び、葉の内側からも次々に伸びてきます。古い葉は次第に老化して枯れ、内側の新しい葉に置き換わります。

この特性を利用して、葉鞘に土をかぶせ、軟白して、長くて白い長ネギを生産できます。

土寄せして軟白中の長ネギは、新しく元気な葉が常に3〜4枚あります。販売されている長ネギの内側に葉が3〜4枚ついている理由です。

3. 品種

ネギは利用の仕方で栽培する品種が異なります。長ネギとして、葉鞘に土をかけて長い軟白部分を利用するタイプでは、低温でもよく生育し、分けつしづらい品種が栽培されます。

春に植えつけて、秋までに収穫する品種には「北の匠」「白羽一本太」「北洋一本」「元蔵」などがあります。夏に植えつけて、翌年の春に収穫する品種には、「松本一本太」「やぐらネギ」などがあります（P131参照）。ネギの葉の部分を利用する場合は、葉のやわらかい品種「わかさまパワー」「緑秀」「ストレート」「NSS葱15号」などが向いています。

4. 畑の準備・施肥

長ネギは、植え溝を掘り、その中に植えつけます。そのため、植え溝に水がたまらない、水はけのよい畑で栽培しましょう。

適正土壌酸度はpH 6.0〜6.5です。

前年の秋に、完熟堆肥2kg/m^{2}と、苦土石灰150g/m^{2}をまき、深く耕します。

春に未熟堆肥や魚粕などの有機質肥料を与えると、植えつけ時に臭いでタマネギバエやタネバエを集め、地際に産卵され、幼虫によって被害をうけます。化成肥料の利用が無難でしょう。

ネギは石灰を多く必要とする作物です。

ネギの根は高濃度の肥料には弱いので、基肥と追肥に分けて与えます。

基肥は化成肥料(8-8-8) 120g/m^{2}と、過リン酸石灰40g/m^{2}をまきよく耕し、植えつけの溝を掘ります。

追肥は、植えつけの50日後、その後の土寄せ時期に畝間に化成肥料(8-8-8)を1回あたり40g/m^{2}まいて土寄せします。

夏秋どりの肥料成分量（1 m² あたり）

区分	窒素(N)	リン酸(P)	カリ(K)
基肥	10 g	15 g	6 g
追肥1回目	3 g	—	3 g
追肥2回目	3 g	—	3 g

※追肥は土寄せ時にまく　（「北海道施肥ガイド2015」より）

長ネギの軟白の様子

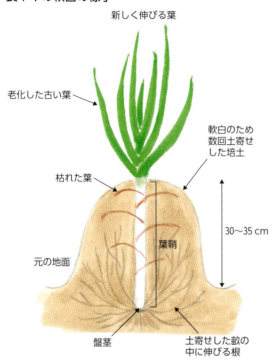

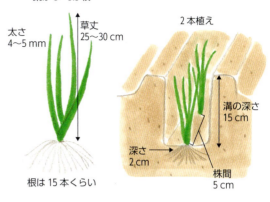

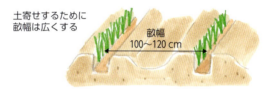

土寄せした状態

5. 苗づくり

市販されている苗を植えつけましょう。自分で苗づくりする場合は、タマネギ（P132）を参照してください。

6. 苗の植えつけ

購入苗は、葉に活力があり茎が太く、根の多いものを選びましょう。

自分で苗づくりをする場合は、70日くらい必要です。植えつけ時期は5～6月の間ならいつでもいいです。

葉が3～3.5枚になった苗を、深さ15 cmの植え溝に2本一緒に株間5 cm間隔で植えつけます。

畝幅は、土寄せする土を十分に確保するため、広めに100～120 cmとります。

7. 土寄せによる軟白

葉鞘を軟白するために、土寄せをします。

植え溝の埋め戻し

葉鞘の太さが5～6 mmになったら、葉の分岐部分まで埋め戻します（1回目）。

その後、葉の分岐部が上まで伸びたら、植え溝を全部埋め戻します（2回目）。

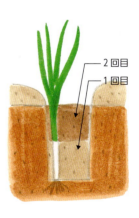

土寄せと追肥

葉の分岐部が5～7cm伸びたら、畝間に追肥をします。その土を、葉の分岐の下までM字形に土寄せします。さらに、5～7cm伸びたら、追肥と土寄せを行います。これをあともう1回くり返します。M字形に土寄せすることで畝の乾燥を防げます。

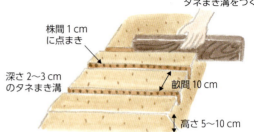

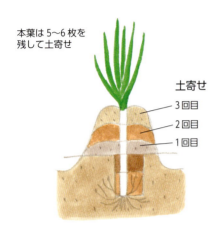

最後の土寄せ

軟白部分が30cm以上になったら、収穫の25日前に葉の分岐部が隠れる程度に土寄せします。これにより、葉の直下までしっかり軟白されます。

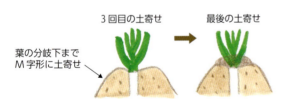

8. 葉ネギ・小ネギのタネまき

葉ネギは品種で異なりますが、タネまきから収穫まで、夏は約60日、秋は約70日かかります。ただし、家庭菜園の場合はどの大きさでも食べられるので、必要に応じて、随時収穫しましょう。

畑づくりは長ネギと同様です。

肥料は、長ネギの基準の全量を基肥として与えます。生育期間が短いので追肥は必要ありません。

高さ5～10cmのベッドをつくり、畝幅10cm、株間1cm、深さ2～3cmにタネまきします。

乾燥したり、石灰不足で葉先枯れが発生するので、適時水やりしましょう。

9. 病害虫対策

ネギの病気では、べと病、黒斑病、さび病が発生します。

害虫では、葉がかすり状になるネギアザミウマ（スリップス）の食害をうけます。

大量に発生すると、葉全体が白く食害され、生育が悪くなります。

さび病
秋に発生。赤いサビは越冬するための冬胞子

黒斑病
夏の高温多雨で発生

葉の病気は秋口の発生が多くなります。

無防除でも収穫は可能です。予防防除する場合は、ダコニール1000の1000倍液を散布します。発生したら、アミスターフロアブル2000の2000倍液が効果的です。

ネギアザミウマ
6月下旬から発生が多くなる。スミチオン乳剤やアグロスリン乳剤の1000倍液での防除が効果的

10. 収穫

葉鞘の軟白の長さが30cm以上、太さが2cmくらいで収穫すると、市販されている長ネギになります。

しかし、それより小さくても必要に応じて、抜き取り収穫できます。

葉ネギも同様にいつでも収穫が可能です。

11. 栄養価・食べ方・保存

ネギは昔から薬用野菜として利用されています。独特の臭いのもとになる硫化アリルのアリシンは、ビタミンB_1の吸収を助け、疲労回復、血行改善、血糖値改善効果などがあるとされています。

葉の緑色部には、カロテンやビタミンCも豊富です。

軟白部分には、ぶどう糖や果糖が多く含まれます。生では辛み成分でかくされていますが、加熱すると辛みが消え、とても甘くなります。これらの特徴を生かし、生の白ネギサラダ、焼きネギ、みそ汁の実、鍋物、煮物とさまざまな料理の食材となっています。

洗ったネギは根を切り、ポリ袋に入れて冷蔵庫の野菜室で保存します。

小口切りにしたネギは小分けしてラップで包み、冷凍保存すると、必要な量だけ解凍して利用できます。土つきのネギは新聞紙で包み、冷暗所に立てて保存しましょう。

主な栄養成分(可食部100gあたり)

成分	ネギ・葉・生(長ネギは軟白部分)		
	長ネギ	葉ネギ	小ネギ
カリウム	180 mg	220 mg	320 mg
カルシウム	31 m	54 mg	100 mg
βカロテン	14 μg	1,900 μg	2,200 μg
ビタミンC	11 mg	31 mg	44 mg
ビタミンB_1	0.04 mg	0.05 mg	0.08 mg
食物繊維	2.2 g	2.9 g	2.5 g

(「日本食品標準成分表2010」より)

2年ネギ「松本1本太」の育て方

太くて短いですが、雪どけ後から5月にかけて収穫できる貴重なネギです。冬の間、休眠が深いため、雪の下で越冬することができます。

5月中旬にタネまきして苗をつくり、7月中旬に長ネギと同じ要領で植えつけて育てます。

そのまま雪の下にし、春に雪がとけたら、順次掘り出して収穫します。

ヤグラネギの育て方

ヤグラネギは、ネギ坊主のかわりに「珠芽」(しゅが)と呼ばれる球ができて、それぞれの珠芽から小さなネギが伸びてきます。この伸びてきた子ネギを取って植えつけ、葉ネギとして利用します。

株元に土寄せすれば、短いですが、葉梢の軟白も利用できます。

冬は休眠します。寒さに強いので、北海道を含む東北以北の北国で栽培されてきました。

中央部の太い葉の先端に、写真のような珠芽ができるので、これをポットに植えつけ、苗を育てます。苗は葉ネギと同様に栽培しましょう。

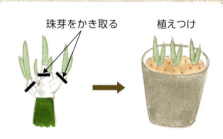

葉の伸びた珠芽をかき取り、ポットに植えつけて、苗に育てる

ヤグラネギ

タマネギ ［ユリ科・ヒガンバナ科 APG iii］

1. 生い立ち

タマネギの原産地は中央アジアです。紀元前数千年前から食用とされ、ギリシャやローマに多くの栽培の記録が残されています。

16世紀にはアメリカに伝わり普及します。日本へは、明治4(1871)年に北海道開拓使がアメリカから導入し、翌年には、東京官園と七重官園で栽培されています。

その後、札幌農学校に来日していたウィリアム・ペン・ブルックスが故郷のマサチューセッツ州より「イエロー・グローブ・ダンバース」を札幌の開拓民に広め、その選抜育成により「札幌黄」ができ、北海道タマネギの産地化が始まりました。

2. 生育特性

生育適温は 12〜20℃ です。
発芽適温は 15〜20℃ です。

冷涼な気候を好み、北海道の夏秋期は適地です。

北海道で栽培される品種の場合、日の長さが一番長くなる6月下旬をすぎると球が大きくなり始め、球の形成適温になる7月上旬から急に、球が大きくなります。葉として伸びていた部分は、「りん葉」となり、球の中央部で肥大します。

それまで、伸びていた8〜9枚の葉のつけ根が肥大を始め、「肥厚葉」（ひこうよう）として、タマネギの外側と茶色の薄い「鬼皮」になります。

球が大きくなると、新しい葉は伸びず、首の中央部は中空となり、葉は風で倒れます。その後、葉の養分も全部球に送られ、葉は枯れます。大きくなった球は休眠に入ります。

翌年、休眠があけたタマネギは、芽を伸ばしてネギ坊主の花を咲かせ、多くのタネが取れます。

タマネギの球の構造

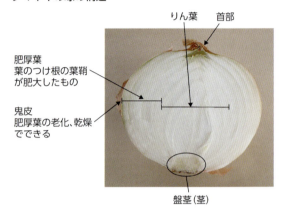

3. 品種

北海道向けの品種を栽培しましょう。

本州で栽培されている品種は、12時間ほどの日の長さで温度があれば肥大します。北海道では、葉数が少ないうちに肥大が始まり大きくなりません。

自家用の場合、「札幌黄」「オホーツク222」「北もみじ2000」などがつくりやすいです。

赤タマネギや白タマネギなど各品種があるので栽培してみましょう。

4. 苗づくり

市販されている苗を購入して植えつけましょう。自分で苗づくりする場合は、以下の手順です。

苗床の準備

苗づくりは室内で行うので、プランターを使い、光がよくあたる窓辺がよいです。

標準型プランターに、市販されている肥料入り育苗用園芸培土を深さ10cmに入れ、水やりして水分調整します。

深さ5cm程度の培養土が入る、トロ箱や平箱でも大丈夫です。

タネまき時期

葉が3〜4枚の苗に育てるためには、約2カ月かかります。

3月上旬にタネまきします。

発芽適温は15〜25℃、生育適温は根も地上部も12〜20℃なので、普通の室内温度で十分です。

タネまき

畝間7〜10cm、株間1cmとし、深さ1cmにスジまきします。

長さ65cmの標準プランターの場合、2条まきにして、約120本の苗を育てることができます。

室温20℃で、1週間ほどで発芽します。発芽後、混み合っている所は株間1cmになるように間引きし、本葉が3枚になるまで育てます。

[長さ65cmの標準プランターの場合]

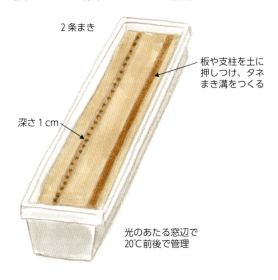

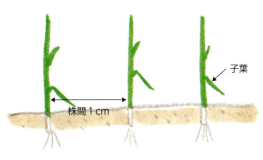

発芽がそろったら間引く

5. 畑の準備・施肥

適正土壌酸度はpH6.3〜6.7です。

前年の秋に、完熟堆肥2kg/m²と、苦土石灰100g/m²をまいて耕します。

春に未熟堆肥や魚粕などの有機質肥料を与えると、移植時に臭いでタマネギバエやタネバエを集め、被害をうけます。化成肥料の利用が無難です。

タマネギは、春の低温期にリン酸を吸う力が弱いので、春の畑にリン酸がたくさんある状態で植えつけるようにします。

基肥は、化成肥料(8-8-8)200g/m²をまき、耕してベッドをつくります。はじめてタマネギをつくる畑は、過リン酸石灰150〜200g/m²を追加すると、春の低温期の生育がよくなり、球が大きくなり始める7月上旬までに、十分な葉数を生育させることができます。球も大きくなります。

肥料成分量(1m²あたり)

区分	窒素(N)	リン酸(P)	カリ(K)
基肥	15g	15g	15g
新畑	15g	45g	15g

※タマネギをはじめて栽培する畑はリン酸を多く与える
(「北海道施肥ガイド2015」より)

はじめてタマネギをつくった畑
リン酸多肥の畑(球が大きい)

リン酸標準の畑(球が小さい)

6. 植えつけ・直まき

苗の植えつけの場合

遅くとも、5月20日までには苗を植えつけましょう。

本葉が3～3.5枚になり、草丈25～30 cm、苗の太さ4～5 mm、根が10本以上の苗が根づきやすく生育がよいです。

自分で苗づくりをする場合は、この条件に近い苗に育てましょう。苗を購入する場合は、できるだけ太くて葉がしっかりしており、根に活力のあるものを選びます。

高さ5～10 cmのベッドをつくり、条間30 cm、株間10 cmに下図の要領で植えつけます。

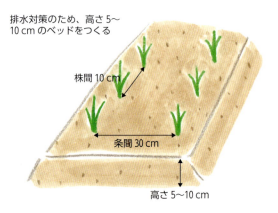

排水対策のため、高さ5～10 cmのベッドをつくる
株間10 cm
条間30 cm
高さ5～10 cm

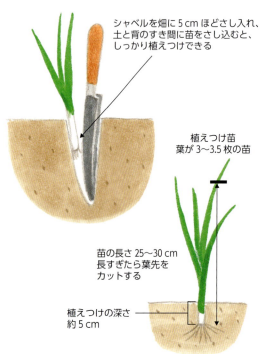

シャベルを畑に5 cmほどさし入れ、土と背のすき間に苗をさし込むと、しっかり植えつけできる

植えつけ苗 葉が3～3.5枚の苗

苗の長さ25～30 cm 長すぎたら葉先をカットする

植えつけの深さ 約5 cm

直まきの場合

直まきに向いている品種は「オホーツク222」「北もみじ2000」「ウルフ」です。

タネまき時期は4月下旬～5月上旬、収穫期は9月下旬です。

生育初期に、タマネギバエやタネバエの被害をうけやすいので、土壌施用殺虫剤のダイアジノン粒剤5などで防除しましょう。

株間10 cm、畝幅30 cmで、深さ2 cmに1粒ずつまきます。

不織布でべたがけすると発芽が早まり、初期の生育が安定します。5月末には除去します。発芽しなかった場所には、苗を植えます。そのために、畝間に少しタネまきして余分に育てておきましょう。

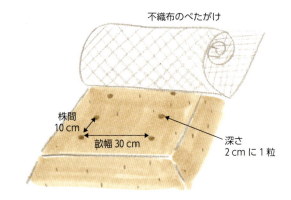

不織布のべたがけ
株間10 cm
畝幅30 cm
深さ2 cmに1粒

7. 水やり・除草

植えつけから6月にかけて雨が少なく、畑が乾燥すると、生育が著しく悪くなります。随時水やりしましょう。

ただし、球が太る後期の8月以降の水やりは病害が増加する場合があります。また、雑草が多いと生育が悪くなるので、早めに抜き取りましょう。

8. 病害虫対策

タマネギで主に問題になる病害虫は、植えつけ時期のタマネギバエ、タネバエ、6月中旬以降はネギアザミウマ（スリップス）、6月中旬以降に発生する白斑葉枯病です。

直まき栽培で被害が多

タマネギバエの幼虫

いタマネギバエの幼虫は、植えつけ前にダイアジノン粒剤5を3～5g/m²、畑の全面、またはスジ状にまき、土とよく混ぜてからタネまきしましょう。

ネギアザミウマは、6月下旬にスミチオン水和剤の1000倍、オルトラン水和剤の1000倍溶液で防除しましょう。

ネギアザミウマ

白斑葉枯病は、6月下旬から7月の雨が多い年に多く発生します。葉に白い小斑点が見えたら、ダコニールエースの1000倍を散布し防除しましょう。

9. 収穫・保存

球の肥大が進むと、新しい葉が伸びず、首の部分が空洞となり葉が倒れますが、倒れた葉は枯れるまで光合成をします。養分を球に送り水分を蒸発させ、球の成分を濃縮するので、完全に葉が枯れてから収穫しましょう。

抜き取り、首部を切除し、ミニコンテナに入れて日陰の風通しのよいところで乾燥、保存します。（貯蔵方法は、P218を参照）

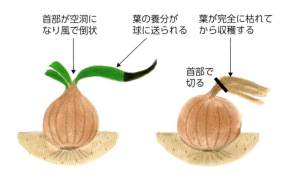
首部が空洞になり風で倒状／葉の養分が球に送られる／葉が完全に枯れてから収穫する／首部で切る

10. 栄養価・食べ方

栄養価はあまり高くありませんが、炭水化物の糖類を多く含み、また甘み成分のグルタミン酸やアルギン酸を多く含んでいます。生では、辛み成分が強く甘みは感じられませんが、加熱すると強い甘みが出てきます。

辛み成分の硫化プロピルは、生の状態で血液中の糖の代謝促進、中性脂肪、コレステロールの低下を促進するとされ、加熱するとさらに効果が得やすくなります。

辛み成分を少なくするため、長時間水にさらすと水溶性のため、これら有効成分が流れ出てしまいます。サラダの場合、スライスして1時間放置して成分が一番高まった状態で、ポン酢やレモン汁などでドレッシングすると、ほとんど辛みを感じません。

涙を出す成分のチオスルフィネート、苦み成分のケルセチンともそれぞれ機能性の高い成分です。

主な栄養成分（可食部100gあたり）

成分	黄タマネギ			赤タマネギ
	生	水さらし	ゆで	生
炭水化物	8.8g	6.1g	7.3g	9.0g
カリウム	150mg	88mg	110mg	150mg
ビタミンC	8mg	5mg	5mg	7mg
食物繊維	1.6g	1.5g	1.7g	1.7g

（「日本食品標準成分表2010」より）

北海道の代表的なタマネギ

札幌黄
北海道の最初のタマネギ品種。
食の世界遺産「味の箱船」に登録される。
やわらかく、加熱調理するとうまみが出る。
貯蔵には向かない。

北もみじ2000（中生種）
北海道で一番多くつくられている品種。
貯蔵に向き、球のそろいがよく大きくなる。

オホーツク222（早生種）
早く球が大きくなる品種。
球のそろいもよく、大きくなる。
つくりやすいので栽培が増加している。

アサツキ ［ユリ科・ネギ科 AGP iii分類］

栽培カレンダー　　　基準：道央圏

栽培方法	8月	9月	10月	越年	4月	5月	6月
露地	■				■		

■植えつけ　■収穫

1. 生い立ち

アサツキの原産地は中国や日本各地です。北海道にも野生種が自生しています。

別名「センボンワケギ」ともいわれ、早春に収穫でき、酢みそ和えやみそ汁の具などで用いられる、季節感あふれる野菜です。

植え込むだけで、ほとんど手間のかからない強い野菜なので、庭の一隅に植えつけると、毎年、春の旬を楽しめます。

2. 生育特性

春に萌芽して葉がひらき、分けつして株は大きくなります。

6月に入ると、花茎が伸び、薄紫のネギ坊主の花を咲かせます。7月に地上部は枯れて、球は休眠に入ります。

約1カ月休眠すると、9月に芽を出し、葉がひらきます。

冬になると、葉は一端枯れ、雪の下で越冬します。翌年、春に再び芽を出します。

新芽が20cmくらいのころに、堀り取り利用します。

3. 畑の準備・施肥

水はけのよい畑が適しています。

7月下旬に、堆肥2kg/m^{2}と、苦土石灰100g/m^{2}をまき、耕します。

基肥は、8月中旬〜下旬に、化成肥料（8-8-8）120g/m^{2}と、過リン酸石灰50g/m^{2}をまき、よく耕します。

追肥は、タネ球を確保する株のみに化成肥料（8-8-8）40g/m^{2}をばらまきます。

肥料成分量（1m^{2}あたり）

区分	窒素(N)	リン酸(P)	カリ(K)
基肥	10g	20g	10g
追肥	5g	—	5g

※追肥は雪どけ後、芽を出したらまく

（栽培事例より）

4. 品種・植えつけ

各産地で選抜育成された早生種、晩生種があります。

花にタネがつかないため、8月下旬〜9月上旬に種苗店で販売されているタネ球を植えつけます。

自家採種したタネ球は7月下旬に堀り上げ、はさ掛けして約1カ月乾燥させ、休眠が終了したタネ球を使用します。

条間20cm、株間15cmに、1株2球ずつ下図のように植えつけます。

アサツキの花

開花中のアサツキ

5. 収穫

春に芽生えた若葉の茎を収穫します。草丈20cmくらいで、株ごと掘り取り、軟白した葉鞘と葉を食用にします。

数球を残し、翌年に収穫するためのタネ球用として育てます。6月に開花し、枯れて休眠します。球を掘り上げ、乾燥させてタネ球にします。

草丈20cmごろ、株を掘り上げ水洗いして利用する

収穫する株　　　タネ球用の株

6. プランターによる冬の収穫

市販されている園芸用培地に、化成肥料（8-8-8）の場合、10ℓあたり12gほどの肥料を混ぜて、プランターに入れます。

7月に収穫したタネ球を乾燥させておきます。

8月下旬に普通のプランターの場合、3列にタネ球を並べて深さ4〜5cmに植え、雪が降るまで戸外で生育させます。乾燥させないように随時水やりすることが大切です。タネ球を雪の下から保温した室内に入れ、芽を出し生育させます。10cm以上伸びたら、随時掘り取り、利用しましょう。

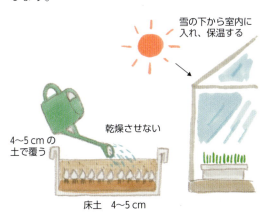

7. 栄養価・食べ方

アサツキは、ネギ類のなかではカロテン、ビタミンCを多く含んでいます。またほかのネギ類同様、アリシンを含み、機能性も高いです。

水洗いしてそのまま刻み、みそ汁やスープに散らし、香りづけや彩りとして利用します。刺身やソバの薬味にも使われます。

さっとゆでて冷やし、みそ和えにしたり、卵とじやチヂミ、みそ漬けなどいろいろと利用されています。

独特の香りを生かすためには、加熱しすぎないように調理しましょう。

主な栄養成分(可食部100gあたり)

成分	葉(生)	葉(ゆで)
カリウム	330 mg	330 mg
カルシウム	20 mg	21 mg
βカロテン	740 μg	710 μg
ビタミンC	26 mg	27 mg
葉酸	210 μg	200 μg
食物繊維	3.3 g	3.4 g

(「日本食品標準成分表2010」より)

チャイブについて

ハーブのチャイブはアサツキの仲間ですが、夏に休眠しません。また、明確なりん葉をつくらず、アサツキとは異なる特性です。

葉を利用し、赤桃色の花も鑑賞できます。

コンパニオンプランツでもあり、ニンジンやトマトなどと一緒に植えると病虫害を抑制できるとされています。

シソ ［シソ科］

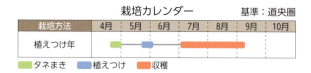

1. 生い立ち

原産地はヒマラヤ、ミャンマー、中国中南部といわれ、山野に自生し、中国では古くから栽培されています。

日本では2500年前の土器から、タネや実が発見され、各地の縄文遺跡からも見つかっています。栽培は奈良時代以降と考えられています。

2. 生育特性

1年生作物です。前年、畑に落ちたタネが5月に発芽します。

生育適温は20〜23℃、**発芽適温**は22℃前後です。葉がひらき、葉のわきからわき芽が伸びて、葉数が増えていきます。

日の長さが14時間より短くなる8月中旬以降に生長点に花ができて花房が伸び、開花します。花が咲くと、新しい葉はできません。

発芽直後の「子葉（双葉）」は芽ジソ、若い葉は葉ジソ（オオバ）、「花穂（かすい）」は穂ジソと、各部分が食べられます。

エゴマもシソと同じ仲間です。シソと同様に栽培できます。

3. 品種

葉が緑色の青ジソに「青シソ」「青チリメン」、葉が紫色の赤ジソに「赤チリメン」があります。

種類により花ができる時期に差があります。

晩生種は花が伸びるのが遅いので、早生種と晩生種を組み合わせると長い期間収穫できます。

4. 苗づくり

シソの苗は種苗店で販売されています。自分で苗づくりする場合は以下の方法です。

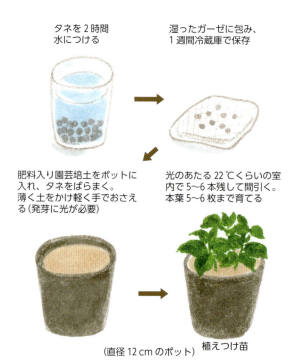

5. 畑の準備・施肥

堆肥が多く入った肥沃な土壌がよいです。

適正土壌酸度は pH 6.0〜6.5 です。

前年の秋に、堆肥 2 kg/m² と、苦土石灰 100 g/m² をまいて耕しておきましょう。

基肥は、化成肥料（8-8-8）200 g/m² を、やや多めにまいて植えつけベッドをつくります。

肥料成分量（1 m² あたり）

区分	窒素(N)	リン酸(P)	カリ(K)
基肥	15 g	15 g	15 g
追肥1回あたり	4 g	—	4 g

＊追肥は植えつけ後、20日おきに株元にまく

（栽培事例より）

6. 植えつけ

札幌の場合、日の長さが14時間より短くなる8月下旬以降に、花が咲きます。したがって、5月中旬〜下旬に苗を植えつけ、8月下旬まで収穫します。以後は、穂ジソとして収穫します。

高さ10 cm、幅90〜100 cmのベッドをつくり、条間30 cmの2条植えにします。株間は15〜20 cmとし、1本植えにします。

植えつける苗は本葉が5〜6枚の苗です。

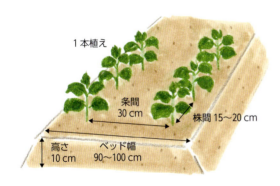

7. 病害虫対策

病気では菌核病、灰色かび病が発生する場合がありますが、排水のよい畑では問題はありません。

害虫ではアブラムシ、ハダニ、ヨトウガの被害がありますが、青葉を生食するので、できるだけ無農薬で栽培しましょう。

発生したら、水圧の強い水で洗い流したり、天然系の農薬で防除しましょう。（P204、205の表参照）

8. 収穫

草丈が約40 cmになったら、下葉から柄をつけて摘み取り収穫します。柄がついていると鮮度が保たれます。9月になったら花房が伸びるので、穂ジソとして収穫し、実が入ったら実ジソとして収穫します。発芽した直後は、双葉で収穫すると芽ジソになります。

柄をつけて下向きに引くようにしてかき取る

9. 栄養価・保存

シソの栄養価はビタミンAに変わるカロテンが特に多く、カリウムやカルシウムも多いです。しかし、食べる量が少ないので、栄養価よりも香味野菜として楽しむのがよいでしょう。

シソ特有の香り成分はペルリアルデヒドで、食欲増進、消化促進、防腐、殺菌、殺虫効果、発汗、利尿の解毒作用があるとされています。

また、この成分は精油成分で、シソの精油中の50％を占めています。シソの香りは加熱すると弱まるので、生葉での利用がおすすめです。

赤ジソにはアントシアニンも豊富に含まれています。アクが強いので、生より梅漬けや天ぷら、ジュース、薬味などにして食べましょう。

鮮度が落ちると香りも落ちます。しおれる前にぬれたキッチンペーパーで包み、ポリ袋で密閉し冷蔵庫で保存すると鮮度が保てますが、できるだけ早く食べましょう。

主な栄養成分（可食部100 gあたり）

成分	葉(生)	実(生)
カリウム	500 mg	300 mg
カルシウム	230 mg	100 mg
βカロテン	11,000 μg	2,600 μg
ビタミンC	26 mg	5 mg
食物繊維	7.3 g	8.9 g

（「日本食品標準成分表2010」より）

ニラ ［ユリ科・ヒガンバナ科 APG iii］

栽培方法	4月	5月	6月	7月	8月	9月	10月
植えつけ年		■			■		
露地 収穫年			■	■			

栽培カレンダー　基準：道央圏

■ タネまき　■ 植えつけ　■ 収穫

1. 生い立ち

　原産地は中国西部とされ、寒さにも暑さにも強いため、東・東南アジア各地に広がりました。ヨーロッパでの栽培は見当たりません。
　日本は古事記に記載があるので、古くから栽培されていたと思われます。
　薬用としても利用され、1度植えつけると数年収穫できるので、家庭菜園の一角に植えておきたい野菜です。

2. 生育特性

　多年草で葉と花がつぼみの時期の花茎（花ニラ）を利用します。
　生育適温は20℃前後で、北海道の夏から秋の時期に適しています。
　発芽適温は20℃で、10℃以下で発芽率が低下します。5℃以下になると休眠を始め、越冬しますが、春の生育の早さは品種により差があります。
　日が長く高温になると、生長点に花ができ花茎が伸びて花が咲きます。花が咲く前のやわらかい花茎も花ニラとして収穫します。
　黄ニラは、プランターを逆さにして株を覆い、光があたらないように育てます。

3. 品種

北海道で栽培されている主な品種

品種名	特徴
たいりょう	葉幅が広く生育が早いが葉色がやや薄い。休眠は深いが目覚めると生育が早い
パワフルグリーンベルト	葉色が濃く、日もちがよい。休眠はやや深い
ミラクルグリーンベルト	休眠が浅く、露地で栽培しやすい

（「北海道野菜地図その38」より）

4. 畑の準備

　適正土壌酸度は pH 6.0〜6.5 で、酸性土壌を嫌います。
　根はやや浅く、深さ20cmくらいです。
　また、乾燥にも弱いです。一度植えつけたら数年生育するので、しっかり土づくりをしましょう。植えつけの1カ月前までに、完熟堆肥2kg/m² と、苦土石灰150g/m² をまいて耕しておきましょう。

5. 苗づくり

　苗づくりには、苗用の畑を準備します。
　5月上旬にタネまきして、植えつけ時期の8月下旬まで苗を育てます。
　前年の秋か早春に、堆肥2kg/m²、石灰150g/m² をまいておき、苗の畑の肥料は化成肥料（8－8－8）200g/m² をまいてベッドをつくります。あとは、下図の手順で苗を育てましょう。

雑草対策をかね、発芽までシルバーマルチで覆う

畝幅 10〜15 cm　スジまき 深さ6〜8mm、1cm間隔にまく　高さ10cm　25cm　葉が5〜6枚になるまで育てる

6. 施肥・植えつけ

　植えつける畑への肥料は右ページの表のとおりです。基肥は、化成肥料（8－8－8）100g/m² と、

過リン酸石灰 40 g/m² を畑全面にまき、植えつけベッドをつくります。

追肥は 8 月と 9 月に 1 回ずつ、それぞれ化成肥料(8-8-8) 50 g/m² を株間にばらまきます。

翌年春の収穫中、新芽が 5〜10 cm 伸びるころに、化成肥料(8-8-8) 60 g/m² を株間にばらまきます。

肥料成分量(1 m² あたり)

区分		窒素(N)	リン酸(P)	カリ(K)
植えつけ年	基肥	8 g	16 g	4 g
	追肥 9月2回	4 g 1回分	—	4 g 1回分
収穫年	春肥	5 g	10 g	4 g
	基肥 収穫終了時	5 g		4 g
	追肥 8、9月計2回	5 g 1回分	—	4 g 1回分

(「北海道施肥ガイド 2015」より)

植えつけ

苗の植えつけ時期は 8 月下旬です。

苗 6〜8 本を 1 株として植えますが、1 本 1 本が 1 cm くらい離れるように深さ 5 cm に植えつけます。苗が長い場合は、20 cm の長さになるように、葉先をカットしましょう。

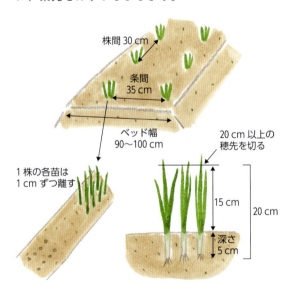

7. 病害虫対策

病気では、白斑葉枯病、白色疫病が、害虫ではネギアザミウマ、ネギアブラムシなどが問題となりますが、家庭菜園では無防除で栽培可能です。

植えつけ後 4〜5 年経過して、葉が細くなってきたら、新しい畑に更新しましょう。株が健全であれば、株分けして苗として植えられます。

8. 収穫

草丈が 25〜30 cm になったら、株元を 1〜2 cm 残して刈り取ります。新しい葉が伸び、6 月になると、花茎が伸びてきます。最後の収穫後に基肥として肥料を株間にまき、土と浅く混ぜましょう。

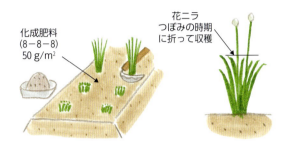

9. 栄養価・食べ方・保存

体内でビタミン A に変わるカロテンやビタミン E が多いです。

炒めものや卵とじ、スープなどさまざまな料理がありますが、油と組み合わせるとこれらの栄養素を吸収しやすいです。

特有の香りのスルフィド類は、血流改善や腫瘍発生抑制の生体防御物質とされています。花ニラや黄ニラも独特の食材として楽しみましょう。

ポリ袋に入れ冷蔵庫の野菜室で 3〜4 日、また、短くカットしてタッパーに入れ冷凍保存もできます。

主な栄養成分(可食部 100 g あたり)

成分	ニラ		花ニラ	黄ニラ
	葉(生)	葉(ゆで)	花茎つぼみ(生)	葉(生)
カリウム	510 mg	400 mg	250 mg	180 mg
カルシウム	48 mg	51 mg	22 mg	15 mg
βカロテン	3,500 μg	4,400 μg	1,100 μg	59 μg
ビタミンC	19 mg	11 mg	23 mg	15 mg
食物繊維	2.7 g	4.3 g	2.8 g	2.0 g

(「日本食品標準成分表 2010」より)

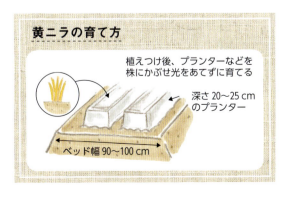

黄ニラの育て方

ミツバ ［セリ科］

栽培方法	4月	5月	6月	7月	8月	9月	10月
露地 青ミツバ			タネまき		収穫		

栽培カレンダー　基準：道央圏

■ タネまき　■ 植えつけ　■ 収穫

1. 生い立ち

　ミツバは中国や北米大陸に自生し、日本でも北海道から沖縄まで湿地や日あたりのよくない場所に自生し、これらを山菜として利用していました。

　『農業全書』(1697年)に栽培法の記載があるので、江戸時代には江戸を中心に栽培されていたと思われます。

　柄から刈り取る「青ミツバ(糸ミツバ)」、根株を養成して伏せ込み、トンネルや盛り土をして柄を軟白して根株ごと収穫する「根ミツバ(軟白ミツバ)」など、さまざまな栽培や利用方法があります。

　家庭菜園では、生育したミツバを柄から刈り取る青ミツバが栽培しやすく、プランターでも栽培できます。

2. 生育特性

　生育適温は10〜20℃と、冷涼な気候を好みます。

　発芽適温は20℃です。15℃以下、30℃以上では発芽は悪くなります。

　北海道では、6月以降のタネまきがおすすめです。本葉が2〜3.5枚になった時、10℃以下の気温に一定期間おくと花ができて、以後高温と日が長いと花が咲き、葉はかたくなってきます。

　5月中のタネまきは、ハウスやトンネルなどで保温が必要です。

　「短縮茎(盤茎)」から長い葉茎が数本伸びて葉がひらきます。秋になると根株が大きくなり、堀り上げてハウス内で光を遮断して保温すると、芽を伸ばし軟白ミツバになります。

3枚の小葉

短縮茎
(盤茎)

不定根

3. 品種

　野生種の葉や柄が紫色になるのを改善した栽培種が出ています。

北海道で栽培されている主な品種

品種名	特徴
柳川2号	生育が早く、青ミツバ、軟白ミツバの両方に適している
白茎ミツバ	葉が大きく柄の色が淡いので、軟白ミツバに適している

(「北海道野菜地図その38」より)

4. 畑の準備

　乾燥を嫌います。

　適正土壌酸度はpH5.5〜6.0です。

　前年の秋か早春に、完熟堆肥2kg/m²と、苦土石灰100g/m²をまいて耕しておきます。

　連作で菌核病などが発生しやすいので、3年以上栽培間隔をあけましょう。菌核病が発生しやすいキャベツなどアブラナ科の後もさけましょう。

肥料成分量（1m² あたり）			
区分	窒素(N)	リン酸(P)	カリ(K)
基肥	13 g	20 g	15 g

（「北海道施肥ガイド 2015」より）

5. 施肥・タネまき

カリの吸収がやや多い作物です。

基肥は、化成肥料（8-8-8）180 g/m² をまき耕して、やや低めのベッドをつくります。15 cm 間隔に、深さ1 cmのタネまき溝をつくります。タネをスジまきして、0.5〜1 cm 土をかぶせ、手でおさえます。稲ワラなどで覆い、水やりして乾かないように管理しましょう。

プランターで育てる場合は、肥料入り園芸培土を入れ、同様にタネまきします。ばらまきでもよいです。本葉が4〜5枚になったら追肥します。

7. 収穫

草丈が15〜20 cmまで伸びたら、株元を3cm残して刈り取り収穫します。

収穫後に追肥すると、再び伸びて収穫できます。

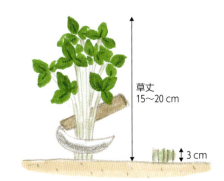

冬の収穫方法：秋に根株を掘り上げてプランターに植えつけ室内で管理すると、冬に収穫できる

8. 栄養価・保存

ミツバには、ビタミン類、カリウム、カルシウムが豊富に含まれます。独特の香り成分は葉に多く含まれます。これらは気分を落ちつかせる抗ストレス効果があるとされています。乾燥すると香りが失われるので、柄を濡れペーパーで包み、ポリ袋などに入れ、冷蔵庫の野菜室で保存します。

軽く湯通しして冷凍保存も可能ですが、香りは失われます。

間引き　本葉が伸び始めたら、株間2〜3cmに間引く

6. 病害虫対策

病気では、菌核病やべと病が、多湿状態になる軟白栽培で発生する場合がありますが、水はけがよい家庭菜園での発病は少ないです。

害虫ではアブラムシ、アゲハの幼虫などの被害をうけます。発生したら水で洗い流しましょう。

主な栄養成分（可食部100 g あたり）

成分	軟白ミツバ（葉）				水耕青ミツバ（葉）	
	切りミツバ		根ミツバ		糸ミツバ	
	生	ゆで	生	ゆで	生	ゆで
カリウム	640 mg	290 mg	500 mg	270 mg	500 mg	360 mg
カルシウム	25 mg	24 mg	52 mg	64 mg	47 mg	56 mg
βカロテン	720 µg	770 µg	1,700 µg	2,000 µg	3,200 µg	4,000 µg
ビタミンC	8 mg	1 mg	22 mg	12 mg	13 mg	4 mg
食物繊維	2.5 g	2.7 g	2.9 g	3.3 g	2.3 g	3.0 g

（「日本食品標準成分表 2010」より）

ニンニク ［ユリ科・ヒガンバナ科 AGP iii分類］

栽培カレンダー　　基準：道央圏

栽培方法	9月	10月	越年	4月	5月	6月	7月
露地マルチ	■					■	
露地		■				■	

■ 植えつけ　■ 収穫

1. 生い立ち

　ニンニクの原産地は、中央アジアといわれており、紀元前からエジプトやギリシャで栽培され、薬効や強壮作用も確認されています。ピラミッド建設時にも食べられていたことは有名です。

　日本へは平安時代に中国から渡来し、薬用として利用されています。

　料理に利用されるようになったのは戦後、西洋料理や中華料理が普及してからです。

2. 生育特性

　9月下旬にタネ球を植えつけ、秋に芽が出て生育します。寒さで生育が停止すると、雪の下で越冬します。

　翌年の春に葉がひらきます。日が長くなって気温が10℃以上になると、最後の葉とその1枚前の葉のわきに葉になる基が大きくなったりん葉ができます。

　生育適温は15〜20℃、球の**発育適温**も20℃です。25℃以上では生育が停滞します。

りん茎ができ始める時期の　　薄皮を取った状態
葉を取った状態

3. 品種

　品種は「福地系ホワイト6片」「白玉王」のほかに、北海道在来種で外皮が褐色やピンク色のものなどがあります。

北海道で栽培されている主な品種

品種名	熟期	花茎のとう立ち	外皮色	りん片数
福地系ホワイト	早生	不完全とう立ち	白	5〜8
白玉王	早生	不完全とう立ち	白	5〜8
在来種	晩生	完全とう立ち	赤褐	5〜8

（「北海道野菜地図その38」より）

4. 畑の準備・施肥

　やや粘質土壌を好み、乾燥を嫌いますが、水はけのよい畑が向いています。

　適正土壌酸度はpH6.0〜6.5です。

　9月上旬に、堆肥と土壌改良資材を与えて畑を準備します。連作はさけましょう。

　完熟堆肥2kg/m^2と、苦土石灰100g/m^2を植えつけの1週間前ごろにまき、耕します。

　基肥は、化成肥料の場合120g/m^2と、過リン酸石灰80g/m^2をまき、耕してベッドをつくります。

　追肥は春、雪どけ直後に化成肥料（8-8-8）100g/m^2を株間にばらまきましょう。

肥料成分量（1m^2あたり）

区分	窒素(N)	リン酸(P)	カリ(K)
基肥	10g	25g	9g
追肥	8g	—	9g

※追肥は雪どけ後、4月中旬までにまく
（「北海道施肥ガイド2015」より）

5. 植えつけ

春の生育が大切なため、マルチ栽培がよいです。高さ10 cm、幅70〜80 cmのベッドをつくり、条間30 cm、株間15〜17 cmとします。タネ球（りん片）は、盤茎を下にして深さ6 cmまで押し込み植えつけます。

タネ球はウイルス病に侵されていない、形状のよいものを購入しましょう。種苗店で9月ごろに販売されます。

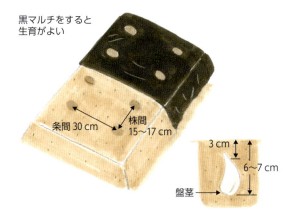

花茎の摘み取り

6月に入ると、つぼみ（珠芽）のついた花茎が伸びてきます。花茎が上まで伸びる品種と、途中で止まる品種があります。放置すると養分をとられるので、花茎がやわらかく、手で摘み取れる早い段階で取りましょう。

摘み取った花茎はにんにくの芽として天ぷらなどにして食べられます。

つぼみが出てきたら早めに摘み取る

6. 病害虫対策

家庭菜園では、問題となる病害虫は少ないので、防除の必要はほとんどありません。本州から持ち込んだニンニクをタネ球にすると、イモグサレセンチュウが寄生してスポンジ状になる場合があるので、市販のタネ球を使用しましょう。

高温や乾燥時に葉先枯れが早く進行する場合があります。6月に雨が少ない場合は、水やりしましょう。

7. 収穫

葉の50％ほどが黄色に変色し、球の底（盤茎）が平らになったら収穫適期です。

収穫は晴天日に行い、1日天日干しして、土をよく落としてから根を切りましょう。

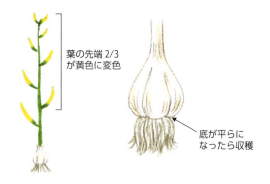

8. 乾燥貯蔵法

収穫したら根を切り、茎を1/3ほど切り落とします。10本で1束にして、日のあたらない場所ではさ掛けし、40〜50日乾燥させます。ネット袋に入れて乾燥させる場合は、茎を10 cmほどつけて袋に入れて吊るします。

乾燥後は新聞紙に包み、ポリ袋に入れて、冷蔵庫の野菜室で保存できます。

9. 栄養価・食べ方

強壮作用を持つ成分はスコルジニンです。ほかの成分と結合しており、それ自体は臭いませんが、生のまま手を加え細胞が壊れると臭いが強くなります。悪臭を出さず、有効成分を壊さないで料理するには、沸騰する湯につける、蒸す、炒める、油で揚げる、焼くなどです。

黒にんにくは高温保湿の条件で自然発酵させたものです。糖化が進み、ポリフェノールも約5倍に増加。匂いもなくなり、乾燥したプルーンのような味で人気があります。

主な栄養成分（可食部100 gあたり）

区分	りん葉（生）	茎にんにく（生）
ビタミンB_1	0.19 mg	0.11 mg
ビタミンC	10 mg	45 mg
葉酸	92 µg	120 µg
食物繊維	5.7 g	3.8 g

（「日本食品標準成分表2010」より）

ラッキョウ ［ユリ科・ネギ科 AGP iii分類］

栽培カレンダー　　基準：道央圏

栽培方法	8月	9月	越年	5月	6月	7月	8月
露地	■植えつけ					■収穫	

■ 植えつけ　■ 収穫

1. 生い立ち

ラッキョウは中国東部の原産といわれ、紀元前400～500年には、薬用として利用されています。

日本には900年ごろ、平安中期の『本草和名』に薬用としての記載があります。

江戸時代の『農業全書』には栽培法や利用法の記載があり、家庭用として栽培されていました。

現在はラッキョウ漬けで流通しています。鹿児島県や鳥取県が主産地ですが、北海道でも栽培は可能です。

2. 生育特性

ラッキョウの花は秋に咲きますが、タネができません。そのため、タネ球を植えつけて栽培します。

生育適温は18～22℃です。冷涼な気候を好み、12℃以上で球が肥大します。

北海道では8月中～下旬にタネ球を植えつけ、9月には芽が出て生育します。

葉は一度枯れて雪の下で越冬します。北海道では、秋に開花しないで越年する場合もあります。

翌年の春、雪どけとともに芽が出て生育し、日の長さが13時間以上になると、分けつして球の数が増加し肥大します。

7月に入ると、下葉から枯れ始め、半分ほど枯れるころに収穫します。

3. 品種

代表的な品種は「らくだ」で、この品種に地名をつけた在来種が普及しています。早出し用として、らくだより分球が多くやや小球の「八つ房」があります。

タネ球は8月下旬に種苗店などで販売されます。

4. 畑の準備・施肥

ラッキョウの根は通気性を好むので、砂壌土や火山灰土の水はけのよい、やや痩せた土壌が適しています。水はけの悪い畑は、高畦のベッドをつくりましょう。

適正土壌酸度はpH 6.0～6.5です。

7月下旬に、苦土石灰100 g/m^2 をまきます。堆肥などの有機質はネダニが増加する場合があるので、植えつけ前はさけましょう。

基肥は、8月中旬に、化成肥料(8-8-8) 120 g/m^2 と、過リン酸石灰60 g/m^2 をまいて耕し、ベッドをつくります。

肥料成分量（1 m^2 あたり）

区分	窒素(N)	リン酸(P)	カリ(K)
基肥	10 g	20 g	10 g
追肥	5 g	—	5 g

※追肥は雪どけ後、芽が出てきたころ　　（栽培事例より）

5. 植えつけ

8月下旬に購入したタネ球、または自家採種したタネ球を植えつけます。収穫したタネ球は1カ月ほど休眠しますが、8月下旬ごろまでに休眠は終了します。

タネ球の選定（自家採種した場合）

重さは7～10 gで首がしまり、白くかたいタネ球を選びましょう。首が紫色の球はさけます。

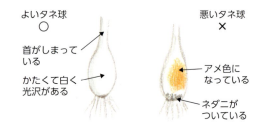

よいタネ球 ○
- 首がしまっている
- かたくて白く光沢がある

悪いタネ球 ×
- アメ色になっている
- ネダニがついている

植えつけ

　条間 30 cm、株間 10 cm、深さ 7 cm にタネ球を植えつけます。タネ球の上に 3 cm ほど土をかけましょう。

　タネ球が小さい場合は 1 カ所に 2 球植えとし、大きい場合は 1 球植えにします。

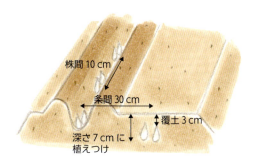

6. 花摘み・追肥・土寄せ

　9 月に芽が出て生育し、茎が伸び開花する場合は、つぼみのうちに摘み取りましょう。

　植えつけ時期が遅く、タネ球が小さい場合は、北海道では地上部まで芽が出ないこともありますが、翌年の春には芽が出ます。

追肥・土寄せ

　春、芽が出てきたら、追肥します。

　化成肥料（8－8－8）60 g/m² を株間にばらまきます。株元に軽く土寄せし、肥大する球が光にあたって緑色にならないようにします。

7. 病害虫防除

　5～6 月ごろ、生育の悪い株を抜き取って、根の生え際を観察すると、0.7 mm くらいの半透明の虫がいる場合があります。ネダニです。これらの株は抜き取り処分しましょう。

　ジメトエート粒剤 6 g/m² などの殺虫剤を、植え溝にまいてから植えつける方法もあります。

8. 収穫

　葉が半分程度枯れてくるころ（7 月下旬）から収穫します。

　晴天日に収穫し、葉や根を切り落とします。

　畑で半日表面を乾燥させ、土を落とし日陰に置きます。

　タネ球用を収穫した場合は、1 カ月ほど休眠するので、コンテナに入れて保管します。

　若どりしてエシャロット風に利用する場合は、6 月に収穫します。

9. 栄養価・食べ方

　ラッキョウは水溶性食物繊維のフルクタンを多く含んでいるのが特徴です。

　これは酸で分解されやすく、オリゴ糖を生成します。整腸作用などがあるとされています。

　また、ほかのネギ類同様、アリシンを含み、ニンニクなどと同様の機能性があります。

　ラッキョウ漬けにする場合は、タイコ型に切り、水洗い後薄い外皮を除きます。酢酸 6％液に 5 分間つけ、次に 6％の塩水に 5 分間つけて芽が伸びないようにします。

　甘酢漬けは砂糖 20～30％、酢 1％、食塩 2～3％に 3 週間以上漬けるのが一般的です。

　キムチ漬けや醤油漬けにも向き、フライや天ぷらもできます。

主な栄養成分（可食部 100 g あたり）

成分	生	甘酢漬け	エシャロット（生）
カリウム	230 mg	38 mg	290 mg
ビタミン C	23 mg	0 mg	21 mg
食物繊維	21 g	3.1 g	11.4 g

（「日本食品標準成分表 2010」より）

ブロッコリー ［アブラナ科］

栽培カレンダー　　基準：道央圏

栽培方法	4月	5月	6月	7月	8月	9月	10月
べたがけ	タネまき	植えつけ	収穫	収穫			
春まき		タネまき	植えつけ	収穫	収穫		
晩春まき			タネまき	植えつけ	収穫	収穫	
初夏まき				タネまき	植えつけ	収穫	収穫

■ タネまき　■ 植えつけ　■ 収穫

1. 生い立ち

ブロッコリーは、ケールから分化したキャベツの仲間で、原産地は地中海東部です。

日本へは明治時代に導入されましたが普及せず、一般に食べられるようになったのは、冷蔵庫が普及した昭和40年代からです。

現在では、緑黄色野菜の代表的品目で、北海道は一大産地となっています。

2. 生育特性

数枚の葉がひらいたら、生長点にたくさんの花（「花蕾」からい）ができます。花は各葉のわき芽にもできます。

花蕾には約7万個ものつぼみができます。私たちが食べているのは、この開花前の花蕾です。

生育適温は18〜20℃です。花をつくり始める温度は早生種が22℃以下、中生種で17℃以下の低温です。

これらの低温を感じるには、一定の大きさが必要ですが、小さな苗を植えつけ低温にあたると、葉数が少ないうちに花ができてしまい、小さい花蕾になってしまいます。葉が5〜6枚の大きめの苗を植えつけると、葉数が多くなり大きな花蕾を収穫できます。

花芽の生育適温は15〜18℃です。

3. 畑の準備

適正土壌酸度はpH5.5〜6.5です。

前年の秋に、完熟堆肥2kg/m²と、苦土石灰100g/m²をまき、よく耕します。

根こぶ病が発生したことのない畑で栽培しましょう。

4. 品種

時期により、栽培しやすい品種が異なります。

北海道で栽培されている主な品種

栽培方法	品種名
べたがけ	ピクセル、緑嶺
春まき	
晩春まき	ピクセル、サマーポイント
初夏まき	おはよう、スターラウンド

（種苗カタログより）

このほかに、茎ブロッコリーの「スティックセニョール」もあります。（P151を参照）

5. 苗づくり

本数が少ない場合は、市販されている苗を使用しましょう。本数が多い場合は、以下の手順で苗づくりをしましょう。

ポットでの苗づくり

お椀の底で丸く印をつけ、タネを4〜5粒まく

直径6cmのポット

タネの深さ1cm

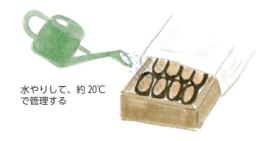

水やりして、約20℃で管理する

セルトレイでの苗づくり

　セルトレイに3粒まきして、本葉が1〜2枚になったら間引きして1本立ちにします。間引き後、葉が2.5枚になったら、直径6cmのポットに移します。

7. 植えつけ

　平均気温が10℃以上になったら、苗を植えつけましょう。

　高さ10〜15cmのベッドをつくり、畝幅60〜70cm、株間35〜40cmに植えつけます。

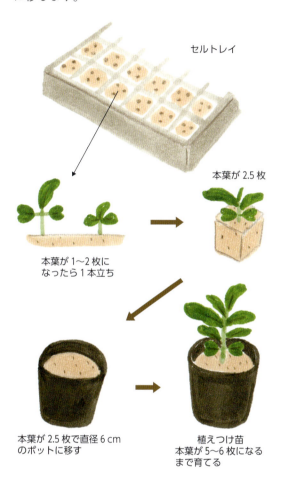

　5月に植えつける場合は、保温、風よけ、害虫予防をかねて、防虫ネットや不織布でトンネルをつくると、初期の生育がよく効果的です。

6. 施肥

　基肥は、化成肥料(8-8-8) 50 g/m² と、過リン酸石灰 50 g/m² をまいて耕し、ベッドをつくります。

肥料成分量(1 m² あたり)

区分	窒素(N)	リン酸(P)	カリ(K)
基肥	4 g	14 g	4 g
追肥	10 g	—	8 g

※追肥はつぼみができ始めるころにまく
※表は8月どりの基準

(「北海道施肥ガイド2015」より)

防虫ネットでトンネル

8. 追肥

植えつけから1カ月後の花蕾が見え始めるころに、株間に追肥します。

化成肥料(8-8-8)100 g/m² を、株間にまき、倒伏防止をかねて株元に土寄せします。

また、収穫後、追肥してわき芽につく側花蕾を育てます。

9. 病害虫対策

夏の高温と雨で、花蕾が腐敗する花蕾腐敗病、軟腐病が発生します。

害虫では、コナガ、モンシロチョウが発生します。

水はけをよくし、害虫被害はべたがけ資材や防虫ネットで覆うなどの対策をしましょう。
(花蕾の生理障害については次ページを参照)

10. 収穫

花蕾の大きさが10～13 cm、長さ15 cmで収穫します。茎も食べられます。

わき芽の側花蕾も食べられます。

収穫

花蕾の収穫

側花蕾の利用

側花蕾が4～5個伸びた状態

11. 栄養価・食べ方・保存

パセリに次いでビタミンCを多く含み、ゆでても損失の少ない代表的な緑黄色野菜です。

カリウム・リン・鉄・カルシウムなどのミネラル分も豊富です。

また、ガンの発生要因となる突然変異の発生頻度を減少させる抗変異抑制率が60～70％と高いことも明らかになっており、機能性成分も多い野菜です。

カットして、塩か酢か小麦粉を少し加えてゆでると、色素の分解がおさえられ、緑鮮やかにゆで上がります。

味は淡白なので、いろいろな味つけの料理に使えます。

貯蔵温度調査では、0℃で21日、5℃で7日、10℃で2日間、緑色を保つことができます。

氷詰めで、0℃で流通しています。

保存する場合は、ラップで包んで冷蔵庫の野菜室に立てて置きます。冷凍保存する場合は、かためにゆでましょう。

主な栄養成分　花蕾部(可食部100gあたり)

成分	生	ゆで
βカロテン	800 μg	770 μg
ビタミンC	120 mg	54 mg
葉酸	210 μg	120 μg
食物繊維	4.4 g	3.7 g

(「日本食品標準成分表2010」より)

ブロッコリーの異常花蕾

■ **キャッツアイ（俗称）**

　ブロッコリーの花（つぼみ）ができる適温は17℃以下です。花ができる6月に異常高温があると、途中で花の生育が止まったり遅くなります。

　途中でつぼみの生育が遅れると、その部分が黄緑色の小さいつぼみとなり、宝石のキャッツアイのように見えます。対応は難しく、この症状が発生しづらい品種が現在開発されつつあります。

　ただし、農家の方には大きな問題ですが、病気ではなく普通に食べられるので、家庭菜園では、あまり問題にする必要はありません。

■ **リーフィー（さし葉）**

　ブロッコリーの花蕾（からい）の発育適温は15～18℃です。しかしこれより高い温度が続くと、花蕾を支える茎のわきの葉が伸び、花蕾を突き抜けて表面まで出てきます。これをリーフィーといいます。

　農家で販売する時には、裏側からこの葉を引き抜いて調整しますが、これは気象が原因で病気ではなく、家庭菜園では問題ありません。

ロマネスコ栽培のポイント

　カリフラワーと同様に栽培します。

　ただし、生育期間が長く、植えつけ後、70～80日ほどかかります。収穫は花蕾が直径14cmほどに大きくなるころです。高温が続くと形が崩れるので、直径10cmほどで収穫しましょう。

　春早くに植えつけ、低温にあたると、花蕾が紫色になることがありますが、ゆでると緑色にもどります。

茎ブロッコリー栽培のポイント
（スティックセニョール）

　ブロッコリーと同様に栽培します。

　中心の花蕾が500円玉の大きさになったら摘み取り、収穫します。その後、わき芽が伸びそれぞれに花蕾が大きくなります。わき芽が長さ20cmほどになったら、葉2枚を残して摘み取り収穫すると、茎がやわらかく、収穫本数もふやせます。

葉2枚を残して長さ20cmで収穫

カリフラワー ［アブラナ科］

栽培カレンダー　基準：道央圏

栽培方法	4月	5月	6月	7月	8月	9月	10月
べたがけ	タネまき	植えつけ		収穫			
露地		タネまき	植えつけ		収穫		

■ タネまき　■ 植えつけ　■ 収穫

1. 生い立ち

原産地は地中海東部でキャベツの仲間です。

ケールから分化したブロッコリー群から、純白で花蕾の大きいものが選抜されてできたとされています。

日本へは明治時代に導入されましたが普及せず、一般に食べられるようになったのは、昭和40年代以降です。しかし栄養価の高いブロッコリーの拡大で消費を奪われ、栽培面積は減少しています。

近年、白だけでなく、黄、緑、紫とさまざまな品種も開発され、また「ロマネスコ」のような形状の特異な種類も普及しています。

2. 生育特性

葉が20枚ほどになったら、生長点にたくさんの花（花蕾・からい）ができます。

ブロッコリーの花がつぼみまで発育するのに対し、カリフラワーは、花がつぼみになる前の初期で発育がとまり、大きな花蕾になります。私たちが食べているのは、この花蕾です。

生育適温、花芽のできる条件は、ブロッコリーと同じです。

3. 畑の準備

適正土壌酸度は pH 5.5〜6.5 です。

前年の秋に、完熟堆肥2 kg/m² と、苦土石灰100 g/m² をまいてよく耕します。

根こぶ病が発生したことのない畑で栽培しましょう。

4. 品種

北海道で栽培されている主な品種

品種	種子元	花蕾色	遮光方法	早晩性
スノークラウン	タキイ	乳白	縛葉	早生
イーグル	ノバルテス	乳白	葉折	やや早生
バロック	サカタ	乳白	葉折	やや早生
抱月	野崎採種場	乳白	縛葉	中性
ブライダル	サカタ	乳白	葉折	やや晩生
オレンジ美星	サカタ	橙	放任	早生
オレンジブーケ	タキイ	橙	放任	中早生
バイオレットクイン	タキイ	濃紫	放任	早生
パープルフラワー	武蔵野	濃紫	放任	中早生
ユーロスター（ロマネスコ）	朝日工業	淡緑	放任	中早生

（種苗カタログより）

ロマネスコは、生育日数が長く、タネまきから収穫まで100〜120日、植えつけ後70〜80日は必要です。

5. 苗づくり

ブロッコリー（P148-149）を参照してください。

6. 施肥・追肥

基肥は、化成肥料（8-8-8）120 g/m² と、過リン酸石灰 30 g/m² をまいて耕し、ベッドをつくります。

肥料成分量（1 m² あたり）

区分	窒素(N)	リン酸(P)	カリ(K)
基肥	10 g	14 g	10 g
追肥	8 g	—	6 g

※追肥は、つぼみがつき始めるころにまく

（「北海道施肥ガイド 2015」より）

追肥

植えつけから1カ月後の花蕾が見え始めるころに、株間に追肥します。

化成肥料(8-8-8)100 g/m² を、株間にまき、倒伏防止をかねて株元に土寄せします。

生育期間の長い「ロマネスコ」の場合は、植えつけ後から25日おきに3回に分けて化成肥料(8-8-8) 60 g/m² を株間にまき、土寄せします。

7. 植えつけ

平均気温が10℃以上になったら、苗を植えつけできます。

高さ10〜15 cmのベッドをつくり、畝幅65〜70 cm、株間45〜50 cmに植えつけます。

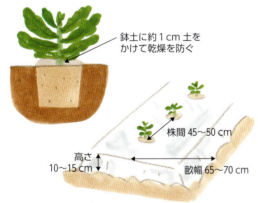

ロマネスコの場合は株間45〜50cmとやや広くする

8. 花蕾の遮光方法

花蕾が卵大になったら、黄色く変色するのを防ぐため、品種の特性に合わせて葉をヒモでしばるなど、花蕾に光があたらないように遮光します。橙・紫・緑色の品種は遮光の必要はありません。

中心の葉が5〜6枚になったら、右上の図のように葉をしばります。また、中心の葉の先端を数枚折って花蕾にかぶせてもよいです。

- 花蕾の直径が卵大になったら、中心の葉5〜6枚をヒモでゆるくしばる
- 葉の先端を折り、花蕾にかぶせてもよい

9. 収穫

花蕾の大きさが10〜13 cm、長さ15 cmで収穫します。茎も食べられます。

葉をしばってから約15日後、花蕾の間にすき間ができる前に収穫しましょう。

ブロッコリーと異なり、葉の側芽が伸びないので、側花蕾は収穫できません。

10. 栄養・食べ方・保存

カリフラワーはホウレンソウよりビタミンCが多く、カリウムやカルシウム、鉄も豊富です。また、食物繊維も豆類と同様に多いです。特にビタミンCはゆでても損失が少ないです。

小房に切り、塩か酢か小麦粉を少し加えてゆでると、白くゆで上がり甘みも残ります。ゆですぎると崩れやすくなるので、ややかためにゆでましょう。

ブロッコリー同様、水分が多いので低温で保存します。温度は0℃で、湿度95〜98%が貯蔵に適しています。

保存する場合はラップで包み、冷蔵庫の野菜室に立てて置きます。

主要栄養成分(可食部100gあたり)

成分	花蕾(生)	花蕾(ゆで)
カリウム	410 mg	220 mg
カルシウム	24 mg	23 mg
鉄	0.6 mg	0.7 mg
ビタミンC	81 mg	53 mg
食物繊維	2.9 g	3.2 g

(「日本食品標準成分表2010」より)

※病害虫・生理障害については、ブロッコリー(P150)を参照

セルリー　セロリ　[セリ科]

栽培カレンダー　　　基準：道央圏

栽培方法	2月	3月	4月	5月	6月	7月	8月	9月	10月
トンネル		■			■		■		
露地				■		■		■	

■ タネまき　■ 植えつけ　■ 収穫

1. 生い立ち

セルリーの野生種は地中海沿岸のやや塩分や石灰分のある湿った土壌に生えており、古代ギリシャ、ローマ時代から、薬用や香料として利用されていました。

食用としての利用は不明ですが、17世紀にはヨーロッパで品種改良が進んでいます。

日本へは朝鮮出兵時に持ち帰られ、江戸時代に「清正人参」と呼ばれ一部栽培されています。

本格的な栽培は明治以降ですが、一般に普及したのは、戦後洋食が普及してからです。

2. 生育特性

セルリーは葉の下の柄の部分の太い「葉柄（ようへい）」を利用します。

生育適温は15〜22℃です。25℃以上では生育がおさえられるので、やや冷涼な気候を好みます。

発芽適温は18〜22℃です。15℃以下、25℃以上では発芽が悪くなります。

本葉が3〜4枚になるころに10〜15℃の低温と8時間以上の日の長さに20日ほどあたると、生長点に花ができ、葉数が少なくなります。したがって、苗は15℃以上での保温が必要です。

3. 品種

家庭菜園では、生育期間が短く、病気に強い「トップセラー」がつくりやすいです。「コーネル619」は葉柄が太く、やわらかいです。

北海道で栽培されている主な品種

品種名	早晩性	葉柄色	葉茎数	種子元
コーネル619	晩生	黄白	多	—
サミット	晩生	黄白	多	三方原農園
トップセラー	中生	淡緑	中	タキイ

（種苗カタログより）

4. 苗づくり

育苗期間が長く、苗づくりが難しい品種なので、市販の苗を購入することをおすすめします。自分で苗づくりする手順は、以下の通りです。

タネまき

市販の育苗用園芸培土を箱に詰め、5cm間隔で深さ5mmのタネまき溝をつくります。

スジまきし、土を5mmほど薄くかけて、手で軽くおさえます。

ポリポットにばらまきし、間引きしてもよいです。

温度は昼23℃、夜18℃を目安に管理しましょう。

ぬれた新聞紙で覆い、乾いたら水やりする。発芽まで約2週間

間引き

本葉が1〜2枚になったら、ピンセットで株間2cmに間引きます。

鉢上げ

本葉が3枚になったら、直径10〜12cmのポリポットや鉢に移して、本葉が7〜8枚になるまで管理します。

本葉が3枚　　植えつけ苗　本葉が7〜8枚

5. 畑の準備・施肥

根が酸素を好むので、水はけのよい畑が適しています。また、有機質が多く、肥料をたくさんまいても問題の少ない畑がよいです。

適正土壌酸度はpH 5.6〜6.8です。

前年の秋か早春に、完熟堆肥4 kg/m²と、苦土石灰200 g/m²をまいて、深くおこします。

基肥は、化成肥料（8-8-8）380 g/m²をまき耕して、ベッドをつくります。

肥料成分量（1 m²あたり）

区分	窒素(N)	リン酸(P)	カリ(K)
基肥	30 g	30 g	24 g
追肥	20 g	—	16 g

※追肥は2〜3回に分けてまく分の合計

（「北海道施肥ガイド2015」より）

6. 植えつけ

トンネル栽培では5月中旬〜下旬、露地栽培は6〜7月上旬に、本葉が7〜8枚になった苗を植えつけます。

2条植えの場合は、条間40 cm、株間40 cmです。

根づくまで、1週間は植え穴に水やりしましょう。

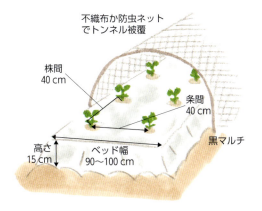

7. 病害虫対策

病気では、軟腐病、斑点病、葉枯病、モザイク病などが発生しますが、家庭菜園では、肥料のやりすぎや芽かき、収穫後の雨や水やりで、軟腐病が発生しやすいので注意しましょう。

害虫では、アブラムシ、ヨトウガなどが発生します。防虫ネットや不織布でトンネル被覆すると予防できます。葉柄を生食するので、無農薬での栽培がおすすめです。

8. 下葉とわき芽かき・追肥・水やり

植えつけから約40日後、株元から横に伸びるわき芽が出てきます。わき芽が6 cmくらいになるころ、わき芽を出す下葉と一緒にかき取ると、中心の葉柄がよく育ちます。

わき芽のかき取り直後の水やりはさけましょう。

追肥は、植えつけ後、20日間隔で3回、マルチの端をはいで、化成肥料（8-8-8）80 gをまきます。水やりは株元をさけ、ベッドのわきか畝間にしましょう。

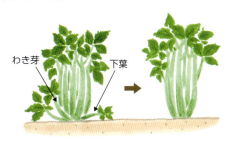

9. 収穫・保存

家庭菜園の場合、どの大きさでも収穫でき、かき取ったわき芽も食べられます。

大きい株の収穫は、植えつけ後60〜70日です。株ごと切り取り収穫する方法と、大きい葉柄から順次切り取り収穫する方法があります。

収穫が遅れると、葉柄にすが入り品質が落ちるので注意しましょう。

保存は新聞紙に包み、冷蔵庫の野菜室へ。

10. 栄養価・食べ方

食物繊維が多く、腸内環境を整えます。また独特の香り成分アピインは、神経をしずめ血圧上昇をおさえる効果があるとされ、セダノライトは肝臓の解毒作用を支えます。

セルリーはビタミンCが少なく、淡色野菜に分類されますが、独特の香りが珍重される野菜です。香りを生かす、サラダやスープ、漬け物、炒め物などさまざまな食材として利用されています。葉柄だけでなく、葉も利用できます。

主な栄養成分（可食部100 gあたり）

成分	生
カリウム	410 mg
ビタミンC	7 mg
食物繊維	1.5 g

（「日本食品標準成分表2010」より）

アスパラガス　[ユリ科・クサスギカズラ科 APG iii]

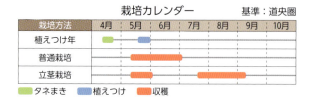

1. 生い立ち

　アスパラガスの野生種は、北アフリカ、南ヨーロッパ、中央アジア地域と広く分布しています。古代エジプト王朝の食卓にアスパラが見られるので、野生種を摘み取り食材にしたと思われます。ローマ時代には栽培されており、中世時代には痛風に効果があるとして栽培が広がりました。「ホワイト」も食べられるようになり、ルイ14世の好物だったことは有名です。

　日本へは江戸時代、オランダ人が長崎に伝えましたが観賞用でした。

　明治4(1871)年、北海道開拓使がアメリカから導入し、札幌官園で栽培が始まりました。

　大正7(1918)年に下田喜久三が岩内町で栽培を始め、喜茂別町に「日本アスパラガス株式会社」が設立され、缶詰生産が始まっています。

　昭和30年代までは、ホワイトアスパラガスが中心でしたが、その後、グリーンアスパラガスの利用が拡大しました。ホワイトアスパラガスは、缶詰用は激減しましたが、近年、青果用の生産が始まっています。

2. 生育特性

　アスパラガスは多年生作物で、10〜15年ほど収穫できます。

　発芽して茎を伸ばし、枝を出して茎が変化し、葉と同じように光合成する「擬葉（ぎよう）」がひらきます。擬葉の光合成によりつくられた養分は、太い貯蔵根に運ばれ蓄えられます。

　秋に紅葉して地上部は枯れ、越冬します。

　春に根の貯蔵養分を使って、新しい茎を次々に伸ばします。この新しい若茎を刈り取り食材にします。

　根の貯蔵養分が少なくなる6月下旬で収穫をやめます。以後、伸びる茎葉で光合成をし、翌年に向けて、根に貯蔵養分を蓄えます。

　立茎栽培は、春に1カ月ほど収穫し、以後、若茎を5本伸ばしてその茎で養分をつくります。その後伸びてくる若茎を秋まで収穫します。

　ホワイトアスパラガスは、茎に土を盛って若茎に光があたらないようにして栽培します。

　発芽適温は25〜30℃と高いですが、**生育適温**は15〜20℃と涼しい気候が適しています。

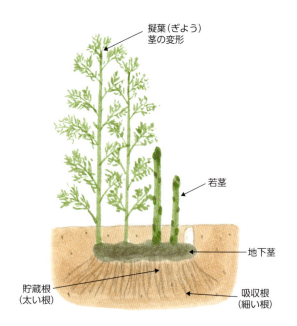

3. 品種

北海道で栽培されている主な品種

品種名	雌雄区分	特徴
ガインリム	全雄	太い、多収、倒れにくい
スーパーウェルカム	混合	太い、やや多収
バイトル	混合	やや多収
グリーンタワー	混合	立茎栽培向き
満味紫	混合	濃紫色

(種苗カタログより)

4. 畑の準備

連作障害が出やすい作物なので、アスパラガスを栽培したことのない畑で栽培しましょう。

アスパラガスは太い貯蔵根に養分をためます。この貯蔵養分の多少が収量と味を決めます。

そのため、根が深く広く張れる畑づくりが、一番重要です。前年の秋に、植えつける畑の準備をしておくのが最善ですが、遅くても5月上旬までには準備しましょう。

最適土壌酸度はpH 6.0〜7.0です。

完熟堆肥6〜10 kg/m^{2}と、苦土石灰200〜300 g/m^2、過リン酸石灰100 g/m^{2}をまいて、できるだけ深く(40〜50 cm)、畑をおこしながら混ぜます。

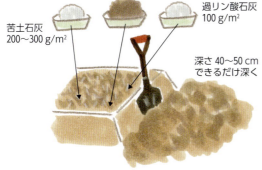

5. 苗の確保

家庭菜園では、栽培本数が少ないので、市販の苗か、根株を購入するとよいでしょう。自分で苗を育てる場合は、4月中旬に直径9 cmのポリポットに2粒まきして、室内の窓辺で発芽させます。

市販されている肥料入り園

芸培土を利用しましょう。

発芽までは約25℃確保します。発芽してきたら、生育の悪い方をハサミで切り取り、1本立ちの苗にします。

40〜50日で、草丈が10 cm以上になるまで育てます。

6. 植えつけ

10年以上は収穫できるので、畑づくりと生育時期にあわせた肥料の与え方が大切です。

5月下旬〜6月上旬に苗を植えつけます。

植えつけ時の施肥

植えつけの10日前に植えつけ溝を掘ります。この時に下記の方法で肥料を与えましょう。

深さ約20 cmの植え溝を掘ります。堀り上げた土に、化成肥料(8-8-8)120 g/m^{2}と、過リン酸石灰50 g/m^{2}をまき、よく混ぜながら植え溝に埋め戻し、深さ12〜15 cmの植え溝をつくります。

肥料成分量(1 m^{2}あたり)

区分	窒素(N)	リン酸(P)	カリ(K)
植えつけ年	10 g	20 g	10 g
融雪直後	5 g	15 g	5 g
収穫打ち切り時	5 g	—	5 g

※普通栽培の場合 (「北海道施肥ガイド2015」より)

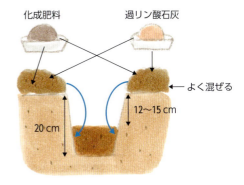

苗の植えつけ方

ポリポットから出した苗の根鉢を、植え溝に置き、土を5 cmほどかけて軽く手でおさえます。

畝幅150 cm
株間30 cmになるように植えつける

根株の植えつけ

種苗店の根株を購入して植えつける場合、苗の植えつけと同様の植え穴を準備します。株間 30 cm として根を広げて置き、深さ 5 cm になるように土をかぶせます。

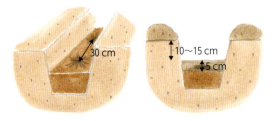

7. 2年目以降の春の施肥・収穫

雪がとけたら、ベッドに肥料を散布しましょう。化成肥料（8－8－8）50 g/m² と、過リン酸石灰 50 g/m² をまきます。

若茎が 25 cm ほど伸びたら、株元から切り取り収穫します。収穫期間は、株の年齢で異なります。（下表を参照）

長く収穫しすぎると、収穫打ち切り後の生育が悪くなり、株が衰弱します。

株の年齢	収穫期間
植えつけ後 2 年目	1 週間～10 日
植えつけ後 3 年目	30 日
植えつけ後 4 年目以降	50～60 日

8. 収穫終了時の施肥・茎の管理

その年の収穫を終える数日前に、肥料を与えます。化成肥料（8－8－8）180 g/m² を株間にまき、草取りをかねて、土壌表面に混ぜましょう。

伸びてきた茎が風で倒れると、擬葉で養分をつくる量が少なくなるので、支柱を立てテープで倒れないようにします。

秋になり、葉が黄色く紅葉して、葉の養分が全部根に送り込まれたら、茎を根元から刈り取り畑から出します。

古い株で、1 株の茎数が多くなりすぎる場合は、細い株を切り取り、1 株 10～15 本くらいに整理しましょう。

倒伏防止

9. 立茎栽培法

従来の収穫は、春 1 回だけでしたが、立茎栽培は春と夏の 2 回収穫できます。

春の収穫を 30 日で中断し、その後伸びる若茎を収穫しないで、1 株あたり 4～5 本残し大きく育てます。下葉を取り除き、株元に光があたるようにします。この茎葉で新しい養分をつくりながら、7 月下旬～9 月上旬まで、株元に出てくる若茎を収穫します。

肥料は普通栽培と同様に与えますが、それに加えて収穫を始めたら、20 日ごとに追肥します。化成肥料（8－8－8）50 g/m² を株間にまきます。

畑が乾く場合は、水やりしましょう。

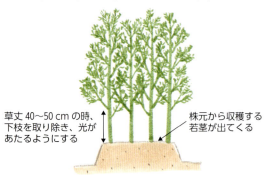

10. ホワイトアスパラガスの栽培法

ホワイトアスパラガスは、若茎に光をあてないようにして育てたものです。

土を盛り、光をあてない方法は家庭菜園でもできます。数株栽培してみましょう。

春の雪どけ後、グリーン同様に肥料を与え、高さ 25 cm の畝になるように土を盛ります。収穫終了後は、畝を平らに崩します。

土を盛る代わりに、箱や塩化ビニール管で囲い土を入れる方法もあります。

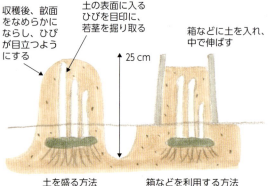

土を盛る方法　　箱などを利用する方法

11. 病害虫対策

アスパラガスは10年以上生育しますが、病気や、害虫被害は株の寿命を短くします。

病気で問題となるのは、斑点病、茎枯病、疫病です。

斑点病は、茎や擬葉に小さな斑点を発症し、症状が進むと株全体の擬葉が9月中に枯れてきます。そのため、秋に貯蔵養分を十分につくれず生育が悪くなり、収量が減り、糖分も少なく味も落ちます。また、株の寿命

斑点病

も短くなります。北海道のアスパラガスで一番問題となっている病気です。

ダコニール1000の1000倍液で防除し、秋に枯れた茎や擬葉をできるだけ畑に残さないようにしましょう。

疫病は、近年日本でも発生し、北海道でも水田地帯の古い産地で発生し始めています。

苗や植えつけ後の若い時期にも発生し、地際がやわらかくなり腐敗して株が枯れます。もし発生したら、水はけのよい、

疫病

新しい畑に植え直す方がよいでしょう。

茎に紡錘形の病斑の出る、茎枯病も発生したら、新しい畑に植え直しましょう。

害虫では、テントウムシに似た、ジュシホシクビナガハムシが発生する場合がありますが、大きな被害にはならないので、家庭菜園では防除の必要はないでしょう。

雌株の果実の処理

雌株には赤い実がたくさんつき、養分を取られて貯蔵根の状態が悪くなります。可能なら青く小さいうちに摘み取るのがよいでしょう。

たくさんついた果実

アスパラガスのアレロパシーについて

アスパラガスは、有害物質を出して自己中毒を起こすので、同じ場所に植えつけない方がいいです。この影響で5年間あけて植えつけても生育が悪いとの調査結果があります。

12. 栄養価・食べ方・保存

グリーンアスパラガスはカロテン、ビタミン類が多く、穂先にはアスパラギン酸やルチンも多く含まれています。

アスパラギン酸は有害物質の排出や神経保護の効果があるとされ、ルチンは毛細血管を丈夫にする効果があるといわれています。

ホワイトアスパラガスには、グリーンに含まれない苦み成分のサポニンが含まれます。

サポニンは活性酸素の働きをおさえ、血栓を予防するなど、老化防止効果があるとされています。

グリーンアスパラガスは独特の歯触り、香りが楽しめます。根元がかたいので皮をむき、根元から先にゆでましょう。

塩水でゆでて冷水で冷やすと、鮮やかなグリーンを維持できます。鮮度の低下が早いので、なるべく早く利用しましょう。

保存適温は0〜5℃です。−0.5℃で凍結し始めます。

2％塩水で1分ほどゆで、冷水で冷まし、水切りしてポリ袋に入れ、冷凍保存すると1〜2カ月保存できます。

主な栄養成分（可食部100gあたり）

成分	グリーン		ホワイト
	生	ゆで	水煮缶詰
カリウム	270 mg	260 mg	170 mg
カルシウム	19 mg	19 mg	21 mg
βカロテン	370 μg	360 μg	7 μg
ビタミンC	15 mg	16 mg	11 mg
ビタミンB_1	0.14 mg	0.14 mg	0.07 mg
食物繊維	1.8 g	2.1 g	1.7 g

（「日本食品標準成分表2010」より）

ミョウガ ［ショウガ科］

1. 日本独特の野菜

ミョウガは東アジア原産ですが、食用として栽培されているのは日本と、日本の食文化の影響を受けた韓国、台湾の一部だけです。

日本独特の香味野菜で、特有の香りや色合い、辛みなどを楽しめる家庭菜園の一角にあってもよい作物です。

2. 生育の特徴

生育適温が21〜23℃と、やや冷涼な気候を好み、冬に地上部は枯れますが、地下茎は北海道でも越冬できます。ただし、土壌が凍結する地域では枯れる場合があるので、深く植えつけます。

地下茎が伸びて、芽を伸ばし7〜8枚の大きな葉がひらきます。このころから地下茎の芽に花ができ始め、葉が13枚になる8月下旬ごろから株元に小さな竹の子のようなつぼみ（花蕾）が出てきます。

つぼみがひらく前に収穫するのが「花ミョウガ」、地下茎から伸びてくる茎を、黒いビニールや黒寒冷紗で覆い、軟白して茎を利用するのを「ミョウガダケ」といいます。家庭菜園では、花ミョウガの収穫が簡単です。

3. 品種

葉が小さくて色が濃く、8月には開花する夏ミョウガ（早生ミョウガ）と、葉の色が薄くて秋に開花する秋ミョウガがあります。

北海道は生育期間が短いので、早生種の夏ミョウガ（陣田早生）が栽培しやすいです。

4. 畑の準備・施肥

半日陰で肥沃な畑を好みます。前年の秋か、4月下旬に、完熟堆肥2 kg/m² と、苦土石灰100 g/m² をまき、よく耕します。

基肥は、植えつけ前に、化成肥料(8-8-8) 60 g/m² をまき、ベッドをつくります。7月に追肥として同じ肥料の場合、30 g/m² を株間にまきます。

翌年以降は、春に本葉が2〜3枚になったら60 g/m²、7月に30 g/m² をそれぞれ株間にばらまきます。

5. 植えつけ

地温が15℃以上になる5月下旬以降、深さ10 cmの植え溝に地下茎（根株）か、または混み合った株を間引きした株を植えつけます。

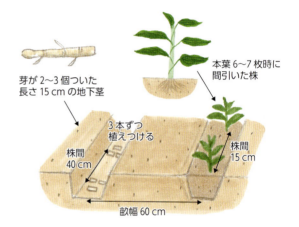

6. 収穫・食べ方・保存

8月下旬ごろ、株元に出てくるつぼみを収穫します。開花すると、苦みが出て食感も悪くなるので、開花前に収穫します。直径1〜2 cmで紅色のものが高品質です。

アクがあるので、刻んで水にさらし、天ぷらや和え物、酢の物などにしましょう。

乾燥すると香りがなくなるので、ぬらしたキッチンペーパーに包み、冷蔵庫の野菜室で保存します。

ギョウジャニンニク ［ユリ科・ヒガンバナ科 APG iii］

1. 北海道を代表する山菜

　亜寒帯地帯や高山の冷涼な地帯に自生し、日本では、北海道をはじめ、奈良県以北の高山地帯に自生しています。修験道の行者が食べたのでギョウジャニンニクと呼ばれますが、北海道ではキトピロとも呼ばれます。ギョウジャニンニクを示すアイヌ語のキトと、日本語のヒルからキトピロといわれるようになったといわれています。

　ニンニクよりもアリシンを多く含みます。アリシンは血圧の安定、視力維持、ビタミンB_1の活性維持効果があるとされ、季節感や独特の風味を楽しむため、山どりだけでなく栽培もふえています。

2. 生育の特徴

　半日陰が生育に適しています。

　タネが落ち、2年目に葉1枚が伸び、3年目で葉が2〜3枚になり、4年目で生育のよい株は、花茎が伸びて花が咲きます。5年目で収穫できる鉛筆ほどの太さのギョウジャニンニクになります。株は分けつして葉数も多くなります。

7月下旬　タネが落ちる

2年目　葉が1枚伸びる

3年目　葉2〜3枚

4年目　開花する

5年目　収穫できる大きさに生育

3. 苗づくり・施肥・植えつけ

タネまきと苗づくり

　7月中旬〜下旬にネギ坊主からタネをとります。乾燥すると休眠して発芽しないので、タネを取ったらすぐにまきましょう。

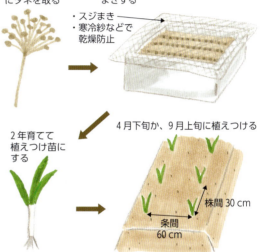

果実が茶色に変色する時期にタネを取る

プランターに肥料入り育苗用園芸培土を入れ、3cm間隔、深さ2cmにタネまきする
・スジまき
・寒冷紗などで乾燥防止

2年育てて植えつけ苗にする

4月下旬か、9月上旬に植えつける
株間 30 cm　条間 60 cm

株分けによる植えつけ (10月上旬)

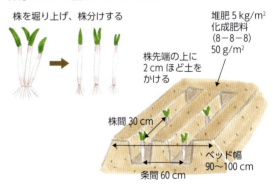

株を掘り上げ、株分けする

株先端の上に2cmほど土をかける

堆肥 5 kg/m²
化成肥料（8-8-8）50 g/m²

株間 30 cm　条間 60 cm　ベッド幅 90〜100 cm

4. 収穫と翌年以降の管理

　春に若芽が出て、葉がひらきかけたら地際から2〜3cm残して切り取り収穫します。株元から新しい芽が伸び、2〜3年でまた収穫できます。毎年収穫するために畑の1/3だけを収穫しましょう。

　収穫後、有機化成肥料 50 g/m² を株間にまきます。または、堆肥 4 kg/m² だけでもよいです。

プランター栽培

庭の隅や壁際、室内の窓辺にちょっとした空間があればプランター栽培は可能です。畑で病気の出るナスやイチゴなども、プランターだと無病の土で栽培できます。雪に閉ざされた冬でも室内は暖かいので、栽培が楽しめます。

1. プランター栽培の特徴

プランター栽培は、室内や狭い場所での栽培が可能で、土の量も少なくすみます。そのため長所や短所があるので、その特徴を理解して栽培しましょう。

長所
① プランターや鉢を置ける場所があれば狭くても栽培できます。
② 北海道では畑で栽培できない冬も、栽培可能。
③ 市販の園芸用培土を使用すると、土壌病害を心配せず栽培できます。

短所
① たくさん育てるのが難しいです。
② 根の張る場所が狭く、プランター内の水分が少ないため、頻繁に水やりが必要です。特に、トマトやナスなどの果菜類は葉からの蒸散量が多く、毎日の水やりが必要となります。
③ 室内では光の量が少なく、生育が弱りやすくなります。

2. プランター栽培しやすい野菜

どんな野菜でも栽培できますが、なかには難しいものもあります。

種類	簡単	やや難しい	難しい
果菜	ミニトマト つるなしインゲン	大玉トマト ナス、ピーマン キュウリ、イチゴ	スイカ メロン
葉茎菜	コマツナ タイナ、ミズナ パセリ	レタス、ミツバ ホウレンソウ、ネギ サラダナ、シソ	セルリー
根菜	ラディッシュ (20日ダイコン) カブ	ジャガイモ ニンジン	ダイコン ゴボウ ナガイモ

3. 野菜にあったプランターを選ぶ

栽培する作物にあったプランターを選びます。いろいろなサイズや形状のプランターが販売されているので、下の表を参考に選びましょう。

プランターの種類	長さ cm	幅 cm	深さ cm	野菜の種類
標準プランター	65	22	18.5	コマツナ、ホウレンソウなどの葉菜類、小ネギ、イチゴ、ラディッシュ、豆類
菜園プランター	64	38	17.5	
ジャンボプランター	90	34.5	24	
深型プランター	60〜70	26〜30	27〜32	ミニトマト、ピーマンなどの果菜類
深鉢・米袋 肥料袋	50〜60	30〜45	50以上	ダイコン、ニンジンなどの根菜類、キュウリ、ゴーヤー
コンテナ	48.5	32.5	29.5	

※プランターには排水のための水抜きが必要
袋の場合、直径約1cmの水抜き穴を底の方に数個あける

標準プランター

ジャンボプランター

深型プランター

4. プランターに入れる土の準備

プランターで栽培する場合、プランターに入れる培土は市販されている園芸培土を使うのが無難です。

しかし、毎回購入するのは経済的にも大変です。昨年使用した土や、春からプランターで一度栽培した培土があれば、これを再利用するといいでしょう。

一度使用したプランターの培土の調整方法

プランターから野菜を抜き取り、土をトレーかシートに出します。

右のプランターから取り出した培土（左）

培土を目の粗いふるいにかけて、根の残さを除きます。

ふるいに残った残さ

ふるいにかけた培土

作物の根や残さを取り除いた培土を使う場合は、新しい市販の培土と混ぜて、P164の表の施用量を参考に肥料を入れ、葉もの野菜の栽培に利用しましょう。

果菜類を栽培した培土、生育の悪かったプランター培土の扱い

果菜類を栽培した土は、土壌病害菌が繁殖している場合があるので、そのまま再利用するのはやめましょう。また、葉菜類を栽培して、発芽後に枯れたりした培土も同様です。

これらの培土はゴミ袋に入れ、翌年の夏に直射日光のあたる戸外に2カ月以上置きます。太陽光熱で高温にして土壌を消毒し、再利用できます。

ゴミ袋に入れて、太陽光熱で消毒

袋内の土の温度が45℃以上で一定期間必要。高温の時間が長いほど殺菌効果は上がる

培土の施肥

新しく園芸培土を購入して使用する場合は、肥料入り培土の場合はそのままプランターに入れて準備します。

一度使用した培土や太陽光熱で消毒した培土の場合は、下図を参考に、タネまきの1週間前までに準備しましょう。

でき上がりの培土100ℓ（標準プランター5、6個分）

自分でプランター用培土を新たにつくる方法

下図を参考によく混ぜ合わせましょう。

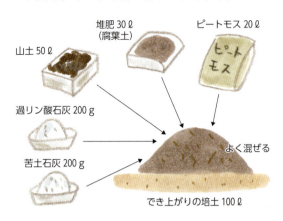

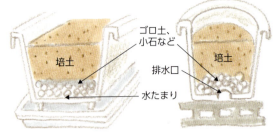

室内では水がこぼれないように受け皿を敷く　　屋外やベランダではブロックの上に乗せる

上記の培土に肥料を入れる場合は、下表が目安です。

でき上がりの培土100ℓあたりの施用量（基肥）

区分	肥料の種類	施用量
葉茎菜類	化成肥料	80〜100g
	ロング肥料	100g
果菜類	有機化成肥料	200g
	ロング肥料	150g
根菜類	化成肥料	150g

※それぞれの肥料成分は［N−P−K＝8−8−8］
※ロング肥料は効きめが長い

5. 追肥の与え方

　ロング肥料を使用する場合は、追肥の必要はありませんが、化成肥料や有機化成肥料の場合は、果菜類で追肥が必要です。追肥時期は各野菜のページを参考にしましょう。

　追肥量は野菜の基準量（1m²あたり）をプランターの面積で換算して決めます。

　標準プランターの場合は、基準量の1/6ほどの量を根元から少し離してプランター全体にばらまきましょう。

6. プランターへの土の詰め方

　プランターの底にゴロ土や小石、培土の順に入れ、底に水がたまらないようにして、通気も確保します。水抜き穴のついているプランターを使用しましょう。

7. 培土の水分の調整・水やり

　手で握ってひらくと、土の塊が1〜2つに割れるくらいの水分状態にします。

　乾いた培土に一度に水を入れると、団子状態になり、均一な水分にならないので、数回に分けて水やりしましょう。

　タネまき後はかぶせた土を傷めないように新聞紙をのせ、その上から、ジョウロや水差しで水やりしましょう。新聞紙は発芽を確認するまで、そのままにします。

8. 葉菜類栽培のポイント

　葉菜類は最も育てやすく、冬も栽培できます。コマツナ、ミズナ、タイナ、ホウレンソウ、サラダナなどは標準プランターに2条まきします。板で深さ0.5〜1cmのタネまき溝をつくります。

　約1cm間隔でスジまきして土をかけ、軽く手でおさえます。新聞紙をかぶせて上から水をやり、発芽したらはがします。

　途中、間引き菜としても食べられます。

刈りタイナの発芽状況

ミニホウレンソウ　　サラダナ

9. 果菜類栽培のポイント

　果菜類は、生育期間が長く、野菜も大きくなるので栽培はやや難しくなります。底の深さが30cm以上のプランターを用意しましょう。

　支柱が倒れないようにします。水やりで肥料が流れ出すので、追肥は間隔を狭め、生育状況を見ながら与えます。

　葉の面積が多いので、水分はどんどん蒸散します。晴天日は、毎朝水やりしましょう。

プリンスメロン

小玉スイカ

メロンやスイカは、ディスプレーとしても楽しめる

果菜用深型プランター

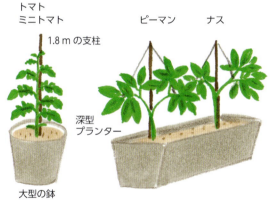

追肥は株元から離す

　イチゴは標準プランターで栽培できます。P45を参照してください。

10. 根菜類栽培のポイント

　根菜類ではラディッシュ（二十日ダイコン）がプランター栽培で最も栽培しやすいです。生育期間が短く、サイズも小さいので、標準プランターに2条まきできます。株間1cmを目安にスジまきして、間引き菜として利用しながら、株間2cmまで間引きます。

　無農薬栽培できるので、サラダに向いています。

　ダイコンやニンジンは直根が深くまっすぐ伸びるので、本来プランター栽培に適していませんでしたが、近年ミニダイコンやミニニンジンが開発され、プランター栽培ができるようになりました。ミニニンジンは標準プランターで、ミニダイコンは30cmほどの深さがあれば栽培可能です。カブも同程度のプランターを使いましょう。

標準プランターで育てたラディッシュ

標準プランターで育てた
ミニダイコン（寸づまりの例）

標準プランターで育てた
ミニニンジン

トロ箱や肥料袋などの廃品を利用した根菜類の栽培

大型のプランターは高価ですが、トロ箱や肥料袋などを利用し、高価な購入培土ではなく、畑の土を入れて栽培すると経済的です。

肥料袋は底に水抜きの穴をあけ、肥料を入れた土を入れて倒れないように立てます。

トロ箱は、底に水抜きの穴をあけた箱を下に置き、上に底をくりぬいた箱を重ねて2段にします。ゴボウの場合は、同様に3段重ねにします。

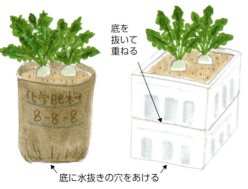

肥料袋を活用　　発泡スチロールのトロ箱を活用
底を抜いて重ねる
底に水抜きの穴をあける

11. 冬季間の室内栽培の注意点

冬の室内は以下のような特殊な環境です。特徴を理解して栽培しましょう。

なかでも、葉菜類が最も栽培しやすいです。

光が弱い
室内への太陽光は、窓の構造による差はありますが、戸外の半分程度と少なくなります。

昼夜の温度差が少ない
室内は暖房しているため、夜間も一定の温度が保たれ戸外より昼夜の温度差が小さくなります。

乾燥している
冬季間の室内は暖房するため、空気はとても乾燥しています。

弱い光
窓

12. プランター栽培での病害虫対策

プランター栽培では、できるだけ農薬を使用しないで栽培したいものです。

以下の方法で病害虫による被害を減らしましょう。

- 購入培土か、太陽熱消毒ずみの土を使用しましょう。

- 葉菜類は、戸外栽培の場合、防虫ネットでトンネル被覆しましょう。
  果菜類は防虫テープを張り、アブラムシの飛来を防ぎましょう。

- 上記の方法で防除しても病害虫が発生してしまう場合は、P204の表を参考に、天然系の農薬を散布して防除しましょう。
  室内栽培で発生した場合は、プランターを戸外に出し、農薬を散布してから室内に戻しましょう。

防虫ネットでトンネル

防虫テープでアブラムシを防ぐ

栽培計画

栽培を始める前に、育てたい野菜や本数、場所、時期など、事前に計画を立てておくことが大切です。病害虫を減らしたり、日あたりをよくするなど、野菜をより元気に育てることができます。

1. 栽培計画を立てる前に

●どのような目的で、何を育てるか

自分が食べるための野菜のほかにも、珍しい野菜を栽培してみたい、家族と一緒に栽培したい、友人にも配りたいなど、目的にあわせて栽培する野菜を検討しましょう。家族みんなで希望を出し合って相談するのもよいでしょう。

●どこで栽培するのか

自宅の菜園やベランダ、市民農園、貸し農園など、畑の面積や自宅からの距離、管理できる日数などで栽培する野菜が大きく異なります。

●いつ栽培するか

野菜によってタネまき時期、植えつけ時期、収穫時期が異なります。
特に貸し農園などは利用可能な期間にあった野菜を選びましょう。

2. 計画のつくり方

●何株、何本栽培するか

限られた菜園で効率的に育てるためには、野菜ごとに、どれくらいの収穫量が見込めるのかをあらかじめ想定しておきましょう。
$1m^2$ あたりで栽培できるのは、トマトなら3本、キュウリ1～2本、ダイコン5本、ニンジン33本などです。詳細はP173の表を参考にしてください。

●栽培する場所を決める

栽培場所を決める時は、以下の「連作障害をさけること」「日あたり」「それぞれの野菜の生育期間」について考りょすることが大切です。

(1)連作障害をさけよう

毎年同じ場所で同じ野菜を育てる(連作)と、病気や害虫が発生しやすくなったり、生育が悪くなったりします。これを連作障害といいます。
なぜ連作障害は発生するのでしょうか。

①肥料成分の偏りと、土のかたさや土壌酸度の悪化

作物の肥料の吸収の仕方は、それぞれに特徴があります。連作すると、栽培前に与える肥料には含まれていない、生育に欠かせない「必須微量元素」(P184参照)のなかで不足するものがでてきます。

また、同じ肥料を与えるので、吸収されないまま残る酸性成分によって、土壌が酸性化します。

さらに、吸い残された肥料が蓄積し、バランスが崩れます。

これらの野菜への影響は慢性的なため、いつの間にか生育が悪くなり、気づかないこともあります。

②病気や害虫被害の増加

連作すると、その作物を侵す病気や害虫が畑に残り、年々ふえます。また同じ野菜だけでなく、同じ科の野菜にも発生します。

土壌病害により連作障害が発生しやすい野菜

ナス科	トマト、ジャガイモ、ピーマン、トウガラシ類など
ウリ科	スイカ、メロン、キュウリなど
アブラナ科	ハクサイ、キャベツ、ブロッコリー、カリフラワー、コマツナ、タイナ、ダイコン、カブ、ラディッシュなど
マメ科	エダマメ、サヤインゲン、サヤエンドウなど
ヤマノイモ科	ナガイモ

③アレロパシーの影響をうける

アレロパシーとは、植物が特定の物質を出してほかの作物の生育をおさえたり、動物や微生物を防いだり、また引き寄せたりする作用の総称です。

代表的な作物はアスパラガスです。アスパラガスは自分の出したカフェ酸などで自己中毒を起こすため、同じ畑にアスパラガスを植えつけると生育が悪くなります。この影響は5年以上も続くことが確認されています。

①〜③の連作障害をさけるために下記の期間をあけて栽培しましょう。

栽培を休む期間の目安

栽培を休む期間	主な野菜
連作障害が少ない	タマネギ、ネギ、カボチャ、ズッキーニ、ニラ
1〜2年	ダイコン、ニンジン、カブ、ホウレンソウ、インゲン
3〜4年	トマト、ナス、ピーマン、メロン、ハクサイ、レタス、キュウリ
4年以上	サヤエンドウ、スイカ、ゴボウ、ユリネ

※スイカは自根苗の場合

(2)日あたりを考えよう

育ってきた環境から、日あたりのよい場所を好む野菜と日陰でも生育する野菜があります。これらを考慮して栽培計画をつくりましょう。

光の強さに対する野菜の反応

日あたり	野菜
よい場所を好む	トマト、ナス、ピーマン、キュウリ、スイカ、メロン、カボチャ、トウモロコシ、タマネギ、ダイコン、ニンジン、カブ、ハクサイ、キャベツ、マメ類、ブロッコリー、カリフラワー
悪くても耐える	ホウレンソウ、ナガネギ、ニラ、シュンギク、レタス、サラダナ、コマツナ、ジャガイモ、イチゴ、アスパラガス、パセリ、セルリー
弱いところを好む	ミツバ、セリ、フキ、キノコ類

(3)生育期間を考えて計画しよう

以下のことも考えながら計画を立てましょう。
①タネまき、植えつけた年に収穫できる野菜か。
②タネまき、植えつけして越年し、2年目に収穫できる野菜か（ニンニク、ラッキョウなど）。
③アスパラガス、ニラ、畑ワサビ、イチゴなど、植えつけてから数年継続して生育し、収穫する野菜か。

連作障害で特に問題になる病害虫

- **土壌病害のバーティシリウム菌による各種萎凋病**
  ナス半身萎凋（はんしんいちょう）病、ピーマン半身萎凋病、イチゴ萎凋病、ダイコンバーティシリウム黒点病などがあります。この菌は10年以上畑に残ります。ジャガイモには症状は出ませんが、菌をふやします。

- **菌核病**
  野菜の残さに菌核をつくります。畑の中で越冬し、後作で発生します。マメ類、キュウリ、アブラナ科の野菜で多く発生します。

- **根こぶ病**
  根こぶ病菌により、キャベツ、ハクサイ、コマツナ、ミズナなどアブラナ科野菜の根でふえ、コブをつくりしおれてしまいます。

- **ジャガイモソウカ病**
  1度発生すると、毎年侵されます。

- **センチュウ類**
  植物に寄生するキタネグサレセンチュウ、キタネコブセンチュウが、ニンジン、ダイコン、ゴボウなどに寄生して、黒変、斑点、岐根（きこん）が発生します。

ナス半身萎凋病
この菌は10年以上畑に残る

ダイコンバーティシリウム黒点病
左のナスの畑と同じ菌で発生

キャベツの根こぶ病
後作のコマツナでも発生

ジャガイモソウカ病
毎年発生する

3. 栽培計画例

下図のように畑を分割して、毎年ローテーションしながら栽培する野菜を変えます。

Aの野菜を2年目はB、3年目はC、4年目はDの場所で栽培し、5年目にまた元の場所に戻ります。各ブロックの野菜も同様に移動します。

永年作物と越年作物はローテーションしなくてもよいです。ただし、アスパラガスを植えなおす時は別の場所に植えます。越年作物の次回の栽培場所は、変えた方がよいでしょう。

また、連作障害をさけるために、次のことにも注意して栽培しましょう。

> **連作障害をさけるための注意点**
> ①果菜類はイネ科やネギ類のあとに栽培すると、病害虫の発生が少なくなる。
> ②ジャガイモ、ダイコン、ニンジンなどの根菜と果菜類は1年間、栽培間隔をあける。

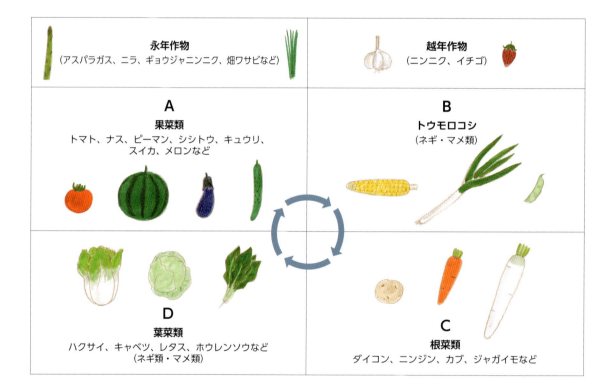

畑が細長い場合の例

畝単位でも前年の栽培品目と変えた方がよいでしょう。

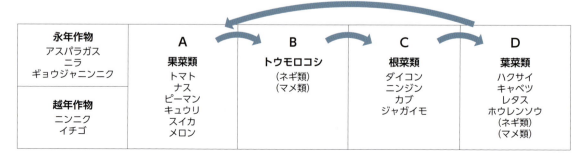

4. 作業計画・作業カレンダーづくり

栽培する野菜が決まったら、それぞれの作業計画をつくりましょう。

作業カレンダーに終えた作業を記載して、日付を入れておきましょう。作業カレンダーは栽培を振り返り成功するための貴重な資料になります。

記載しておいた方がよい項目
① 品種
② 施肥した日
　肥料の種類・まいた量
③ タネまき量（タネまき面積あたりの量）
④ 草とりや水やりの日付
⑤ 芯摘み、枝や葉を整理した日
⑥ 病害虫の発生を確認した日
⑦ 農薬などを散布した日
　散布した農薬の種類
　散布濃度
　散布量
⑧ 収穫した日や本数、個数
⑨ そのほかに気がついたこと

作業計画表の例

野菜		ダイコン(1作目)		トマト	
月	旬	作業	日付け	作業	日付け
4	上				
	中				
	下	畑おこし	22日	畑おこし	22日
5	上	施肥	4日	施肥	4日
	中	タネまき	13日	（マルチ被覆）	
	下			植えつけ	20日
6	上	間引き	5日	ホルモン処理	1日
	中	防除(農薬名)	10日	（1回目）	
	下				
7	上				
	中	収穫	15日	収穫始め	20日
	下				
8	上				
	中				
	下				
9	上				
	中				
	下				
10	上			収穫終わり	
	中			あと片づけ	15日
	下			（堆肥・石灰）	
11	上				
	中				
	下				

5. 札幌の平均気象データ

自分の地域の過去の気象データを確認して、育てたい野菜に適したタネまきや植えつけの時期を決めましょう。

札幌市の雪と霜の初日と終日の平年値

雪	初日	10月28日
	終日	4月19日
霜	初日	10月25日
	終日	4月24日

※データは気象庁ホームページより
http://www.data.jma.go.jp

札幌の気温の平年値（1981〜2010年）

栽培できる期間

主な野菜のタネまき・植えつけ・収穫時期（道央圏基準　トンネル・マルチ・露地栽培）

分類	野菜	タネまき	植えつけ	収穫期	備考
果菜類	トマト類	3月20日～4月5日	5月20日～6月5日	7月25日～10月5日	ミニ・中玉も同様
	キュウリ	4月20日～5月10日	5月25日～6月15日	7月15日～10月10日	風よけ保温が必要
	ナス類	3月10日～20日	5月25日～6月10日	7月15日～10月10日	
	ピーマン類	3月20日～31日	5月25日～6月15日	7月15日～9月30日	シシトウ・ナンバン類
	カボチャ（移植）	4月15日～25日	5月15日～25日	8月15日～9月5日	ポリ鉢苗
	カボチャ（直まき）	6月1日～15日	―	9月15日～10月10日	
	エダマメ	5月15日～6月5日		8月15日～10月10日	品種で収穫期は異なる ハトなどの鳥害のある地域は、苗を育てて移植
	サヤインゲン	6月1日～7月15日		8月5日～9月30日	
	サヤエンドウ	5月20日～7月10日		7月20日～9月30日	
	トウモロコシ	5月10日～6月20日		8月10日～10月15日	苗植えも可能
	スイカ	4月10日～25日	5月15日～31日	8月5日～31日	植えつけ時、マルチを張り、トンネルや保温キャップなどを行う
	メロン	4月10日～25日	5月15日～31日	8月5日～31日	
	イチゴ（一季なり）	―	8月20日～31日	6月25日～7月20日	市販の大苗の春の植えつけも可能
	イチゴ（四季なり）		5月15日～31日	7月20日～11月10日	秋の植えつけも可能
根菜類	ダイコン	4月25日～8月15日		7月1日～10月31日	品種でタネまき時期が異なる
	ニンジン	4月25日～6月20日		7月25日～10月31日	4月のタネまきはべたがけが必要
	カブ	4月25日～8月25日		6月20日～10月20日	
	ジャガイモ	―	5月10日～20日	8月20日～9月20日	浴光催芽したタネイモを使用
	ナガイモ	―	5月10日～20日	11月1日～20日	催芽したタネイモを使用
	ゴボウ	5月10日～6月20日	―	9月10日～11月20日	
葉茎菜類	ハクサイ（移植）	5月1日～7月31日	6月1日～8月20日	7月20日～10月10日	
	ハクサイ（直まき種）	―	7月20日～31日	10月25日～11月5日	
	キャベツ	4月10日～6月25日	5月10日～7月25日	6月25日～10月10日	
	レタス	4月15日～7月10日	5月10日～8月5日	7月10日～10月10日	
	サラダナ	4月25日～9月15日	―	6月5日～10月25日	
	コマツナ	4月25日～9月15日		6月5日～10月25日	
	ミズナ	4月25日～9月15日		6月5日～10月25日	小さいうちに、すぐり菜として収穫可能 4月のタネまきはべたがけ保温が必要
	シュンギク	5月10日～8月31日		6月20日～10月15日	
	チンゲンサイ	4月20日～8月31日		5月25日～10月15日	
	タアサイ	4月20日～9月15日		6月10日～10月25日	
	タイナ	4月25日～9月15日		5月10日～10月31日	
	カラシナ	4月25日～8月31日		6月5日～10月31日	
	ホウレンソウ	5月1日～8月31日	―	6月10日～10月20日	時期により品種が異なる
	ブロッコリー	4月15日～7月5日	5月15日～7月31日	7月10日～10月31日	
	カリフラワー	4月15日～7月5日	5月20日～7月25日	7月15日～10月25日	ハウス内で育苗するか、購入苗を使用
	セルリー	2月15日～4月15日	5月20日～6月25日	8月1日～10月10日	
	アスパラガス	4月5日～15日	5月20日～31日	5月10日～7月10日	
	タマネギ	3月1日～15日	5月1日～15日	8月25日～9月20日	
	長ネギ	3月1日～4月25日	5月25日～7月25日	8月10日～10月31日	小さくても収穫可能
	長ネギ（越冬どり）	5月10日～31日	7月10日～31日	4月10日～5月31日	
	小ネギ	4月25日～7月31日	―	7月5日～10月5日	すぐり菜として収穫可能
	ニラ	4月25日～5月15日	7月20日～8月10日	5月10日～6月20日	
	ミツバ	4月25日～7月10日	―	6月1日～10月10日	
	ニンニク	―	9月20日～31日	7月20日～31日	
	アサツキ	―	9月1日～10日	4月15日～5月15日	
	パセリ	3月10日～20日	5月25日～6月5日	7月15日～10月10日	小さくても収穫可能
	ノザワナ	4月25日～9月5日		7月1日～10月31日	

主な野菜(露地栽培)の1m²あたりの植えつけ本数と収穫の目安

	野菜	植えつけ 本数	収穫量 kg/m²	栽植密度 株間 cm	栽植密度 畝幅 cm	備考
果菜類	トマト	3	8	40	100	中玉トマトも同様。側枝利用2本仕立ては株間60 cm
	ミニトマト	3	5	40	100	側枝利用2本仕立ては株間60 cm
	キュウリ	1〜2	8	50〜90	120	株間は、1本仕立て50 cm、3本仕立て120 cm
	ナス	2〜3	4	50	135	接ぎ木苗の場合、生育旺盛なので株間を少し広くとる
	ピーマン	2〜3	5	40〜50	100	ナンバン2本／鉢植えでもよい
	カボチャ	0.3	1.5	100	300	カボチャ1株2個、ミニカボチャは1株5〜6個
	ズッキーニ	1	1	100	100	大株になる。狭いと収穫しづらい
	エダマメ	8	1	20〜30	60	茶豆など、晩成種は株間を広くとる
	サヤエンドウ	5	1	4〜6	120〜150	2粒まきの場合、株間15〜20 cm
	サヤインゲン	4〜5	1.5	30〜45	60〜90	株間はつるなし30 cm、つるあり45 cmで栽培
	トウモロコシ	4	1.2	30	75	2本仕立ての場合は株間45〜60 cm
	イチゴ	5〜6	2	30	90	春に芽かきすれば、数年、株を維持できる
	スイカ	0.3	4	80〜100	300	1株あたり、3 m²は必要
	メロン	0.5	2	80	250〜300	1株あたり、2 m²は必要
根菜類	ダイコン	5	5	24〜27	65	ベッド幅75 cm、通路55 cmの2条植え
	ニンジン	33	4	8〜10	30	2条まきの場合、ベッド幅70 cm、条間12 cm
	カブ	35	4	10	20	中カブの場合は株間22 cm、畝幅66 cm
	ジャガイモ	5	3	25〜30	70〜75	畝幅は土寄せして畝をつくるため、70 cm以上必要
	サツマイモ	3	2	30	100	つるが伸びるので、隣の畝や野菜と1 m間隔が必要
葉茎菜類	ホウレンソウ	80〜100	2	5	20	1 m²あたり90株を目標に間引き
	ニラ	10	1	20〜30	35	同一株で4年ほど収穫できる。葉が細くなったら更新
	シュンギク	30〜50	1.5	15〜18	20	抜き取り収穫の場合は株間4 cm
	ブロッコリー	4	1	40〜45	60〜66	側枝についた花蕾も収穫できる
	カリフラワー	34	1.5	40〜45	66〜75	株間をブロッコリーよりやや広くとる
	アスパラガス	3	0.5	30	120〜150	10年以上生育させるので、土づくりをしっかり行う
	タマネギ	30	4〜5	10〜12	30	3.5葉苗を5月15日までに植えつける
	長ネギ	37	5	6	90	1株2本植え、土盛りするので畝幅90 cm必要
	小ネギ	800	2.5	1	10	1 cm間隔に1粒まきして、すぐり収穫する
	キャベツ	5	6	33〜50	60	サワータイプは株間33 cm、寒玉は株間50 cm
	ハクサイ	3	6	50	60	7月20〜30日に直接、畑にタネまきできる
	レタス	5〜6	2	33	60	結球まで育てる
	リーフレタス	20	2	30	45	サラダナは広幅まき(ばらまき)してすぐり収穫できる
	セルリー	5	5	40	40	80 cm幅ベッドに2条植えが適している

主な野菜の分類（科が同じ野菜）

科	主な野菜の種類						
アブラナ科	ダイコン、カブ、ラディッシュ、ハクサイ、ブロッコリー、カリフラワー、メキャベツ、プチベール、コールラビー、タイナ、コマツナ、ミズナ、クキタチナ、ナバナ、クレソン、ケール、ワサビダイコン						
ナス科	トマト、ナス、ピーマン、トウガラシ、シシトウガラシ、ジャガイモ、ホオズキ						
ウリ科	キュウリ、スイカ、メロン、マクワウリ、アジウリ、シロウリ、ユウガオ、ヒョウタン、ヘチマ、トウガン、ゴーヤー（ニガウリ、ツルレイシ）						
マメ科	ダイズ（エダマメ）、インゲン、エンドウ、ソラマメ、ラッカセイ、リョクトウ（モヤシ）、ハナマメ、アズキ、ヒヨコマメ、フジマメ						
ユリ科	ネギ、タマネギ、ニンニク、ラッキョウ、ニラ、アサツキ、ワケギ、リーキ、エシャロット、ユリネ、ギョウジャニンニク、アスパラガス						
セリ科	ニンジン、ミツバ、セルリー、パセリ、ハマボウフウ、アシタバ、ウイキョウ、パースニップ						
アカザ科	ホウレンソウ、フダンソウ、ビーツ、ビート、トンブリ、スイスチャード、オカヒジキ、ホウキグサ						
キク科	レタス、ゴボウ、シュンギク、食用ユリ、チコリー、エンダイブ、フキ、キクイモ、セルタス、アーティチョーク、サルシフィー						
イネ科	トウモロコシ、ポップコーン、タケノコ、イネ、ムギ、エンバク、マコモ						
ヤマノイモ科	ナガイモ、ヤマノイモ、ジネンジョ		シソ科	シソ、タイム、ハッカ		バラ科	イチゴ、リンゴ、ナシ
アオイ科	オクラ、オカノリ		ショウガ科	ショウガ、ミョウガ		ヒルガオ科	サツマイモ、エンサイ（空心菜）
ウコギ科	ウド、タラ		シナノキ科	モロヘイヤ		タデ科 ムラサキ科	ルバーブ、コンフリー

※ 上の表は、一般的に普及しているクロンキスト体系による分類（従来の形態的分類法）
※ APGⅢ（被子植物系統グループ Angiosperm Phylogeny Gruop）の体系による分類（遺伝子情報による分類で、現在は主流）では、タマネギ、ニラ、ニンニク、ギョウジャニンニクはヒガンバナ科、ネギ、アサツキ、ラッキョウはネギ科、ユリネはユリ科、アスパラガスはクサスギカズラ科、ホウレンソウはヒユ科に分類。

農機具の準備

　家庭菜園を始めるにあたり、用意しておくと便利な農機具です。作業の効率があがり、仕上がりもきれいになります。なお、購入する際は、実際に持ってみたり触ったりして使い心地が自分にあっているか、使いやすいかどうかなど確かめてからにしましょう。農機具は、使用後すぐに洗い、土を落とすと長持ちします。

畑を耕したり、植えつけベッドづくりに

スコップ（ショベル）
畑づくりの必需品。深く掘るのに便利な先がとがったものと、四角いものがある

クワ（鍬）・すき鍬
土を掘りおこして耕したり、ベッドをつくり、土寄せにも使う

レーキ
ベッドの形を整え表面を平らにする。草刈り後の草や枯れ草を集める

畝づくり用のヒモ（線引きロープ）
まっすぐで均一な高さのベッドをつくるための必需品。一方の棒をベッドの端にさし、もう一方をつくりたい長さまで渡して土にさしたら、ヒモを目印にクワを使ってベッドをつくる

苗の植えつけ、タネまき後の覆土に

マルチ穴あけ器
マルチフィルムを敷いた上からさし込んで切り取り、円形の植え穴を掘る

移植ゴテ
苗の植えつけやポットの土詰めなどの必需品。サイズがいろいろあるので、用途にあわせて選ぶ

ふるい
肥料をまんべんなくまいたり、タネをばらまきした時に軽く土をかけるのに便利。また、土の粒の大きさをそろえ、ゴミや小石を取り除く時にも使用

除草や管理に

ホー
発芽直後の小さい雑草取りや細かい部分の土寄せに便利

草抜き
根の深い雑草を根ごと抜く

スプレー
ホルモン処理や、プランター栽培の水やりなどに使用

収穫・運搬に

カマ（鎌）
ハクサイやブロッコリーなどの収穫や、草刈りに使用

ハサミ
果実や小さい葉菜類の収穫に使用。手にあった使いやすいものを選ぶ

一輪車
肥料や収穫物、作物残さを運搬するのに使用

病害虫防除で農薬をまく時に

電池式噴霧器
肩からかけてシャワー状にまく。5ℓほど入る。菜園が広く、栽培本数が多い場合に便利

小型防除スプレー
栽培本数が少ない菜園で使用。局所的な散布が可能

土づくりと堆肥

作物はタネがまかれた場所、植えつけられた場所から動くことができず、その場所で一生をすごします。動物のように生活しやすい場所を探して移動することができません。
畑は野菜の定住場所です。堆肥を与え、野菜が最も生育しやすい環境をつくることが土づくりです。

土づくり

野菜にとって生育しやすい畑とは？

野菜は地中に根を伸ばし、自分の体を支え、養分や水、酸素を吸収して生育します。

そのため、畑には以下の4つの条件が整うことが大切です。

①根が抵抗なく伸びる土のかたさであること。
（抵抗なく指がささるかたさ）
②石ころやれきが少なく、50cmほど掘っても水が湧いてこないこと。
③土の中に多くの空気と水が含まれていること。
④野菜を侵す病原菌やセンチュウ、害虫が少ないこと。

つまり、「水はけがよくて保水性も高く、深くまでやわらかくて、病害虫のいない畑」が野菜にとって生育しやすくよい畑の条件ということになります。

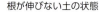
根が伸びない土の状態

水の層がある

かたい層がある

石ころやれき、分解していないバーク堆肥などが原因で、ダイコンやニンジンなどの根菜類がまっすぐに伸びることができない

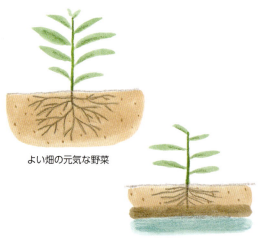
よい畑の元気な野菜

悪い畑の生成不良の野菜

よい畑とは？

野菜にとってよい畑をつくるには、土の中の空気と水の動きを知り、イメージするとよいでしょう。

雨水や水やりした水は、重力によって土の間を下に流れていきます。

粒子と粒子の間が0.1mm以下と狭い場合、水の表面張力や毛細管現象により、流れ落ちません。一方、広いすき間は重力で水が流れ落ち、その空間は新鮮な空気（酸素）で満たされます。

この狭い空間と広い空間のバランスがよく組み合わさった畑が、理想的な畑となります。

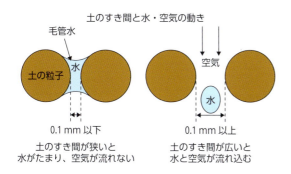

団粒構造の土とは？

土のすき間が理想的に組み合わさった土壌を「団粒（だんりゅう）構造」といいます。

畑の土は毎年有機物を入れないで耕し続けると、次第に細かい土壌の粒子になります。

土壌中には非常にたくさんの微生物がおり、土1gの中に1億以上の微生物が生息しているといわれます。細菌（バクテリア）や糸状菌（カビ）が中心ですが、1m²の深さ15cmの土壌に700gの微生物が棲んでいるといわれています。

これらの微生物は、土の中の養分や有機物、また微生物自体をエサとして生活しています。

微生物は、有機酸などを出し、これらはノリの役割をして、土の粒子同士を団子状態にくっつける役割も果たします。

堆肥などの有機物は、微生物によって分解が進むと、最後には「腐植（ふしょく）」といわれる黒い物質になります。この腐植は、肥料と結びついて肥料もちをよくします。また、土同士を結びつけて団子状態をつくります。このようにしてできた土の団子で土壌が構成され、団粒構造になります。

団粒構造の土は、団子と団子の間に大きな空間ができて、多くの空気（酸素）を含むことができます。

一方、団子を構成する土の粒子と粒子の間は狭く水が流れにくいため、多くの水（毛管水）を含むことができます。

そして、土はいろいろな空間をバランスよく含むため、やわらかくて根が伸びやすい土壌となります。

団粒構造と堆肥

微生物のエサになる畑の有機物は、補給しないと、年々分解されて減少していきます。

微生物のエサとして効果的に畑に補給できるのは、家畜のフンと植物の遺がいを組み合わせて発酵させた堆肥です。

堆肥を1m²あたり、2kgほど畑に与えると、有機物の畑での減少分を補い、土壌の団粒構造を守ることができます。

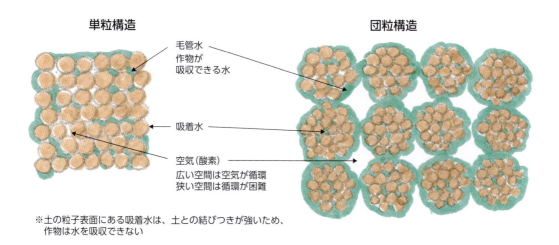

※土の粒子表面にある吸着水は、土との結びつきが強いため、作物は水を吸収できない

堆　肥

堆肥の種類と特徴

ホームセンターにはさまざまな種類の堆肥が販売されています。堆肥はその原料や有機物による分解の程度によりいくつかの種類に分かれ、利用方法が異なります。

市販されている代表的な堆肥の特徴と使い方を紹介します。

牛ふん堆肥

牛は4つの胃を持っており、食べたエサは十分な時間をかけ、しっかりと消化されます。そのため、ふんには、肥料成分となる窒素などが少ないです。

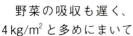

野菜の吸収も遅く、4 kg/m^2 と多めにまいても野菜の生育への影響が少ないため、一番利用しやすい堆肥です。

豚ぷん堆肥

堆肥のなかでは野菜が吸収しやすい肥料成分がやや多いです。

堆肥に含まれる肥料成分が袋に記載されていますが、そのうち50％がまいた年に吸収されます。

豚ぷん堆肥をまいた場合は、肥料の量を少し減らすようにしましょう。

馬ふん堆肥

馬は牛に比べて多くの牧草を食べます。噛み方が粗く消化も少ないので、栄養分も繊維分も多い利用価値が高いふんです。

この未分解の有機物を分解するために、多くの微生物が繁殖し、土壌改良に最も適した良質の堆肥になります。

鶏ふん堆肥

鶏ふんは肥料成分が多く、牛ふんの3.3倍、豚ぷんの1.5倍含まれています。堆肥として利用するには肥料成分が多すぎるため、土壌改良の目的で使うのには向いていません。有機質肥料として考えてまき、肥料の量を減らしましょう。

堆肥の使用方法

畑の土づくりを効果的に進めるために、どのように堆肥をまいたらよいでしょうか。

まく量

畑の団粒構造を守り、よい環境を維持するためには、2 kg/m^2 ほどの堆肥を毎年まくとよいです。

また、堆肥の種類で異なりますが、堆肥に含まれる肥料成分の約20％くらいがまいた年に野菜に吸収されます。毎年、堆肥をまいている畑は、前年、前々年の堆肥からも肥料成分が出てきます。それが盛んになるのは、温度の上がる初夏以降です。これらの肥料成分は、畑自体が持つ肥料成分として働きます。

したがって、春の地温の低い時期に生育させる

分の肥料さえあれば、栽培できるようになります。
　毎年まく場合は、2kg/m²を基準に考え、これまで堆肥をまいていなかった畑は、4kg/m²を基準にまきましょう。

まく時期

　堆肥を畑にまく最もよい時期は、10月中旬です。この時期は畑の地温がまだ少し高く、まかれた堆肥は、畑で分解しながら冬を迎えます。
　冬の寒さで分解が中断していた堆肥は、春に再び分解し始め、臭いも少なくなります。
　9月中に堆肥をまくと、まだ地温が高いために分解が進みすぎて、雪どけで有用な成分が流れ去ってしまいます。
　一方、11月だと地温が低すぎて分解が進まず、春にまいた場合とあまり変わりません。
　特に分解があまり進んでいない未熟堆肥の場合は、春にまいた堆肥と変わらないばかりか、臭いがタネバエなどの害虫を呼び寄せます。春にまいた場合も同じです。
　未熟のバーク堆肥は、細かい木くずがそのまま残っているため、ダイコンやニンジンなどの根菜類では直接、悪影響が出ます。
　市民農園や貸し農園などで、春からしか作業ができない場合は、完熟堆肥をタネまきや植えつけの2週間前までにはまきましょう。また、根菜類では春はさけ、まいた堆肥は畑の表面に放置しないですぐに畑にすき込み、よく耕しましょう。

2kgの発酵牛ふん堆肥

2kgの堆肥を1m²にまいた状態

> **重さを量ろう**
>
> 　市販されている堆肥の袋には15ℓ、20ℓと、重さではなく量で記載されているので、家庭の体重計を使って一袋の重さを確認しましょう。

堆肥とO157（病原性大腸菌）

　大腸菌のほとんどは動物の腸内で生息し、無害です。しかしO157のように100個ほどの少しの菌でも、腹痛や下痢をおこしたり、体力のない子どもやお年寄りに腸内出血や合併症で命を危険にさらす「病原性大腸菌」もあり、毎年問題になります。
　数％の牛はこの菌を持っていますが、牛自体は症状を示さないので見分けられません。
　牛同士は水飲み場などで感染し、保菌した牛のふんにO157が含まれる危険があります。
　しかし、この菌は堆肥が発酵する時の60～70℃の温度で速やかに殺菌されます。したがって、堆肥を使用する場合はよく切り返して混ぜ、全体が発酵熱で消毒されている堆肥を使うことが大事です。現在市販されている堆肥は、よく管理され品質が保証されています。
　自分で堆肥を製造する場合は、十分に発酵させることが大切ですが、量が少ないと難しいので、堆肥は購入することをおすすめします。

購入堆肥でも次の点に注意
- 堆肥は野菜の生育中にはまかない
- まいた堆肥は速やかに畑にすき込み、よく混ぜて、畑表面に放置しない

畑の土壌酸度(pH)について

土壌酸度、pH(ペーハー、またはピーエッチ)とはなんでしょうか。
学生時代に学んだと思いますが、もう一回復習してみましょう。

pHってなに？　なぜ大切か

土の中の水分には、いろいろな成分が溶け出しています。この土壌溶液の中の水素イオン(H^+)の濃度を数値で表したものを pH といいます。

この濃度を、濃い方から薄い方に 14 段階に分け、pH 1 から pH 14 に区分しています。

水素イオンの濃度が濃いと、土壌溶液は酸性に、薄いとアルカリ性になります。

野菜には原産地の土壌の影響によって、それぞれ生育しやすい土壌酸度があります。

主な野菜の生育に適した土壌酸度は下表の通りです。

土壌の肥料成分も、この土壌酸度の影響をうけます。酸性土壌、アルカリ性土壌で野菜に吸収されにくい成分があります。

したがって、土壌酸度は、野菜を栽培するうえでとても大切な数値なのです。

主な野菜の適性土壌酸度

野菜	土壌pH 5.0〜7.5	野菜	土壌pH 5.0〜7.5
ダイコン	5.5〜7.0	タマネギ	6.0〜6.5
ニンジン	5.5〜6.5	キャベツ	6.0〜6.5
ジャガイモ	5.0〜6.5	ホウレンソウ	6.0〜6.5
トマト	6.0〜6.5	レタス	6.0〜6.5
ナス	6.0〜6.5	アスパラガス	6.0〜6.5
キュウリ	5.5〜6.5	インゲン	6.0〜6.5
スイカ	5.5〜6.5	サヤエンドウ	6.0〜6.5
メロン	5.5〜6.5	サツマイモ	5.5〜6.5
カボチャ	5.5〜6.5	トウモロコシ	6.0〜6.5

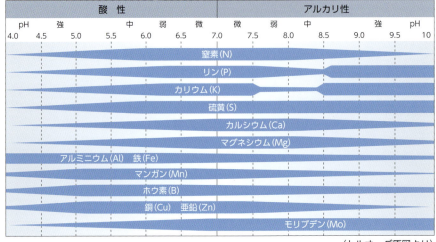

(トルオーグ原図より)

畑の土壌酸度 pH を測定してみよう

雨水は、空気中の炭酸ガスが溶け込み、弱酸性です。この雨が降り注ぐことで、雨の多い日本の土壌はやや酸性土壌になります。

日本は火山が多いため、火山灰性の土壌が広がり、火山灰に含まれるイオウなどの影響で弱酸性の土壌が多いです。

さらに、毎年肥料を与えると、野菜が吸収できない成分のなかに酸性成分が多く、土壌はより酸性化します。逆に毎年、大量に石灰を与えている畑では、アルカリ性土壌になっている事例もあります。

このように、毎年畑の土壌酸度は少しずつ変化しています。

市販されている測定器具で簡単に調べられるので、畑の土壌酸度が現在、どのような状態なのか畑の健康診断として、測定してみましょう。

土の取り方

1枚の畑につき5カ所に穴を掘り、深さ20cmまでの土（作土）を採取して、よく混ぜます。参考にその下の土（心土）も採取して調べるとよいでしょう。

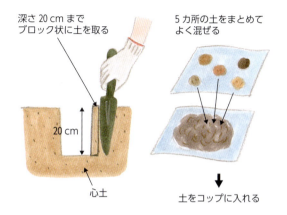

深さ20cmまでブロック状に土を取る

5カ所の土をまとめてよく混ぜる

心土

土をコップに入れる

①簡易土壌酸度計での測定法

写真は市販されている簡易測定器具です。

畑に30分ほどさし込むだけの最も簡単な測定方法です。

挿し棒（測定部）が土と密着しなければいけないので、乾燥した畑や砂の多い畑では、正しく測定するのが難しくなります。水やりし、適当な水分状態にしてから、挿し棒を土と密着させるようにさし込んで測定しましょう。

アースチェック液での測定手順

採取した土と水道水が1：2になるようにコップに入れ、よくかき混ぜます。

一晩置いて、分離した上澄み液を付属の小さな試験管に入れます。試薬を3滴入れ、フタをしてよく振ると発色します。

備えつけの比色表と比較してpHを読みとります。

上澄み液　試薬3滴

試験管

写真くらいの分離状態でもよい。上澄み液を取り、試験管へ

②アースチェック液での測定

畑の土を取り、水を入れてかき混ぜ、上澄み液に試薬を入れると色が変化し、その色で測定します。どのような土壌でも測定できます。

土壌pH値は0.5きざみですが、家庭菜園では特に問題はありません。

発色した色と比色表とを比較してpHを読み取る

pH 6.0　　　　　　　　　　　　　　　pH 6.5

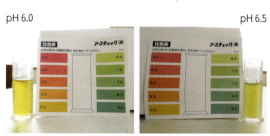

土壌酸度(pH)の改善方法

多くの野菜の適性土壌酸度は pH 6.0〜6.5 です。
測定結果から、この範囲に pH を改善するために、アルカリ性の石灰資材を与えます。
いくつかのケースに合わせて改善方法を紹介します。
※本書では、主に苦土石灰の使用例を紹介しています。

pH 6.5 以上の場合

畑には石灰分が多くたまっていると考えられるので、石灰資材の使用を休み、翌年春に再度、測定してみましょう。

pH 6.0〜6.5 の場合

年間の野菜による吸収や降雨で減少する補給分として、80〜100 g/m² ほど石灰資材をまいて、深さ 20 cm までよく混ぜて耕しましょう。

pH 5.5〜6.0 の場合

下表を参考に pH 6.5 を改善目標にして、秋に堆肥をまく前に炭酸カルシウムをまいてよく耕します。
pH 5.6 の壌土の場合、約 300 g/m² となります。

pH 5.5 以下の場合

酸性が強いので、多くの石灰資材が必要になりますが、一度に大量に与えるのはさけた方がよいです。
秋に 300 g/m²、春に 150 g/m² などと分けて与えるか、2 年かけて除々に改善しましょう。

pH 6.5 に改善するための炭酸カルシウムの施用量
(g/m²・深さ 10 cm)

土性 \ pH 測定値		5.2	5.4	5.6	5.8	6.0	6.2	6.4
砂壌土	砂を含む	330	278	229	176	128	75	26
壌土	—	439	371	304	236	169	101	34
埴壌土	粘土を含む	548	465	379	296	210	128	41
埴土	粘土質	660	559	458	356	255	154	53

※腐食含量は「富む」土壌の施用量　　(アレニウス表より)
※土性
土壌の中の粘土の割合で土壌の性質を分類したもの。粘土が最も多いのが埴土、一番少ないのが砂土。上記の表では砂土は省略

石灰資材の種類

市販されている石灰資材はいろいろあります。特徴を理解して使いましょう。

● **炭酸カルシウム**(苦土石灰・苦土タンカルなど)
アルカリ成分53％を含み、比較的おだやかに反応するので、春に与えても問題の少ない資材です。「タンカル」やマグネシウムを含む「苦土石灰・苦土タンカル」などがあります。

● **有機石灰**
アルカリ成分53％を含みますが、ホタテの貝殻を粉末にしており、反応がとてもおだやかなため、タネまきや植えつけ前でも影響が少なく、家庭菜園で利用しやすい資材です。

● **消石灰**(粉状・粒状など)
アルカリ成分が65％と多く含み、反応が強くて酸性土壌の改善効果が高い資材です。
しかし、粉末が目に入り、失明した事例があるので、家庭菜園での使用はさけましょう。

● **生石灰**
アルカリ成分80％を含み、アルカリ性が非常に強いので、まきむらがあると、発芽不良や根の障害が出ます。家庭菜園では使わないようにしましょう。

石灰使用上の注意点

石灰をアンモニアを含む窒素肥料と一緒にまくと、窒素成分をアンモニアガスとして空気中に飛散させてしまいます。石灰は肥料をまく1週間前までにまき、土とよく混ぜ合わせておきましょう。
また、石灰だけを与えると、土壌中の有機物が早く少なくなり、土もかたくなります。堆肥は、前年の秋に先に石灰をまき、1週間ほどしてから堆肥をまくと、堆肥の肥料成分への影響がないため、理想的な方法です。
風が吹く時は、バケツなどの中で、土と石灰を混ぜてから畑に散布すると飛散を防止できます。

雑草対策

家庭菜園や市民農園で最も苦労する作業が、雑草抜きです。雑草の効果的な対応を紹介します。

■雑草とは

雑草は、その畑で栽培を目的としている作物以外の植物をさします。したがって、自然に生えるジャガイモも雑草になります。

1年生雑草

春に芽を出してその年にタネをつくり、枯れる雑草です。タネでふえます。冬までにタネをつくる夏雑草と、冬越しして翌年の春にタネをつくる冬雑草があります。代表的なものに、スベリヒユ、イヌビユ、メヒシバ、スズメノカタビラ、スカシタゴボウ、シロザなどがあります。

多年性雑草

多年性雑草は、冬に枯れても、植物体の茎、根、地下茎などが生きていて、翌年にそこから芽を出して生育する雑草です。代表的なものに、スギナ、キレハイヌガラシなどがあります。

■1年生雑草の対策

タネでふえます。雑草のタネは地表面にあり、耕すことで、さまざまな深さに入り込みます。よい環境のタネは翌年発芽し、悪い環境のタネは、よい環境になるまで土中で休眠しています。したがって、タネができる前に雑草を抜き取ってしまいましょう。

十分に発酵がすすんでいない堆肥は、中で雑草のタネが生きているため、このような堆肥を使うと雑草が増加します。

小まめに小さいうちに雑草を抜くことで、年々雑草の少ない畑になっていきます。

■多年性雑草の対策

スギナもキレハイヌガラシも地下茎が残り、翌春に芽を出します。面積が少ない場合は、クワで地下茎を掘りおこし、畑に地下茎の切れ端を残さないようにします。

株が大きくなる前の、芽出し直後に作業すると、残っている地下茎を掘り出せます。株が大きくなってからでは、地下茎がさらに広がり除草が難しくなります。

面積が広い場合は、非農耕地用除草剤を散布して、株を弱らせてから抜き取りましょう。バスタ液剤100倍液100cc/m²を、作物にかからないように散布します。

地下茎から伸びたキレハイヌガラシ

イヌビユ・メヒシバ

シロザ

キレハイヌガラシ

肥料の与え方〜肥料の話

森の木や道ばたの雑草は肥料を与えられていないのに、すくすくと育ちます。なぜ、畑の作物には肥料を与える必要があるのでしょうか。肥料について考えてみましょう。

作物は何からできているのか

作物を形づくっているものを調べてみると、全体の60〜80％が水分です。水分を差し引いた残りが乾物といわれる固体です。

この乾物をさらに詳しく調べると、乾物を100として酸素が40〜50％、炭素が40〜50％、水素が6％と、空気や水など自然から与えられるものです。残りの4〜8％がその他いろいろな成分です。

作物の必須多量元素

この各養分元素のなかには、窒素やリン酸、カリなどの肥料成分が含まれます。

森の木や雑草は、その場から持ち出されないので、植物の遺がいに含まれている養分が使われ、循環しています。しかし、作物は畑から持ち出されるため、これらの養分が不足してきます。

養分のなかで乾物の0.2％以上を占める、比較的たくさん必要な養分の元素を「必須多量元素」と呼び、窒素(N)、リン(P)、カリウム(K)、カルシウム(Ca)、マグネシウム(Mg)、イオウ(S)の6種類があります。これらが一つでも不足すると作物は生きていくことができないため、肥料として与える必要があります。

必須微量元素

乾物の0.2％以下と少ないですが、生育に不可欠な元素を「必須微量元素」と呼び、7種類あります。塩素(Cl)、鉄(Fe)、マンガン(Mn)、ホウ素(B)、亜鉛(Zn)、銅(Cu)、モリブデン(Mo)です。これらの成分のどれか一つが欠けても作物は生育できません。

ほかに特定の作物や、ある条件で必要なケイ素やアルミニウム、ナトリウムなどがあり、これらを「有用元素」と呼びます。

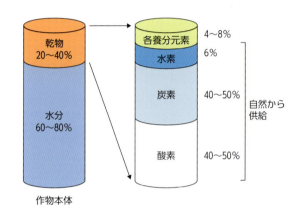

作物本体

肥料成分の働き

必須元素の肥料成分は、作物の生育において以下のような働きをしています。

①窒素肥料(N)

根から吸収された窒素は、作物内でアミノ酸となり、タンパク質に合成されます。全タンパク質の15％を窒素が占めます。

光合成をする葉の葉緑素の50％、細胞核の70％がタンパク質です。タンパク質は各種代謝に関係する酵素の主成分で、核酸、ビタミン、植物ホルモンなどに含まれます。

作物をつくる基本的な成分なので、不足すると、葉色が薄く生育が悪くなります。

②リン酸肥料(P)

細胞核の大切な構成成分です。作物をつくるのに欠かせません。

また、呼吸によって生産されるエネルギーを蓄え、必要とする酵素に伝えるATP(アデノシン三リン酸)の成分でもあり、生命活動を支えています。

③カリ肥料(カリウム K)

作物の体をつくる細胞に組み込まれることはありません。イオンとして細胞構造を維持したり、体内のpHや浸透圧を調整し、酵素活性を維持するなど、作物の生命活動を維持する役割を果たしています。

必要な所に優先的に動きます。例えばトマトでは、カリが果実で不足すると、葉から果実に運ばれ、葉先にカリ欠乏の葉先枯れが発生します。

トマトの葉のカリ欠乏症状
(葉先枯れ)

④石灰(カルシウム Ca)

細胞壁や細胞膜をつくり、作物の体を支えています。また、過剰な有機酸を中和したり、酵素を活性化させます。

細胞に組み込まれるので作物内での移動は難しく、石灰が不足すると、石灰欠乏症が発生します。

トマトでは尻腐れ果になり、キャベツやハクサイでは、芯腐れや球内の葉枯れが発生します。

トマトの石灰欠乏症
(尻腐れ果)

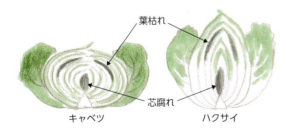

キャベツ　　ハクサイ

⑤マグネシウム(Mg)苦土

光合成をする葉の葉緑素の構成成分であり、タンパク質と結びついて構造を維持したり、リン酸の移行やリン酸化合物の代謝に関わっています。

不足すると、葉の葉脈の間が黄化したり、褐色に変わります。

マグネシウム欠乏

⑥イオウ、その他微量元素

イオウは、数種類のアミノ酸の構成成分で、酵素の働きにも不可欠です。

鉄・銅・亜鉛・モリブデンは、各酵素の構成成分です。

マンガン・ホウ素・塩素は、カリと同様の機能を果たしています。

肥料の種類と特徴

肥料には、「化成肥料」「有機質肥料」「有機入り化成肥料」の3種類があります。

それぞれ特徴があり、おすすめの野菜が異なります。

化成肥料の特徴

化学的に工場で大量につくれるため安価で、窒素やリン酸、カリ、石灰など、それぞれの成分だけの肥料(単肥)をつくれます。

また、それらの成分を組み合わせ、作物の吸収量に合わせた肥料(配合肥料)もつくれます。

成分はすぐに野菜が吸収できる状態ですが、雨が多いと、水に溶ける成分は流れ去ってしまいます。

特定の成分だけが入っているので、微量元素が不足する場合があります。窒素では、吸収された後に硫酸成分が残り、畑を酸性化します。

窒素(単肥)

窒素・リン酸・カリの配合肥料

化成肥料の使い方

　まだ春の地温が低い時期に、タネまきや植えつけをする北海道では、化成肥料は野菜がすぐに吸収できるので、とても大切な肥料です。作物の基肥で使います。

　生育期間が短く、肥料がすぐに吸収される必要のある、ホウレンソウやコマツナなどの葉菜類や、有機質肥料では害虫が発生しやすいダイコンやニンジンなどの根菜類に使います。

　果菜類では最初の生育をよくするために、有機質肥料とあわせて使います。

　追肥は、早く吸収され、施肥量も調整する必要があるので、化成肥料を使います。

有機質肥料の特徴

　動物や植物を原料とするため、微量元素を含めた総合的な成分をもちます。

　しかし、特定成分に特化した肥料をつくるのは難しく、やや高価になります。

　一度、畑で微生物により分解されて、野菜が吸収できる状態にしなければならないため、肥料の効き方が遅くなります。また、全ての成分を吸収させることはできません。しかし、有機質肥料には次のよい点があります。

有機質肥料の利点

①微量元素を総合的に含んでいる。
②微生物のエサとなって微生物が増加し、有機酸などがふえて、土壌の団粒化が進む。その結果、水はけがよく保水性のあるよい畑になる。
③畑に腐植がふえて肥料と結びつき、肥料もちのよい肥沃な土になる。
④アミノ酸や核酸、糖などの有機成分と微生物が分泌するビタミンやホルモンが増加して野菜の生育がよくなる。
⑤微生物が畑にふえて、特定の病原菌がふえるのを抑制する。

　有機質肥料は、種類により成分が異なります。地温が15℃以下では微生物による分解がすすまず吸収が遅れます。「有機栽培」でない場合は、化成肥料と組み合わせて使用しましょう。

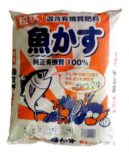

魚粉　　骨粉

油かす　　有機配合肥料

有機質肥料の主な肥料成分

有機質肥料の成分組成(％)

	全窒素	全リン酸	全カリ	全カルシウム	全マグネシウム	炭素	C/N
魚かす	9.75	8.54	0.47	0.09	0.37	35.53	3.64
肉かす	10.23	2.47	0.41	3.19	0.08	37.68	3.68
肉骨粉	7.21	10.25	0.23	32.09	0.4	30.56	4.24
蒸製骨粉	5.3	21.3	0.12	51.42	0.74	21.75	4.1
カニガラ	4.24	5.34	0.22	47.33	1.83	14.42	3.4
菜種油かす	6.22	2.84	1.38	0.94	0.9	35.72	5.74
綿実油かす	5.66	2.29	1.38	0.29	1.09	32.94	5.82
大豆油かす	7.72	1.69	2.22	0.4	0.48	32.95	4.27
米ぬか	3.2	6.68	1.51	0.38	2.36	33.65	10.52

※成分は商品によって異なるので、ラベルを確認しましょう　　（農山漁村文化協会　「技術体系　土壌肥料編」野口勝憲氏資料より）

有機入り化成肥料の特徴

化成肥料のすぐに吸収される長所と、有機質肥料の総合性のよさを組み合わせた肥料です。

トマトやキュウリなど、生育期間が長く、野菜の茎や葉をつくり、果実も大きくし、また花をつけ咲かせるなど、全てを同時に行う果菜類は、常に肥料成分が過不足なく安定して供給される必要があります。

そのためには、肥料が総合的に入っている有機質肥料が適していますが、植えつけ時の低温期は肥料が効きません。そこで、化成肥料を加えることで、その欠点が補えます。

これらの果菜類の基肥としては、有機入り化成肥料が適しています。

有機入り化成肥料

野菜の特徴に合わせた肥料のまき方

野菜の生育の仕方で肥料のまき方が異なります。適正な方法を紹介します。

茎葉と果実を同時につくり続ける果菜類

トマト、キュウリ、ナス、ズッキーニなどの果菜類は、収穫の最後まで長期間、野菜が元気に生育する必要があります。そのため、基肥と追肥を組み合わせ、途中で肥料が切れることがないように与えます。基肥は収穫が始まるまでを主に受け持ち、収穫開始後は追肥で補います。トマトやキュウリは畑の窒素成分が $10\,g/m^2$ を下回ると生育が悪くなります。

生育途中で収穫される葉菜類

ホウレンソウ、コマツナ、シュンギク、タイナ、セルリー、リーフレタスなどの葉菜類は、収穫される時に、緑鮮やかで元気に生育していることが重要です。そのためには収穫時に、まだ畑に肥料成分が残っている必要があります。窒素成分では $5\,g/m^2$ ほど必要です。

これらの野菜は2回目をつくる場合は、その分（窒素）を少なめに与えます。

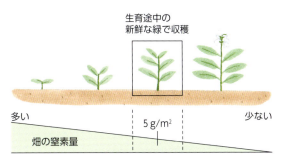

生育途中で収穫される葉菜類の畑の窒素量

葉を育ててから球を肥大させる葉菜類

①キャベツ、ハクサイ、レタスなどの間接結球タイプ

最初に大きな外葉をつくり、その後球をつくり始める葉菜類です。

窒素、カリの3/4を基肥にし、残りの1/4を球が巻き始める時に与えます。全部を基肥で与えると、窒素が多すぎて石灰欠（芯腐れ、葉枯れ）が発生します。ハクサイでは軟腐病や葉脈にゴマ症が発生しやすくなります。

②タマネギ、ニンニクなどの直接結球タイプ

球が肥大したら葉は枯れ、全ての養分が球に集まるタイプです。

タマネギの場合、春の低温期にリン酸を吸収して速やかに葉を生育させる必要があります。そのため、リン酸を普通の野菜の3倍ほど多く与えるか、畑のリン酸分を多くしておく必要があります。また、球の肥大が始まる7月上旬に、畑に窒素成分 $3\sim5\,g/m^2$ が残っている必要があります。

8月には葉が枯れ始めるので、基肥だけで栽培します。

7月上旬までにひらいた葉で球が肥大する

8月以降、葉の養分も全て球に移行

生育途中に収穫される果菜類

　トウモロコシは最後の葉ができて、茎葉が大きく育ち、その後は雌穂が大きくなり実が成熟します。

　未熟なうちに収穫するので、収穫時期までは元気に生育させます。

　本葉が7〜8枚になるまでの生育は基肥で、茎の伸長、交配、穂の肥大は追肥で養分を補います。追肥を遅れないようにすることが大切です。

ダイコン、ニンジンなどの根肥大型野菜

　ダイコンは生育期間が短いため、基肥だけ与えます。窒素が多すぎると、茎葉ができすぎて地上部が重くなり、曲がりや軟腐病が多くなります。

　ニンジンは生育日数が長いですが、肥料もちの悪い砂壌土以外では追肥は必要ありません。

　カブやジャガイモも、基肥が中心で、後半に肥料が少なくなる方がよいです。

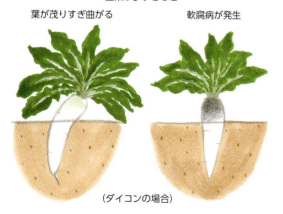

窒素が多すぎると

葉が茂りすぎ曲がる　　軟腐病が発生

（ダイコンの場合）

主な野菜の追肥方法

大玉トマト

　各果房の最初の果実が10円玉の大きさになったら、マルチをはがしてベッドの肩部に窒素・カリ各 $4g/m^2$ をばらまき、水やりします。

ミニトマト・中玉トマト

　各果房が肥大し始めたら、大玉トマト同様に追肥します。

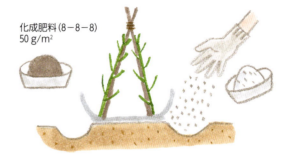

化成肥料(8-8-8) $50 g/m^2$

キュウリ

　収穫し始めの時期から20日おきにマルチをはがしてベッドの肩部に窒素・カリ各 $5g/m^2$ をばらまき、水やりします。

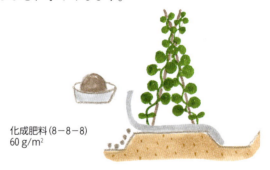

化成肥料(8-8-8) $60 g/m^2$

ピーマン・ナス

　収穫始めの時期と、以後30日おきにマルチをはがしてベッドの肩部に窒素・カリ各 $5g/m^2$ をばらまき、水やりします。

化成肥料(8-8-8) $60 g/m^2$

スイカ・メロン

着果を確認（卵～こぶし大の果実）したら、マルチから先に伸びているつるの間やつる先に、窒素・カリ各 4 g/m² をばらまきます。

スイカ

化成肥料（8-8-8）
50 g/m²

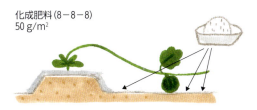

メロン

化成肥料（8-8-8）
50 g/m²

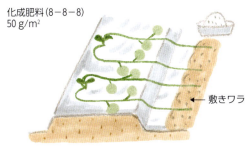

敷きワラ

通路までつるが伸びて着果することもあるので、ワラが入手できれば、追肥後に敷きワラをするとよい

トウモロコシ

本葉が 5～6 枚になり、雄花が見え始めたら、窒素 5 g/m² を株元にばらまき、水やりします。

マルチやトンネルは、追肥時期までに取り除きます。

化成肥料（8-8-8）
60 g/m²

ブロッコリー・カリフラワー

つぼみのつき始めに、窒素 10 g/m²、カリ 8 g/m² を畝間にまいて、草とりをかねて浅く耕し、株元に土寄せします。

化成肥料（8-8-8）
30 g/株

長ネギ

夏どりは、最初の土寄せ時に窒素・カリ各 6 g/m² をまきます。

秋どりは、植えつけから 50 日の土寄せ時に窒素・カリ各 4 g/m² をまきます。

また、図のように各段階で 3 g/m² ずつをまいてもよいです。

[1～3 回の追肥量]
化成肥料（8-8-8） 40 g/m²

植えつけから 20 日後、本葉が 5 枚になるころ、平らになるように土を溝から戻す

葉の分岐点の下まで土寄せ

1 回目

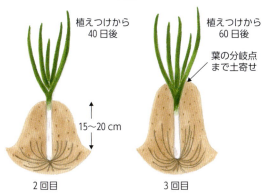

植えつけから 40 日後

植えつけから 60 日後

葉の分岐点まで土寄せ

15～20 cm

2 回目　　3 回目

キャベツ・ハクサイ

キャベツは球が大きくなり始めるころに、窒素・カリ各 6 g/m² を、ハクサイは窒素 6 g/m²、カリ 4 g/m² を畝間にまき、草とりをかねて浅く耕し、株元に土寄せします。

化成肥料（8-8-8） 25 g/株

追肥後、軽く土寄せする

肥料の計算の仕方

肥料の袋に、「8-8-8」のように1袋中の成分量（％）が掲載されています。10 kgの袋であれば、窒素・リン酸・カリが800 gずつ含まれていることになります。

トマトの1 m² あたりの施肥量を計算してみましょう。使う肥料は、
有機入り化成肥料（8％-8％-8％） と、リン酸肥料の**過リン酸石灰（20％）**、カリ肥料の**硫酸カリ（50％）** です。
トマトの施肥量は1 m² あたり窒素10 g、リン酸20 g、カリ40 g です。
窒素10 gに必要な施肥量
10（必要量）÷0.08（肥料の成分％）＝125
なので、有機化成肥料（8-8-8）は125 gになります。

また、この肥料には窒素と同様、リン酸10 g、カリ10 gずつ含まれますが、それぞれ不足しているので、
不足するリン酸10 g分（10÷0.2＝50）
過リン酸石灰を50 g追加します。
不足するカリ30 g分（30÷0.5＝60）
硫酸カリを60 g追加します。

以上から、トマトの基肥料は1 m² あたり、有機化成肥料（8-8-8）125 g、過リン酸石灰50 g、硫酸カリ60 gとなります。

一握り分の重さを知る

あらかじめ、自分の手で肥料を握った時の重さを量っておくと目安になり、まちがいをおこさず、作業も効率的です。

一握りの肥料
（約50 g：成人男性）

主な窒素、リン酸、カリ肥料（％）

肥料名	窒素(N)	リン酸(P)	カリ(K)
硫安	20％	—	—
過リン酸石灰	—	20％	—
硫酸カリ	—	—	50％

※商品により、成分量は少し異なる

主な野菜の肥料の与え方（露地栽培）

	野菜	基肥(g/1 m² あたり)			追肥の時期と成分施肥量(g/m²)・備考
		窒素	リン酸	カリ	
果菜類	トマト類	10	20	40	各果房の果実がピンポン玉大に肥大したら窒素・カリ各4 gを株元に与える。中玉、ミニは肥大し始めたら各2 g与える
	キュウリ	20	15	20	収穫始め時と以後20日おきに、窒素・カリ各5 g
	ナス類	15	20	10	収穫始め時と以後30日おきに、窒素2 g、カリ5 g
	ピーマン類	10	20	10	収穫始め時と以後30日おきに、窒素・カリ各5 g
	カボチャ	4	10	5	着果確認後に窒素4 g、カリ3 g
	エダマメ	2	10	8	マメ用の肥料があれば使用。根粒菌がつけば空気中の窒素を供給
	サヤインゲン（つるあり）	9	10	8	ツルナシインゲンは窒素7 g
	サヤエンドウ	4	10	10	収穫始め時に窒素2 g
	スイートコーン	7	15	13	葉4～5枚期に窒素5 g。追肥用の肥料を使用
	スイカ	5	15	8	着果がそろったら窒素・カリ各4 g。基肥の窒素が多すぎると過繁茂となり着果不良となる
	メロン	6	20	15	
	イチゴ（一季なり）	8	10	8	雪どけ後窒素5 g、カリ6 g
	イチゴ（四季なり）	8	10	8	収穫始めから15日おきに窒素・カリ各1 g

野菜		基肥 (g/1 m² あたり)			追肥の時期と成分施肥量 (g/m²)・備考
		窒素	リン酸	カリ	
根菜類	ダイコン	6	12	8	肥料が多すぎると軟腐病が発生しやすくなる
	ニンジン	12	15	15	肥料が不足すると黒葉枯病が発生しやすくなる
	カブ	12	15	12	
	ジャガイモ	8	18	12	窒素が多すぎると過繁茂となり、疫病が発生しやすくなる
	ナガイモ	15	25	12	7月中旬に窒素5g、カリ8g
	ゴボウ	12	40	12	本葉3〜4枚期に窒素・カリ各6g
葉茎菜類	ハクサイ(移植)	16	18	18	結球始め時に窒素6g、カリ4g
	ハクサイ(直まき)	18	18	18	結球始め時に窒素6g、カリ4g
	キャベツ	16	14	12	結球始め時に窒素6g、カリ6g
	レタス	12	12	14	マルチ栽培の方がよい
	サラダナ	15	15	15	
	コマツナ	12	10	12	
	ミズナ	9	10	12	
	シュンギク	15	10	15	摘み取りの場合は、摘み取り収穫後に窒素・カリ各2g
	チンゲンサイ	15	12	15	
	タアサイ	15	12	10	
	ホウレンソウ	9	15	8	
	ブロッコリー	4	14	4	つぼみがつき始めた時に窒素10g、カリ8g
	カリフラワー	10	14	10	つぼみがつき始めた時に窒素8g、カリ6g
	セルリー	30	30	24	植えつけ後20日目から20日おきに、合計窒素20g、カリ16g
	アスパラガス(植えつけ年)	10	20	10	堆肥5〜10kg、苦土石灰200gを深さ50cmまでよく混ぜる
	アスパラガス(収穫畑)	15	15	5	基肥は収穫終了後の施用量。春の雪どけ直後に窒素5g、カリ10g
	タマネギ	15	15	15	
	長ネギ(夏どり)	10	15	6	植えつけ50日後の土寄せ時に窒素・カリ3gずつ2回
	長ネギ(越冬どり)	25	25	20	
	小ネギ/青ネギ	16	15	12	
	ニラ(植えつけ年)	8	40	6	植えつけ25日、50日後に窒素・カリ4gずつ2回
	ニラ(収穫畑)	5	10	4	収穫終了後と、8〜9月に2回。合計窒素15g、カリ12g
	ミツバ(刈り)	15	20	15	
	ニンニク	10	25	9	雪どけ後、窒素・カリ各4g
	アサツキ	10	20	13	雪どけ直後、窒素・カリ各2g
	パセリ	20	20	20	葉5〜6枚期ごろから20日おきに窒素・カリ各4g
	ノザワナ	20	20	20	葉5〜6枚期ごろから20日おきに窒素・カリ各5g
	タイナ	10	10	10	
	カラシナ	15	10	15	

(「北海道施肥ガイド2015」、栽培事例より)

タネまき

タネとは？

タネは植物が生命を次の世代に伝える命の火種です。私たち人間を含め、動物や植物の命は、生命誕生から何億年も絶えることなくつながっています。

タネには、根・茎・葉の基と活動を始める時の養分が入っており、種皮で不良環境から守っています。環境がよくなったら芽を出し、生育して花を咲かせ、タネをつくり次の世代へとつなぎます。

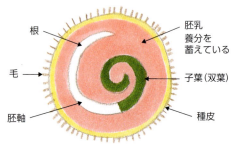

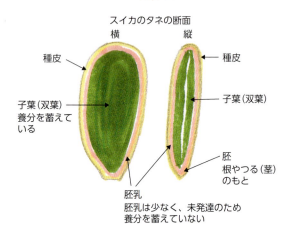

芽を出すのに必要な条件

タネが芽を出すためには、タネの中で生命活動を活発に行うための温度、水、酸素が必要です。

光は必要ありませんが、あると芽を出しやすくなるシソやレタスなどの野菜があります。

発芽にはタネの中の養分を使うので、肥料は必要ありません。

タネの寿命と保管方法

購入したタネが使い切れずに残ることがあります。市販のタネはどのくらいの寿命があり、栽培に使えるのでしょうか。

タネの寿命は貯蔵条件で異なります。低温かつ乾燥状態で保管することが大切です。

フタつきの空き缶に乾燥剤を入れて冷蔵庫か低温の場所で保管すると、数年使用できるタネもあります。下表を目安にしましょう。

タネの寿命

タネの寿命	使用期間	主な野菜
短い	毎年更新	ネギ、タマネギ、ニラ、ミツバ、インゲン、ゴボウ、ニンジン、ラッカセイ
やや長い	2年目使用可	ダイコン、カブ、ハクサイ、キャベツ、レタス、ピーマン、エンドウ、エダマメ、ホウレンソウ、スイカ
長い	数年使用可	トマト、キュウリ、ナス、カボチャ、オクラ、シュンギク

保管方法

残ったタネを、購入した時のタネ袋に入れ乾燥剤（シリカゲル）と一緒に密閉する

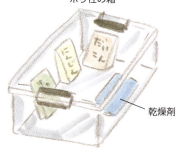

上の表を参考に、冷蔵庫など低温の場所で一定期間保管可能

タネのまき方

土壌水分

タネまき時の土壌水分は、土を握りしめて手をひらいた時に土が塊になり、軽く触れると2～3つに割れるくらいの水分状態がいいです。

この状態だと、タネまき後の水やりは必要ありません。土がバラバラと崩れるほど乾いている場合は、タネまき後に水やりします。この時、ジョウロのハス口を上にして水やりするか、新聞紙を敷いて固定し、その上から水やりして、土の表面がかたくならないようにしましょう。特に、粘土分の多い畑はかたくなりやすいので注意が必要です。

した場合は、子葉がひらいた時に、葉が重ならない程度に間引きして、軽く土寄せします。その後、野菜ごとの本来の株間に間引きします。

ばらまき

間引き菜として利用しながら、徐々に株間を広げて栽培するサラダナ、コマツナ、タイナ、ラディッシュなどは、ばらまきも可能です。

幅20cm、深さ1cmの幅広のタネまき溝をつくり、タネをばらまきます。

ふるいを使って上から土をかけ、軽く手でおさえて、上から新聞紙やイナワラなどで覆い、水やりします。

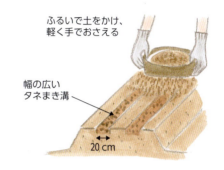

タネまき方法

スジまき

タネの小さい野菜は点まきが難しいので、板などを使って土の表面に深さ1～2cmの溝をつくり、1cm間隔を目安にスジ状にタネをまきます。

タネが小さすぎて、ビッシリと詰まって発芽

点まき

ダイコン、ニンジン、サヤインゲン、スイートコーンなどの、タネが大きくて株間の広い野菜向きです。

本数が多い場合は、タネまき溝をつくり、各野菜の株間に対応して2～3粒まきします。深さも同様に合わせます。本数が少ない場合は、直接3粒置いて、指で所定の深さに押し込む方法もあります。

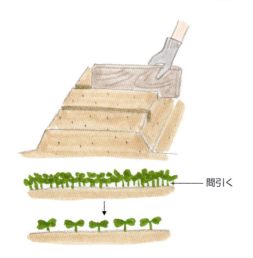

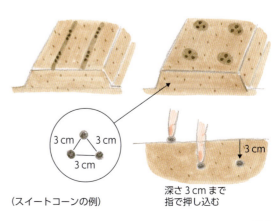

（スイートコーンの例）

苗づくり

家庭菜園では、種苗店で販売される苗を植えつけるのがおすすめですが、新しい野菜や品種を栽培したくてもなかなかほしい苗を購入できません。そんな時は苗づくりに挑戦してみましょう。

野菜のなかには発芽に適した温度が高いため、畑の地温が上がるのを待ってタネまきしても、栽培期間が短く収穫量が少ない品目が多くあります。例えばトマトの場合、発芽適温は25〜30℃、最低でも11℃必要です。

マルチやトンネルで保温しても、北海道の畑で直接タネまきできるのは、5月の中旬ごろ。このころタネまきをし、生育して花が咲くまで60日、さらに果実が大きくなり色づいて収穫できるようになるまで55日と、タネまきから4カ月かかります。順調に生育しても9月の中旬以降になり、いくらも収穫できないで終わります。

したがって、これらの野菜の苗は、専門の生産農家が温室で育て、植えつけ時期に合わせて販売しています。

自分で苗づくり(育苗)する場合は、下表の温度管理と苗づくりにかかる日数を目安に、作業計画をつくりましょう。また苗づくりは、できるだけ温度と光を確保できる場所で行いましょう。

苗づくり(育苗)の温度管理目安

野菜	発芽適温	育苗適温		育苗日数	備考
		昼	夜		
トマト類	25〜30℃	21〜26℃	12〜15℃	55〜60日	発芽温度、育苗温度が高いので、植えつけ本数が少ない場合は苗を購入する方が無難。キュウリ、ナス、スイカの接ぎ木苗は、苗の購入がおすすめ(表内温度は自根苗)
キュウリ		21〜26℃	15℃以上	30〜35日	
ナス		21〜26℃	17〜20℃	70〜80日	
ピーマン類		25〜30℃	15℃以上	65〜70日	
カボチャ		17〜20℃	10℃以上	25〜30日	
スイカ		25〜28℃	18〜23℃	30〜35日	
メロン類		20〜25℃	18〜20℃	30〜35日	
オクラ		25〜30℃	18〜20℃	45〜50日	タネを30℃の温水に一晩つけてタネまき
ゴーヤー		21〜26℃	15℃以上	30〜35日	タネがかたいため、2時間ほど吸水してタネまき
タマネギ	15〜25℃	12〜22℃	5℃以上	55〜60日	3月上旬にタネまき
長ネギ		12〜22℃	5℃以上	70〜90日	育苗日数が長いので、苗の購入がおすすめ
ハクサイ	18〜22℃	18〜22℃	13〜15℃	40日	13℃以下にしない
キャベツ	15〜20℃	18〜22℃	10〜15℃	30〜35日	セルトレイでの育苗
レタス		18〜22℃	10〜15℃	25日	
エダマメ	25〜30℃	20〜25℃	15℃以上	25〜30日	本葉2枚まで育苗。鳥害対策として苗を育てる
ソラマメ		25〜30℃	18〜20℃	30〜40日	ポットに直接タネまきして育苗
ラッカセイ		25〜30℃	15〜20℃	15〜20日	

苗のつくり方

ポット・培土の準備

市販されているタネまき用の肥料入り園芸培土を使うのが無難です。

ポリポットやセルトレイで苗を育てますが、家庭菜園用では、本数が少ないので、6cmのポリポットにタネをまいて、葉が2～3枚になるまで育てます。

さらに大きな苗に育てるトマトやキュウリ、ナスなどの苗は、12cmポットに移し替え、植えつける大きさまで育てます。

培土の詰め方

ポットの上まで培土を入れ、ポットを2～3回、トントンと軽く落とします。

手で押し込むのはやめましょう。ポットの土のかたさが不均一になってしまいます。

ポット一杯に培土を入れる

トントンと2～3回落とす

✕ 手で押し込まない

タネまき・管理・間引き

タネまきして、左ページの表を目安に温度管理します。エダマメやスイートコーンは6cmポットで苗づくりができます。果菜類は、葉が2～3枚になるまで育て、大きなポットに植え替えします。

6cmポットに培土を詰めトレーに置いて管理する

2～3粒まきする　　子葉がひらいたら1本立ちに間引く

果菜類など大苗のつくり方

それぞれ目的とする苗の大きさまで育てます。トマトは葉が9枚になり、花房の第1花がひらくまで育てます。植えつけ苗の姿は各野菜の栽培ページを参照してください。

トマトの場合

6cmポットで本葉2～3枚まで育てる

12cmポットに植え直す

花が1つ咲く

植えつけ苗

トマトやナス、ピーマンは、ポットに植えつけてから40日必要です。管理期間が長く、肥料入り園芸培土の養分だけでは不足する場合があるので、葉の色が薄い場合は、ポットに化成肥料を数粒追肥します。

葉が重ならないようにポットの間隔をあけて置き、葉がしおれないように水やりしましょう。

ポットとポットの間を広めにあける

マルチ・トンネルの張り方

北海道では、雪がとけても5月上旬までは、野菜が生育するには気温や地温が低すぎるため、トンネルで被覆したりマルチをして気温や地温を上げ、生育しやすい環境をつくる必要があります。生育できる期間が短い北海道では、資材を上手に使うことでより長く栽培を楽しめます。

マルチの張り方

マルチの目的と種類

畑の表面をポリフィルムや稲ワラなどで覆うことをマルチング（マルチ）といいます。

ポリフィルムで覆うと、フィルムの下の暖かい空気を閉じ込め、地温を上げることができます。

また、水分の蒸発を防げるので、畑の水分を保つことができます。光を通さない黒いフィルムは雑草の生育をおさえることもできます。

目的別にマルチフィルムを使い分けましょう。

マルチ資材の種類

種類	特徴
透明	地温が最も上がりやすい マルチ下に雑草が発生する
黒	地温がやや上がる 雑草が発生しない
グリーン	黒マルチより地温が上がる 雑草をおさえるが、不完全
シルバー	地温は上がらないが、アブラムシが嫌うので、ウイルス病を防げる。夏のダイコン栽培に適している ※P203参照

ベッド幅に対応したフィルム幅

ベッド幅	フィルム幅
60 cm	95 cm
90 cm	135 cm
120 cm	180 cm

マルチで被覆（サッポロさとらんどの市民農園）

マルチフィルムの張り方

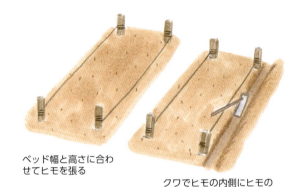

ベッド幅と高さに合わせてヒモを張る

クワでヒモの内側にヒモの高さまで土を寄せる

レーキを使い、歯で平らにならしたら、背で表面をできるだけなめらかにする

フィルムの端を足でおさえ土をのせる

風でマルチが飛ばないように土を入れた袋でおさえる

トンネルの張り方

トンネル被覆の目的と種類

トンネル被覆の目的は保温効果ですが、防風や害虫からの保護を目的にする場合もあります。

主な被覆資材の種類は下表です。

トンネル被覆資材

種類	特徴
ビニールフィルム	保温効果が高く、メロン・スイカ向き 穴をあけると破れるのでスソを上げて換気
ポリフィルム	保温効果がある 穴あけが可能。穴をあけて換気
不織布	保温、防風効果がややある 換気が不要。防虫効果も期待できる
防虫ネット	防虫効果が高く葉物野菜で使用 保温、防風効果がややある

トンネルの設置方法

被覆資材を設置するためには、トンネル支柱を設置する必要があります。トンネルの形状をしているトンネル用支柱や、曲げることが可能な弾力性のある支柱も販売されています。

トンネル型に成型されていない支柱の場合は、下表を参考にベッド幅に対応した支柱を準備しましょう。支柱には丸型と平型があります。風が強い場所は、太めの支柱を使用しましょう。

ベッド幅に対応した支柱の長さ

ベッド幅	支柱の長さ
60 cm	150 cm
90 cm	180 cm
120 cm	240 cm

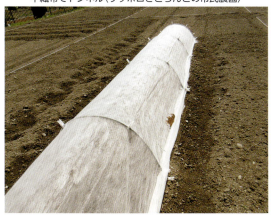

不織布でトンネル（サッポロさとらんどの市民農園）

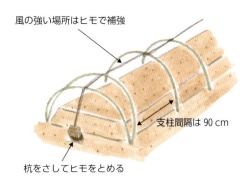

風の強い場所はヒモで補強
支柱間隔は 90 cm
杭をさしてヒモをとめる

フィルムのおさえ方

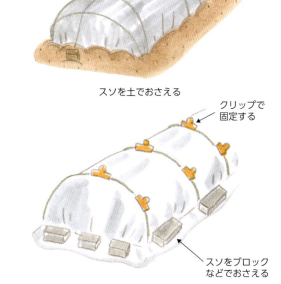

スソを土でおさえる

クリップで固定する
スソをブロックなどでおさえる

ビニールフィルムを張る場合

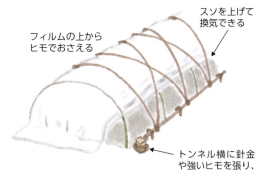

スソを上げて換気できる
フィルムの上からヒモでおさえる
トンネル横に針金や強いヒモを張り、

支柱立て

トマトやキュウリ、サヤインゲン、サヤエンドウ、ナガイモなどは支柱を立てて栽培します。
光が葉全体によくあたるように仕立てます。風で支柱が倒れないようにしっかり立てましょう。

1本仕立て

株ごとに1本ずつ支柱を垂直に立てます。
太い支柱を使い、風で倒れないようにします。

合掌支柱

畝の両側に支柱を立て、上部で交差させます。さらに横支柱で固定します。強風の吹く場所におすすめです。

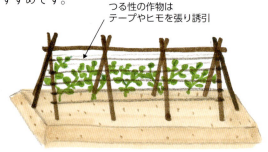

細い支柱の場合

支えの支柱で補強しましょう。

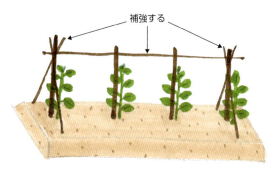

根曲がり竹を利用した合掌支柱

サヤインゲンやハナマメなどつる性の作物に向いています。

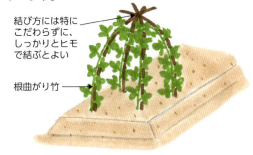

プランターの支柱

スイカやメロンを中央に1本植えし、果実が真ん中にぶら下がるように、つるを支柱に誘引します。

＊P165参照

アーチパイプ支柱

市販のアーチ状パイプを使用します。
キュウリネットを張ると扱いやすいです。

病害虫〜対策と防除

　北海道は、6月になると病原菌や害虫も活発に活動を始めます。これらの病害虫から野菜をどのようにして守るかは、家庭菜園を管理するうえで、一番悩ましい問題です。
　できるだけ農薬を使用しないで、野菜を守る方法を検討しましょう。

病害について

病原菌の種類

　①糸状菌（カビ）　②細菌（バクテリア）　③ウイルスがあります。
　植物の病気は日本ではっきりわかっているのは約4500種、このうち80％の3600種がカビです。
　しかしこれらの病原菌が、いつでも作物に侵入できるわけではありません。

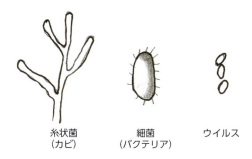

作物の抵抗力

　作物の茎や葉の表面には、数億のカビや細菌がひしめき合っています。
　多くの菌は「腐生菌」といわれ、動植物の遺体を分解して養分を取っています。そして特定の菌だけがふえるのをおさえてバランスがとれています。病原菌は、これらの菌類を乗り越え、植物の組織内に侵入して養分を吸収します。

　作物は、病原菌が体に侵入するのを防ぐために、表皮細胞の表面をろう質のクチクラ層やワックス層で守っています。
　病原菌は防御機能の弱い傷口や、空気を取り入れる気孔などから、菌糸をのばして作物の組織の中に侵入してきます。

　作物は組織内に侵入してきた病原菌の進行を食い止めるため、菌の阻害物質であるファイトアレキシンやフェノールなどをつくります。
　さらに、葉の細胞に侵入してきた菌をくい止めるために、菌近くの細胞を殺してコルク化した壁をつくる場合もあります。健全に生育している野菜は、これらの防御機能が働き、病原菌を寄せつけません。

葉表面の様子

　電子顕微鏡で葉の表面をのぞいて見ると、いろいろな菌でいっぱいです。

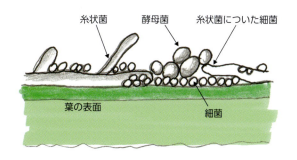

カビが葉の中に侵入する様子

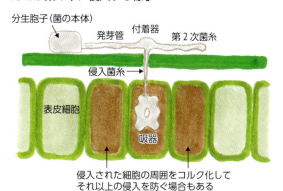

野菜の抵抗力を高めるには

①野菜の生育を元気にするために、団粒構造の発達した土づくりを進め、根を広く、しっかり張らせる。
②適正な肥料や適量の水やり、果菜類では適正な着果数にすることで、野菜を疲れさせずに元気な状態で育てる。
③特定の病原菌が多くならないように、前年の作物残さを畑に残さないように処理し、連作障害にならないように栽培する。
④古い葉や枯れた葉、花びらなどの死んだ組織は病原菌の発生源となるので取り除く。
⑤葉が混み合い、風通しが悪い場合は、葉を摘み取り、葉に光が十分あたるようにする。

主な病気と対策

家庭菜園や市民農園で特に発生の多い病気を紹介します。

防除農薬は、全ての野菜に使用できる、「微生物・天然系主要農薬」（P202 上の表）の一覧表を参考にしてください。

うどんこ病

病原菌：糸状菌（カビ）

9800種以上の植物に発生する代表的な病気で、キュウリ、カボチャ、メロンなどのウリ類、トマトやピーマンのナス類、バラ、シャクヤク、コスモスや雑草のオオバコ、クローバー、ミチヤナギ、また芝などどこにでも見られる病気です。葉の表面に「うどん粉」のような白い粉（カビ）が発生します。葉の組織から養分を吸うため、作物が弱ります。

防除のポイント

- 発生初期に注意して、症状をみつけたらすぐに防除する。発生が多くなった後では、防除が難しい。
- 下葉で発生の多いものは摘み取る。
- 還元澱粉糖化合液剤（野菜全般で使用可能・天然系資材）を葉全体に散布する。
- 水和硫黄剤（イオウフロアブル）500〜1000倍液を散布する。

※上記の農薬は全ての野菜に使用できる。

キュウリ うどんこ病

灰色かび病

病原菌：糸状菌（カビ）

トマト、ナスなどの果菜類や、葉茎類、果樹などでも多く発生します。病気の発生した野菜について冬を越し、翌年の発生源になります。最初に、枯れた花弁や葉先で発生し、その後、全体を侵します。

防除のポイント

- 葉の上や、トマトのガクにはさまった枯れた花弁に発病増加し、葉や果実に侵入するので、これらの花びらを見つけたら取り除く。
- 20℃の多湿条件で発生が多くなる。
- ボトキラー水和剤1000倍液や、カリグリーン800倍液で、発生初期に予防的に防除する。
- 発病した葉や果実は摘除して焼却、または深い穴に埋める。

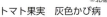

トマト果実　灰色かび病　　トマト葉　灰色かび病

キュウリべと病

病原菌：糸状菌（カビ）

葉にだけ発病し、果実には発生しません。下葉から発生し、上の葉に徐々に広がります。

生きた組織でしか生きられないので、越年については明らかにされていません。

葉に病斑が発生すると、雨や風で胞子が飛ばされ、全体に広がります。

気温が20〜24℃、雨の多い多湿条件や、肥料切れで弱った株に発生しやすいです。

防除のポイント

- 畑の水はけをよくし、肥料を切れさせない。
- 葉に病斑の発生を1〜2個でも見つけたら、薬剤防除する。下の写真のように病斑が広がってしまった葉は、摘み取って畑の外に持ち出す。
- 市民農園の場合、隣接する畑で発生していたら、予防的に薬剤防除する。
- 防除はダコニール1000の1000倍液、または銅水和剤500〜1000倍液の散布が効果的。

※いずれも、収穫前日まで散布が可能

キュウリべと病
ここまで進むと葉を除く

軟腐病

病原菌：細菌（バクテリア）

アブラナ科、ネギ類、ウリ科、ナス科、ニンジンなど多くの野菜に発生します。

病原細菌は、畑に広く存在し、地表面から25cm部分までに多く、根や地際が侵されます。昆虫の食痕や傷口が侵入経路となり、高温、多湿での発生が多いです。

防除のポイント

- 排水のよい畑をつくる。
- ダイコンの場合、発芽から20日後の根が大きくなる時期に、銅剤を散布すると効果的に防除できる。（ドイツボルドーなどの銅水和剤1000倍液）

ダイコン 軟腐病

タマネギ 軟腐病

ジャガイモ疫病

病原菌：糸状菌（カビ）

病気に侵されたタネイモや、前年に畑で発病し取り残されたジャガイモから発生します。植えつけ50日後、7月上旬に、気温20℃前後で雨が多いと急速に畑一面に広がります。

葉についた病原菌の胞子が雨つぶと一緒に地面に落ち、地下のイモも腐らせます。

防除のポイント

- 下葉に最初の発生を確認したらすぐ防除する。
- 発病を確認したら、初期の段階で薬剤で防除する。
（ドイツボルドーA500倍液、ダコニールエース1000倍液もしくは、ジマンダイゼン水和剤600倍液、ビスダイセン水和剤600倍液）

ジャガイモ 疫病（イモ）

ジャガイモ 疫病（葉）

農薬の使用は必要最少限に！

農薬は目的とする菌だけを殺すのではなく、野菜に付着している有用な菌も含めて全ての菌を殺す場合が多いです。また、殺虫剤の乳剤は、害虫への殺虫効果をあげるために、害虫のワックス層を溶かす界面活性剤も入っています。展着剤も同様です。

これらを頻繁に散布すると、作物のワックス層も影響をうけ、抵抗力が低下する例があります。こうしたことからも、農薬使用は、必要最少限かつ、効果的な使用方法で散布することを心がけましょう。

うどんこ病・灰色かび病・軟腐病・べと病に効果がある微生物・天然系主要農薬

農薬名	商品名	使用倍率	対象病害
水和硫黄剤	イオウフロアブル	500〜1000倍	うどんこ病
還元澱粉糖化物液剤	ベニカマイルドスプレー	原液	
	ベニカマイルド液剤	100倍	
炭酸水素カリウム水溶剤	カリグリーン	800〜1000倍	
炭酸水素ナトリウム水溶剤	ハーモメイト水溶剤	800〜1000倍	
バチルス ズブチリス水和剤	ボトキラー水和剤	1000倍	うどんこ病 灰色かび病
	アグロケア水和剤	1000〜2000倍	
	インプレッション水和剤	500〜1000倍	
	バチスター水和剤	1000倍	
	セレナーデ水和剤	500〜1000倍	
銅水和剤	Zボルドー	500倍	軟腐病 べと病
	ドイツボルドーA	500〜1000倍	
	ボルドー	500〜1000倍	
炭酸水素ナトリウム・銅水和剤	ジーファイン水和剤	1000倍	
非病原性エルビニア カロトボーラ水和剤	バイオキーパー水和剤	500〜2000倍	軟腐病
	エコメイト		

※野菜全般に使用が可能、収穫前日まで散布可能、使用回数は制限なし
※ラベル内容を十分に確認してから使用する

害虫について

害虫の場合は、作物の防御機能が十分に働かない場合が多いです。

しかし、ある種の成分を出して、虫に食害されるのを阻止しようとする作用があることは確認されています。害虫防除は、一匹も寄せつけないという考え方ではなく、実害の出ない程度に発生をおさえるのがよいでしょう。

害虫を寄せつけない

防虫ネットや不織布でトンネルして野菜を害虫から守ります。特に、葉を収穫する野菜を守りましょう。

防虫ネットの編み目の大きさ（目合い）にはいろいろあります。0.6〜0.8mm角の防虫ネットが有効です。

害虫侵入防止のためのネット目合いの目安

ネットの目合い	害虫の種類
2〜4mm以下	ヨトウガ類(成虫)、モンシロチョウ、オオタバコガ
1.0mm以下	コナガ、アオムシ、ヨトウガ類(幼虫)
0.8mm以下	キスジトビハムシ、アブラムシ類
0.6mm以下	ハモグリバエ類
0.5mm以下	アザミウマ類(スリップス)
0.4mm以下	コナジラミ類

（東京都農業試験場　小野寺）

シルバーマルチなど光る資材で害虫を予防

飛ぶ害虫は本能的に光る太陽や水面をさけるため、これらの反応を利用します。

きらきら光るシルバーマルチなどで、被覆すると、アブラムシ類やアザミウマ類（スリップス）を寄せつけません。そのため、これらの害虫が伝染させるウイルス病予防にも効果的です。また雑草もおさえます。

ダイコンでは、高い地温で発生する「赤しん症※」の抑制効果も期待できます。

※地温が高い時にダイコンの内部が茶やアメ色に変色するホウ素欠症状

下の写真は、スソがめくれないようにしっかりと防虫ネットで覆っていたため、虫害がなかった成功例です。

スソがめくれないようにしっかり覆った防虫ネット
→虫害なしで成功

下の写真は、ネットのスソがめくれていたためにコナガが侵入し、被害が大きくなってしまった失敗例です。

スソがめくれ、侵入したコナガで被害が大きくなった防虫ネット→防除に失敗！

主な害虫と対策

アブラムシ類
（モモアカ・ワタ・ニセダイコンなど）

アブラムシは世界で3000種以上、日本で700種以上と多くの種類がいます。

野菜の栄養を吸汁して生育を悪くしたり、ウイルス病を伝染させたり、分泌物で黒く汚したりします。主に被害をうけるのは、以下の作物です。

> **吸汁害をうける主な野菜**
> キュウリ、ナス、スイートコーン、スイカ、メロン、ピーマン
> **ウイルス病に侵される主な野菜**
> ダイコン、エダマメ、ジャガイモ、キュウリ、ピーマン、ズッキーニ

● モモアカアブラムシ

バラ科の樹木につき、卵で越冬します。ふ化後、若葉で大きくなり、6月中旬、3世代目からハネがはえ、いろいろな植物に飛んでいき寄生します。

● ワタアブラムシ

ナシ、ムクゲなどにつき、卵で越冬します。5月下旬から成虫になり、7～9月に多く発生します。特にキュウリでの発生が多く、農薬にも強いです。

● ジャガイモヒゲナガアブラムシ

ギシギシ、クローバー、フキなどにつき、卵で越冬します。5月中旬に成虫になり、マメ科やキク科など、いろいろな植物に寄生します。

※アブラムシは、栄養状態が悪くなるとハネがはえ、エサになる植物に飛んでいきます。アブラムシの好きな色は黄色や黄緑色で、やわらかくて、吸汁しやすい葉の色に反応して飛来します。キラキラ光る太陽光は苦手です。

モモアカアブラムシ　　ワタアブラムシ

防除対策

アブラムシ（ハネあり）が飛来する場合
・防虫ネットで作物を被覆する。
・シルバーのマルチフィルムなどで寄せつけない。
・キラキラ輝くテープで囲む、また短冊などを垂らす。

すでに寄生している場合
・アブラムシ防除農薬を散布する。
・防除は葉裏に薬液がかかるように、斜めや横から散布する。
・天敵はテントウムシの成虫・幼虫。一匹で1000頭以上を捕食する。アブラバチやクサカゲロウの幼虫なども同様。

アブラムシ・ダニに効果のある農薬

商品名	濃度
オレート液剤	100倍
粘着くん液剤	100倍
ベニカマイルドスプレー	原液
あめんこ	原液
ガダンセーフ	原液
ムシラップ	500倍
ボタニガードES	1000倍

※野菜全般で使用可能

ダニ類
（ナミハダニ・カンザワハダニなど）

特に問題になるのは、室内のプランター栽培です。雨のあたる露地では大発生する事例は少ないです。ナス、キュウリ、メロン、イチゴなどで発生します。

葉が黄色くなり、裏に多くのダニを見つけた場合は、それらの葉や株を抜き取り、ゴミ袋に入れ密閉、処理します。右表の殺ダニ剤を、葉裏によくかかるように散布します。

なお、成虫、卵、幼虫で薬剤の防除効果が違うので、種類の異なる農薬で数回、5～7日間隔で散布します。

防除薬剤は、オレート液剤100倍液、ベニカマイルド液剤100倍液、ベニカマイルドスプレー原液などです。

ナミハダニ

カンザワハダニ

コナガ・オオモンシロチョウ・ヨトウガ・モンシロチョウ（アオムシ）

● **コナガ**

アブラナ科野菜だけを食害するので、タイナ、コマツナ、ミズナ、キャベツ、ハクサイなどが被害をうけます。北海道では戸外での越冬はなく、毎年、成虫が本州から気流に乗って飛来します。

コナガ成虫

年に4～5回も世代を繰り返すので、同じ農薬だけ使用すると効果が落ちます。葉物アブラナ科野菜は防虫ネットで被覆しましょう。

コナガ幼虫

幼虫はふ化してからサナギになるまで数回脱皮しながら大きくなります。
ふ化直後の小さい幼虫に農薬を使用すると効果が高く、大きくなると、効きめが悪くなります。

● **オオモンシロチョウ**

近年、北海道で増加している外来害虫です。特に、無防除の家庭菜園で被害が出ます。50個ほどまとめて産卵するため、集団で食害され、ぼろぼろに食い荒らされる場合があります。

農薬には弱く、コナガ

オオモンシロチョウ幼虫害

の防除薬剤で防除できます。農薬を使用しない場合は、見つけたら割りばしなどで捕獲しましょう。

●ヨトウガ

幼虫は多くの野菜を食害します。100個ほどの卵塊で産卵し、ふ化後、一カ所で幼虫が集団で食害します。この状態で見つけたら、つぶすか薬剤防除します。幼虫は大きくなると、一匹で活動し、色が黒っぽくなります。大きく

ヨトウガ幼虫

なってからでは、農薬が効かなくなります。小さいうちであれば、コナガの防除剤でも効果があります。

●モンシロチョウ(アオムシ)

アブラナ科の野菜に飛来し、一個ずつ卵を産みます。コナガ同様、アブラナ科の辛み成分がないと幼虫が育ちません。家庭菜園では見つけたら捕殺しましょう。

コナガ・ヨトウガ・モンシロチョウに効果がある農薬

農薬名	商品名	使用倍率
ボーベリアバーシアーナ乳剤	ボタニガードES	500倍
BT水和剤	ゼンターリ顆粒水和剤	1000～2000倍
	バシレックス水和剤	500倍
	チューンアップ顆粒水和剤	2000～3000倍
	トアロー水和剤CT	1000～2000倍
	サブリナフロアブル	1000～1500倍

※野菜全般で使用可能
※収穫前日まで散布可能、使用回数は制限なし

根を加害する害虫

●ダイコンバエ・ヒメダイコンバエ

ダイコンバエは8月上旬から年1回発生し、根際の地中の浅い所に産卵、8～10日で孵化します。根に移動して表皮から肉質まで食い込みます。

ヒメダイコンバエは5～6月から発生し、3世代を重ね、葉のつけ根や生長点に近い新葉に産卵します。主に茎に近い部分が食害されます。

畑周辺の雑草を退治し、タネまき前の土壌施用殺虫剤で効果的に防除します。

●キスジトビハムシ(キスジノミハムシ)

発芽したダイコンの葉に成虫が飛来し、食害して卵巣を発達させ、交尾して産卵します。

ふ化して根に被害が出るのは、タネまきの20日後からで、土壌施用剤をまくか、このころ茎葉に防除薬剤を散布しましょう。

ダイコンのキスジトビハムシ被害

●タネバエ

魚粕や未熟堆肥の臭気に引かれて飛来し、湿った土の塊に産卵するので、これらの肥料などをタネまき前にまくのをさけます。

発生するとタネや発芽直後の茎・根を食害し、枯らします。

生育中期以降はダイコンに幼虫が深く食い込みます。年4～5回発生します。

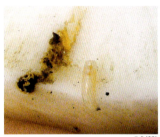
ダイコンのタネバエ被害

●ネキリムシ

ネキリムシはカブラヤガ、タマナヤガの幼虫の総称です。地際の根や茎を食害します。

また、幼虫で越冬します。

被害が出て、周辺の土壌の中で幼虫を発見したら、捕殺しましょう。

殺虫剤は、ネキリエースK(旧ネキリトン)粒剤(誘引殺虫剤)を地際に散布しましょう($3 g/m^2$)。薬剤が雨に濡れると効果が落ちます。

●コメツキムシ(通称ハリガネムシ)

通称ハリガネムシと呼ばれますが、コメツキ類の甲虫の総称で、幼虫がジャガイモやサツマイモに食い込みます。

根を加害する害虫の防除薬剤

これらの害虫の被害を防ぐために農薬で防除する場合は、タネまき前に土壌に散布して、作物が若いうちに加害されるのを防ぎます。

下表の農薬が使用できます。野菜の種類によって使える農薬や使用量が異なります。効果は約1カ月です。

農薬を使用した畑の野菜を、間引き菜として利用するのはさけましょう。

土壌施用殺虫剤
アブラムシ・キスジトビハムシ・アザミウマ・ダイコンバエ・タネバエ・コナガ・ハリガネムシなど

アドマイヤー 1粒剤	ダイアジノン 粒剤5	エチメトン 粒剤6
ダイコン、結球性アブラナ科野菜（ハクサイ、キャベツなど）、ブロッコリー、トマト、キュウリ、ナス、ピーマン、ネギなど	ダイコン、結球性アブラナ科野菜（ハクサイ、キャベツなど）、ブロッコリー、トマト、キュウリ、ナス、ピーマン、ネギなど	ダイコン、ジャガイモ
施用量	施用量	施用量
タネをまく野菜は3〜6 g/m^2 果菜類の苗は1〜2 g/植え穴 葉茎類の苗は0.5 g/植え穴	4〜6 g/m^2 タネまき時、もしくは植えつけ時に全面散布後よく混ぜる	6 g/m^2 タネまき溝、もしくは植えつけ溝にまいてよく混ぜる

農薬を安全に使うための注意点

1. 農薬の保管場所に注意

農薬は天然系のものであっても毒薬です。まちがって子どもが触れたり、飲んだりしたら命に関わる危険があります。

また、他人が持ち出して悪用した場合、管理者責任が問われます。農薬は、液剤と粉剤に分けて箱に入れ、鍵のかかる棚や箱に保管しておきましょう。

2. ラベルをしっかり読もう

農薬にはそれぞれ使用できる作物と、濃度や量、時期、回数が決められており、ラベルに記載されています。

記載内容以外の方法で使用をした場合、その作物の安全性や生育について保証はされません。逆に農薬取締法違反となり、罰則があります。

家庭菜園の野菜は、自家用だけでなく第三者に渡ることもあります。ラベルの記載は必ず守りましょう。

3. 散布器の後始末

散布器で農薬を散布する場合は、薬液が残らないように使いきりましょう。

ただし、登録がなく、使えない作物に残った液を散布するのは厳禁です。畑の空き地に散布しましょう。使用後、散布器はすぐに水洗いし、真水を散布してホースやノズル内も洗います。時間がたつと薬液が乾燥し、散布器内に付着して水洗いでは落ちにくくなります。

4. 使用ずみ農薬の後始末

農薬の入っていた容器の処理にも注意が必要です。容器に農薬が残っている場合は、どこの市町村でもゴミとしては出せません。完全に空にしてビンを洗い、スプレー缶は穴をあけます。

最後は、それぞれの自治体のゴミ処理方法に従って処分しましょう。

病害虫に効果があるとされる各種資材

資材名	効果	作用性及び使用方法
草木灰	病害虫全般 カタツムリ うどんこ病 腐敗病 モザイク病	葉の表面がアルカリ性となり、病原菌が寄りつかない。 臭いを嫌う虫が産卵しない。 夕方の葉面散布がよい。 やりすぎても害がない。 雨で可溶化してカリ成分となる。 ハクサイは1週間おきに朝露のあるうちに2回葉面に散布する。 ふるいをかけた細かい草木灰がよい。
米酢	うどんこ病 軟腐病 腐敗病 モザイク病	葉の細胞が強くなり、病害虫にも強くなる。 葉面にしたたる程度の散布。 コマツナ・ホウレンソウ・シュンギクは50倍液を5日おきに2回。 キャベツ・ハクサイは収穫20日前、25倍液を葉面に散布して軟腐病減少。 ダイコンの軟腐病にも有効。 ［つくり方］ 　米の醸造酢を使用。 　米酢20 mlに水1ℓ＋石鹸5gを振り混ぜる。※25倍液は水のみ半量（500 ml）
牛乳	アブラムシ ダニ類	牛乳が気孔をふさぎ、乾燥する時の縮む力でアブラムシなどが圧縮され窒息死する。 午前中の葉が乾いているときに葉面に散布する。 薄めないでそのまま散布する。展着剤を入れると効果が増す。 賞味期限の切れた牛乳でも効果は同じ。粉ミルク500倍液でもよい。
食用油	アブラムシ ダニ類	害虫の表面を覆い、窒息死させる。 午前中の葉が乾いている時に葉面に散布する。 ［つくり方］ 　水1ℓに食用油30 mlを加え、石鹸を10 ml入れてよく振り混ぜる。
洗剤	アブラムシ ダニ類	洗剤液が乾燥すると、害虫の気孔がふさがれ呼吸ができなくなり窒息死する。 午前中の葉が乾いている時に葉面に散布する。 ［つくり方］ 　食器洗い用洗剤、または粉石鹸で1000倍液の希釈液をつくり散布。
米ぬか	ネキリムシ ハリガネムシ	地下10 cmに米ぬか一握りを埋め、誘引する。 1週間後に堀り上げ、焼却処分する。 埋めた所は目印を立てておく。
ツクシ液・ スギナ液	うどんこ病 べと病 さび病	ツクシ液は強い抗菌力がある。 広範は病気に効果がある。疫病、腐敗病など。 ［つくり方］ 　水1ℓにツクシかスギナを一握り入れて、火にかけ5分間沸騰させる。 　それを冷やして布でこし、石鹸5gを混ぜて散布する。 　ツクシ液1ℓに米酢40 mlを加えると、より効果が高い。
木酢液	病害虫全般 土壌改良剤	木炭窯から出る煙を集めて冷却し、液体にしたもの。 有用菌が増加し、土壌改良され、根の生育を促進する。 虫は臭いを嫌い、近寄らなくなる。 土壌改良：50〜100倍液を植えつけ7日前までに散布する。 病気予防：800〜1000倍液を月2〜3回葉面に散布。 ※タールは発がん性があるので、木酢液は安全基準でつくられた市販品を利用する。
竹酢液	病害虫全般 土壌改良剤	竹炭窯から出る煙を集めて冷却し、液体にしたもの。 木酢液より強い殺菌力がある。 有用菌が増加し、土壌改良され、根の生育を促進する。 虫は臭いを嫌い、近寄らなくなる。 土壌改良：50〜100倍液を植えつけ7日前までに散布する。 病気予防：800〜1000倍液を月2〜3回葉面に散布する。 ※タールは発がん性があるので、竹酢液は安全基準でつくられた市販品を利用する。
ニンニク木酢液	アブラムシ ダニ類	午前中の葉が乾いている時に葉面に散布する。月2〜3回。 ［つくり方］ 　木酢液1ℓに薄皮をとったニンニク200gを入れ、そのまま約3カ月ねかせる。 　使用は1000倍液の希釈液をつくる。 ※タールは発がん性があるので、木酢液は安全基準でつくられた市販品を利用する。

※上記資材の効果は保障されていません

鳥獣害対策

せっかく大切に育てた野菜が、収穫直前にカラスやキツネ、アライグマなどに食べられてしまったショックは大きいです。タネをまいたのになかなか芽が出てこないのでよく見たら、全部ハトに食べられていた経験を持つ人も多いようです。
これらの鳥獣から野菜を守る方法を、事例を含めて紹介します。

カラス対策

カラスは雑食性で、なんでも食べます。
わりと長生きで60年生きた例もあり、野生でも10年ほどは生き、学習能力が高い鳥です。
林などが近い場所の家庭菜園や市民農園では最も被害をうけます。
トウモロコシは皮をむき、粒をきれいに食べます。果実類は、くちばしでつつき穴をあけます。好奇心が強いので、ズッキーニやキュウリなども被害をうけます。

防風ネットをサイドに、防鳥ネットをサイド上部と屋根面にかけて畑全体を覆ったスイカ畑　（サッポロさとらんど市民農園）

カラスだけの被害であれば、特に被害をうけやすい、トウモロコシやスイカなどに支柱を立て、防鳥ネットで上部を含め全体を覆うのが一番効果的です。
次善の策として、トマト類やトウモロコシ畑に支柱を立て、テグスを15cm間隔で張る方法も有効です。ハネが引っかかるので寄ってきません。
菜園の周囲にゴミが散乱しているとカラスを呼び寄せるので、きちんと清掃しましょう。

カボチャ被害　　トウモロコシ被害

トマト被害　　スイカ被害　　ナス被害

テグスの張り方
被害をうけやすい作物のまわりに支柱を立て、15〜20cm間隔でテグスを張る。上部も交差するように張るとよい

収穫回数の多い作物は全体を覆うと収穫が大変なので、両サイドを果房からやや離してはさむように15〜20cm間隔でテグスを張る

ハト対策

ハトは、ヤマバト（キジバト）とドバト（カワラバト）が被害を与えます。

発芽したエダマメやインゲンなどマメ類の発芽時の被害が中心です。

寿命はカラス同様10年近くあり、縄張りをもち学習しているので、一度被害をうけると毎年やられます。

発芽時のみの被害なので、発芽して本葉がひらくまで不織布で覆うか、ペットボトルを切ったもので覆い、食害から守ります。苗を植えつけてもいいでしょう。

ヤマバト（キジバト）

ドバト（カワラバト）

タネまき後から発芽して本葉がひらくまで不織布で覆う

キャップをはずす

底に穴をあける

大きいペットボトルをハサミやカッターで半分に切り、下の方は底に小さな穴をあける。タネまきした上からさし込む。保温をかね本葉がひらくまでかぶせる

アライグマ・キタキツネ対策

アライグマの野生化は1960年代から始まり、特にテレビアニメ人気でペットとして大量に輸入されてから急増しました。飼育放棄や「野生に返す」として放されたためです。

北海道では1979年、恵庭市の酪農地域での野生化が最初です。寿命は10年ほどで繁殖力が強く、前足を手のように器用に使い、ネットもよじ登ります。

甘いものが好きなため、スイカやトウモロコシ、トマトなどが食害されます。

アライグマ

キタキツネ

キタキツネの寿命は野生で6〜7年。ネズミの天敵ですが、果実類を加害します。穴を掘る習性があるので、防止ネットのスソに注意が必要です。

アライグマによる被害
手を入れ中をくり抜く
傷口は小さいが中が広い

キツネによる被害
顔をつっこむので
傷口が広い

写真：岸田幸也氏提供（いずれも疑い）

アライグマ・キツネ被害の防除方法

アライグマ、キタキツネともにエキノコックスを媒介します。菜園に入れないようにするのが確実です。オオカミの尿の臭いの薬も市販されていますが、慣れると効果は低下します。音による防除は家庭菜園向きではありません。

電気柵

畑のまわりに支柱を立て、架線を地面から10cm間隔で4段階程度張る。雑草に触れると放電するので草を伸ばさないこと。

電気柵
一周100m、4段張りで3万円くらい

網囲い（防風ネット）
サイドに丈夫な防風ネットを張り、スソはキツネが掘らないように丸太や置き石でおさえる。上部は防鳥ネットを張る

おいしい野菜の見分け方

生育にあったよい条件で育てると、野菜はおいしいだけではなく、栄養価も高くなります。おいしい野菜の見分け方を紹介しましょう。

果菜類

トマト

生育がよく、元気のいい花が受精すると、タネが多くて形の整った果実になります。

断面を見ると、果肉が厚く形のそろった子室（ししつ）がゼリーで満たされ、胎座（たいざ）にはタネがしっかりついています。

生育や管理に問題があると、子室が少なかったり、形がいびつでゼリーが不足して空洞が発生したりします。

このような果実は、見た目もいびつで、やや軽く、5％の塩水につけると浮いたり、沈んでもガクが上を向きません。

一般的に糖度が6度以上、酸が0.5％以上あるとおいしいトマトといえます。

キュウリ

元気がない株の果実は、雌花の子房のころから曲がっていて、曲がり果になります。また、元気だったとしても、生育期間が悪天候だったり管理が悪いと、果実全体が曲がる、先が細くなる、先が太くなるなどの症状がでます。

鮮度がよく、歯切れのよいキュウリは、形がまっすぐで、果皮の色やツヤがよく新鮮です。イボのある品種は、イボが果実中央部に集中しているのがよいでしょう。

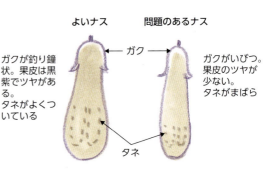

よいキュウリ：肩が張り、まっすぐで先まで肥大。イボが中央部に多い

問題のあるキュウリ：なで肩で、先がやや細く少し曲がる。イボは先端部に多い

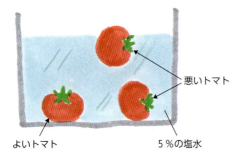

よいトマト：果皮、タネ、胎座、子室、ゼリーで満たされる

問題のあるトマト：子室が少なくタネも少ない、ゼリーが少なく空洞も発生

おいしいトマトはガクを上にして沈む／よいトマト／悪いトマト／5％の塩水

ナス

よい果実は、果肉のきめが細やかで、果皮に光沢があり、形が整っています。

元気な花から育った果実は、縦切りして断面を見ると、タネがまんべんなくあり、ガクが元気で形よく果実を覆っています。

よいナス：ガクが釣り鐘状。果皮は黒紫でツヤがある。タネがよくついている

問題のあるナス：ガクがいびつ。果皮のツヤが少ない。タネがまばら

ピーマン

　元気な株に育った花は大きく、雌しべも大きく長く伸びてしっかり受粉しています。そのため、タネが果実の中央の胎座にびっしりとついていて、きれいに並んでいます。

　栄養価が高くておいしい果実は、形がよく、肩が盛り上がり、果肉が厚くてヘタの中央部がやや凹んでいます。

　果皮の内側のカベにブツブツがびっしりと出ているのがよいでしょう。

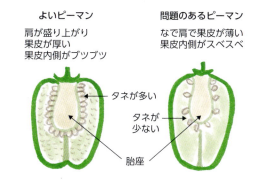

よいピーマン
肩が盛り上がり
果皮が厚い
果皮内側がブツブツ

問題のあるピーマン
なで肩で果皮が薄い
果皮内側がスベスベ

タネが多い / タネが少ない / 胎座

根菜類

ダイコン

　肥料が多すぎたり、不足していると、葉と根のバランスが崩れて、ダイコンが曲がり、ヒゲ根が多くなったり、皮が厚くなります。収穫が遅れたり鮮度が落ちると、老化してす入りが発生します。また、皮の内側の網目が目立ちます。

　甘いダイコンは、まっすぐで、ひげ根が細くて左右対称に2列にそろって生え、皮が薄いです。

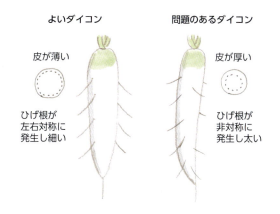

よいダイコン / 問題のあるダイコン
皮が薄い / 皮が厚い
ひげ根が左右対称に発生し細い / ひげ根が非対称に発生し太い

カボチャ

　株が元気で、つるの生育がよく、果実がついている節の位置や着果数が適正な果実は、たくさんのデンプンがあります。収穫後、デンプンは徐々に糖に変わり、甘くてホコホコおいしくなります。

　このような果実はヘタが10円玉大で、左右対称にバランスよく果肉が肥大し、果皮がかたく、こするとツヤが出てきます。

　タネは大きく厚みがあり、たくさんついています。

よいカボチャ
肩が張り、左右対称で果皮が厚く、オレンジ色。タネが大きくて多い

問題のあるカボチャ
なで肩、左右非対称で果皮が薄く、黄色。タネが小さくて少ない

カブ

　おいしいカブは、肌がきめ細かく肩が盛り上がり、まん丸く肥大しています。養分を吸収する細い根(吸収根)が、主根の中央部から下に発生していると、よい環境で生育している証拠です。

　スライスすると透明感があり、汁がしみ出てきます。

　葉柄がひらいていたり、皮の色がくすんで、なで肩に肥大し、スライスしても汁が出ないカブは、食味が落ちます。

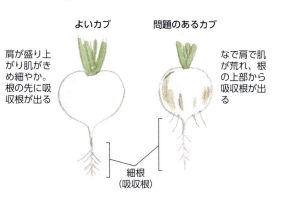

よいカブ
肩が盛り上がり肌がきめ細やか。根の先に吸収根が出る

問題のあるカブ
なで肩で肌が荒れ、根の上部から吸収根が出る

細根(吸収根)

ニンジン

　甘くておいしく、栄養価の高いニンジンは、ツヤのある赤で、輪切りにすると中の芯までよく着色しています。また、肩が盛り上がり、先端までよく肥大しています。縦切りすると、維管束がメリハリよく伸びています。

よいニンジン　　問題のあるニンジン

肩が張り先端まで肥大。心部の色が濃い

なで肩で先端が細い。心部の色が薄い

維管束

芯

ハクサイ

　甘みがあり栄養価の高いハクサイは、球を押すと弾力があり、跳ね返ってきます。新鮮な緑色で、キャベツと同様に芯の長さで品質がわかります。縦切りすると、芯の長さが4～5cmだとやわらかく甘みがあります。

　芯が6～7cmと長いものは、葉がかたくて甘みが少ないです。

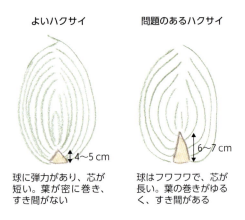

よいハクサイ　　問題のあるハクサイ

4～5cm　　6～7cm

球に弾力があり、芯が短い。葉が密に巻き、すき間がない

球はフワフワで、芯が長い。葉の巻きがゆるく、すき間がある

葉茎菜類

キャベツ

　甘みがあり栄養価の高いキャベツは、球を押すと弾力があり、跳ね返ってきます。外皮は新鮮な緑色で、縦切りすると、芯の長さが4～5cm、葉が密ですき間がありません。芯が6～7cmの球は、葉と葉の間隔が広がり、すき間ができています。また、太い葉脈が入りやすくなります。

　芯の短いキャベツは、効率的に球に養分を送り込まれたもので、芯が長いものは、球の肥大に時間がかかったものです。

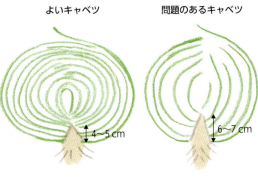

よいキャベツ　　問題のあるキャベツ

4～5cm　　6～7cm

球に弾力があり、芯が短い。葉が密に巻き、すき間がない

球はフワフワで、芯が長い。葉の巻きがゆるく、すき間がある

レタス

　鮮度のよい緑鮮やかな球がよいです。キャベツと異なり、球に適当なすき間が必要で、押すと弾力があるものがよいです。

　縦切りして芯の長さが4～5cmだと、葉と葉のすき間が適度で弾力があります。

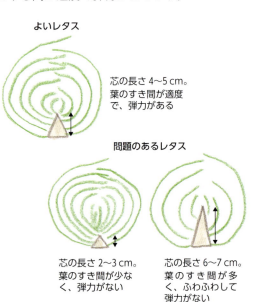

よいレタス

芯の長さ4～5cm。葉のすき間が適度で、弾力がある

問題のあるレタス

芯の長さ2～3cm。葉のすき間が少なく、弾力がない

芯の長さ6～7cm。葉のすき間が多く、ふわふわして弾力がない

長ネギ

やわらかく甘い長ネギは、葉が太くて厚く、鮮やかな緑色をしていて、軟白部分の網目がすけて見えます。

生育の悪い長ネギは、葉が細く、軟白部分に縦スジが目立ちます。

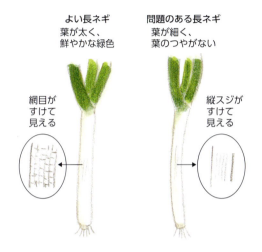

よい長ネギ
葉が太く、鮮やかな緑色
網目がすけて見える

問題のある長ネギ
葉が細く、葉のつやがない
縦スジがすけて見える

ホウレンソウ

ホウレンソウは、できるだけ新鮮なものが甘くて栄養価が高いです。ゆでると、その差が明確になります。熱いお湯で1〜2分ゆで、水で冷やすと形が崩れず、歯ごたえがあります。

生育の悪いホウレンソウはとけたようにやわらかくなります。

よいホウレンソウ
ゆでて水で冷やすと……
形、歯ごたえが維持される

問題のあるホウレンソウ
形が崩れ、歯ごたえがなくなる

タマネギ

外葉が病害虫の被害をうけず元気だと、十分に養分を蓄え、球の肩の部分までしっかり肥大しています。押しても凹みません。色もツヤのある褐色になります。

輪切りにすると汁が流れ出ますが、すぐに固まります。

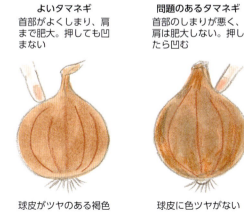

よいタマネギ
首部がよくしまり、肩まで肥大。押しても凹まない
球皮がツヤのある褐色

問題のあるタマネギ
首部のしまりが悪く、肩は肥大しない。押したら凹む
球皮に色ツヤがない

アスパラガス

養分がたっぷり蓄えられた根株から収穫されたアスパラガスは、穂先がよくふくらみ、ハカマ（りん片葉）が正三角形に近く、縦スジが目立ちません。ゆでるとグリーンが濃くなります。

貯蔵養分の少ない根株のアスパラは、穂先のふくらみが小さく、ハカマが細長い三角形で、縦スジが深く目立ちます。

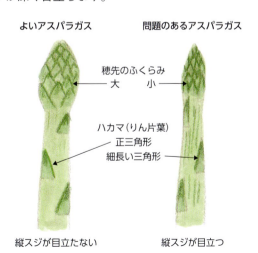

よいアスパラガス
穂先のふくらみ 大
ハカマ（りん片葉）正三角形
縦スジが目立たない

問題のあるアスパラガス
穂先のふくらみ 小
細長い三角形
縦スジが目立つ

保存方法

せっかく収穫した野菜は、できるだけ鮮度を保ちながら長い期間おいしく食べたいものです。
例えば、低温に置くと熱帯原産のため逆に傷んでしまう野菜や、土を洗い落とすとすぐに品質が悪くなる根菜類、寝かしておくと立ち上がろうとしてエネルギーを消耗し、鮮度が悪くなる野菜などがあります。
野菜の特徴を理解して、できるだけ鮮度を長く保ちましょう。

保存の注意点

特徴	理由・保存法	主な野菜
低温に弱い野菜	熱帯が原産の野菜は低温に弱いため、10～15℃の暗所で貯蔵する	トマト、キュウリ、スイカ、カボチャ、サツマイモ、ショウガ、ジャガイモなど
立てて保存する野菜	上に向かって立ち上がろうとするため、横にして保存すると、エネルギーを消耗して鮮度が落ちる	ホウレンソウ、ハクサイ、キャベツ、アスパラガス、ネギ、タマネギ、ブロッコリー、ナバナ、トウモロコシなど
土つき保存に向く野菜	根菜類は洗って保存すると腐りやすく日持ちが悪いため、土つきのまま新聞紙で包み、温度や湿度が安定した冷暗所に保存する	ダイコン、ニンジン、ゴボウ、ジャガイモ、サツマイモ、サトイモなど
エチレンガスの除去効果	生鮮野菜やリンゴなどは、貯蔵中に呼吸作用を促進するエチレンガスを発生させるため、成熟と老化を早める。特にたくさん発生するリンゴと一緒に野菜室に入れないこと。入れる場合はポリ袋に入れて貯蔵する。炭を入れて吸着させることもできる。炭は野菜室の臭い物質（アンモニア、トリメチルアミン、メチルメルカプタン）も吸着除去してくれる	

野菜の保存方法一覧

	野菜	保存方法
果菜類	トマト	ポリ袋に入れて密閉し、ヘタを下にして冷蔵庫の野菜室で保存。冷やしすぎると味が落ちる。保存適温は7～10℃
	キュウリ	水分をよく拭き取り、ポリ袋に入れ、冷蔵庫の野菜室で保存。5℃以下にしない
	ナス	冷蔵庫での保存で長持ちはするが、高温性の野菜なので味が落ちる。水分が蒸発しやすいのでポリ袋に入れて、10℃くらいの冷暗所で保存する
	ピーマン	水分をよく拭き取り、穴のあいたポリ袋に入れ、冷蔵庫の野菜室で保存。保存適温は10℃くらい。温度が低すぎると低温障害をうける
	イチゴ	ヘタを取らずそのまま冷蔵庫の野菜室で保存。水洗いしてヘタを取った場合は冷凍保存する
	カボチャ	丸ごとであれば、10℃くらいの冷暗所で保存。カットものは、タネを取り除きラップに包んで冷蔵庫の野菜室へ。ゆでて小分けし、冷凍保存でもよい
	サヤインゲン	ポリ袋に入れて冷蔵庫の野菜室で数日間保存可能。加熱処理して冷凍保存も可能
	サヤエンドウ	ポリ袋に入れて冷蔵庫の野菜室で数日間保存可能。かためにゆでて冷凍保存も可能
	エダマメ	加熱して冷凍保存。加熱後、氷水で冷やすと緑の鮮やかさが保てる。加熱処理が不十分な場合は冷凍中に色や味が変化する
	トウモロコシ	時間が経つと糖度が急速に低下するので、早く食べること。野菜室に置く場合は立て置きにする。ゆでてから冷凍保存する方がよい

	野菜	保存方法
根菜類	ダイコン	生長点ごと葉を切り離し、根はぬれた新聞紙に包んで、冷蔵庫の野菜室で保存。葉はポリ袋に入れて保存
	カブ	
	ニンジン	ぬれた新聞紙に包み、ポリ袋に入れて、冷蔵庫の野菜室で保存。11月以降であれば、収穫せずに畑で雪の下にして、随時掘り出して利用できる
	ナガイモ(ヤマノイモ)	新聞紙に包み、風通しのよい冷暗所で保存。芽が出てきたら摘み取ると鮮度が保てる。切ったものは切り口から水分が蒸発して変色しないようにラップをして冷蔵庫で約1週間、保存可能。すりおろしたり、千切りにしたものは冷凍保存可能
	ゴボウ	長期保存は土に埋めておく。土つきのまま冷暗所に保存。キンピラにして冷蔵庫での保存もよい
	ジャガイモ	貯蔵適温は1〜5℃。新聞紙に包み、ダンボール箱に入れ、暗い室内の涼しい場所に保存
	サツマイモ	貯蔵適温は13℃とやや高い。湿度は約90%必要で、乾燥させすぎない。新聞紙に包み、穴をあけた発泡スチロールなど断熱性のある箱に入れて保存
	サトイモ	保存・貯蔵の条件はサツマイモとほぼ同じで、乾燥させないようにする。長期の場合は土に埋めてもよい。室内では、もみ殻と一緒に箱に入れるといいが、短期間の場合は新聞紙に包んで常温で保存
葉茎類	キャベツ	芯を下にして冷蔵庫の野菜室で保存。水分保持のために芯をくりぬき、ぬらしたキッチンペーパーを詰めてポリ袋に入れ保存すると約2週間は持つ
	ハクサイ	1株まるごと保存の場合は、新聞紙に包み、芯の部分を下にして冷暗所に立てて保存。カットものはラップで包み、冷蔵庫の野菜室で保存
	レタス	水分を拭き取り、ラップをするかポリ袋に入れて密封し、芯を下にして冷蔵庫の野菜室に保存。押すと痛みやすいので、上にほかの野菜を置かない。包丁を使わずに手でちぎると切り口の傷みが少ない
	ホウレンソウ	軽く霧吹きした新聞紙に包むか、ポリ袋に入れて立てて保存。ビタミンCが低下するので早めに使用する。長期保存はかために塩ゆでして冷凍保存
	パセリ	呼吸が激しいので、ポリ袋に入れ密閉せずに冷蔵庫の野菜室で保存。水を入れたコップに茎をさして冷蔵庫での保存も可能。水で洗いそのまま、またはみじん切りにして冷凍保存可能
	ネギ	泥つきの場合は、風通しのよい場所に立てて保存。畑の場合は生えているような状態で土の中に軽く埋める。使いかけのものはラップに包み、根を下にして冷蔵庫の野菜室に保存。青ネギはポリ袋に入れて、冷蔵庫の野菜室に立て置きする。アサツキ、ワケギ、小ネギなどの青ネギは小口切りにしてパックに入れ冷凍保存も可能
	タマネギ	ネットに入れて風通しのよい、直射光線のあたらない所につるす。使いかけの場合はポリ袋に入れて冷蔵庫の野菜室で保存
	シソ	鮮度が低下すると香りも落ちる。水でぬらしたキッチンペーパーに一枚ずつはさんでポリ袋に入れ、冷蔵庫の野菜室で保存
	ニラ	キッチンペーパーに包み、ポリ袋に入れて冷蔵庫の野菜室で保存。立て置きがよい。1週間が限界
	ニンニク	乾燥しているものは、ネットに入れて風通しのよい日陰につるす。ポリ袋に入れて密閉し、冷蔵庫の野菜室で保存できるが、臭いに注意
	ブロッコリー	ラップに包み、切り口を下にして冷蔵庫の野菜室で保存。長期保存の場合はかために塩ゆでして冷凍保存。つぼみがひらこうと栄養を使うので鮮度が落ちやすい
	アスパラガス	切り口が乾いていたら少し切り直して、ぬれたキッチンペーパーで包み、ポリ袋に入れて、冷蔵庫の野菜室に立てて保存。長期保存は2%の塩水で1分間ゆでて冷水にくぐらせ、水分を切ってポリ袋に入れて冷凍保存すると1〜2カ月保存可能

貯蔵方法

ちょっとした工夫で冬期間も自家用野菜を活用できます。北海道の先人たちは、長い冬の間も野菜を確保するために、雪や低温を活用して長期貯蔵する方法を見つけ出しました。これらの方法を参考に家庭菜園や市民農園などで秋に栽培した野菜の貯蔵方法を紹介します。

野菜は収穫後も呼吸を続け、水分を蒸発させています。貯蔵するためには、これらの活動を最小限におさえ、収穫作業時の傷口からの腐敗を防ぐことが大切です。

根菜類

ダイコン

秋に収穫したダイコンは漬け物にして貯蔵するのが一般的ですが、生のままでも一定期間貯蔵できます。

貯蔵適温は0～1℃、湿度は95～100%です。水分が多いため、凍結する場所に置いてはいけません。貯蔵期間は11月上旬～3月上旬が目安です。

[室内での短期貯蔵]

室内で短期貯蔵する場合は、収穫後、す入りや傷のないダイコンを選び、洗わないで土つきのまま表面を乾かします。葉は生長点部分も一緒に切り落とします。生長点が残っていると、貯蔵中に芽が伸びてダイコンの養分を奪ってしまいます。

穴のあいたポリ袋に入れ、0～5℃の環境に近く0℃以下にならない場所で、コンテナなどに縦置きします。年内の貯蔵が可能です。

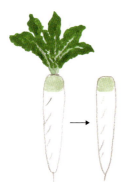

生長点と一緒に葉を切り取る
葉に栄養を奪われないように根元を切る

[畑での長期貯蔵]

雪を利用すると、3月上旬ごろまで畑で貯蔵できます。8月上旬にタネをまき、霜が降りる前の10月中旬ごろに収穫したダイコンを貯蔵します。「かつみ」や「耐病総太り」などのす入りの遅い品種が適しています。

根雪の遅い地域の培土貯蔵

土つき葉つきのまま斜めに並べ、根雪になる前に土をかけて0℃以下になるのを防ぎます。

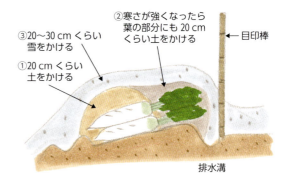

① 20cmくらい土をかける
② 寒さが強くなったら葉の部分にも20cmくらい土をかける
③ 20～30cmくらい雪をかける
目印棒
排水溝

根雪の早い地域のトレンチ貯蔵方法

35cm（ダイコンの長さ）くらいの溝を掘り、葉つきのまま縦に並べます。葉のまわりに土を寄せムシロや麦ワラなどで覆い、根雪を待ちます。

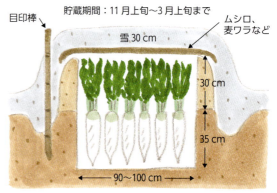

貯蔵期間：11月上旬～3月上旬まで
目印棒
雪 30cm
ムシロ、麦ワラなど
30cm
35cm
90～100cm

ニンジン

貯蔵適温は0℃、湿度は98〜100%です。根雪の下の条件が一番適しています。

6月下旬〜7月上旬にタネまきしたニンジンはそのまま雪の下で越冬できます。収穫は随時、必要な時に雪中から掘り出し使用します。

土寄せのタイミングと深さは、土壌凍結しない地域と凍結する地域で異なります（下記参照）。土壌凍結の深い地域では、根雪前に土寄せしても腐敗が多いので、畑での貯蔵はむずかしいです。

雪どけ後、芽が動き生長を始め、ニンジン本体から白いひげ根がたくさん伸びてくると品質が落ちるので、4月中には使いきるように計画的に掘り出しましょう。

土壌が凍結せず、雪が多い地域

11月中旬ごろ、雪が降る前に土を寄せてニンジンを覆います。

土壌の凍結が浅い（20cm以下）地域

10月下旬ごろ、20cmくらい土で覆います。

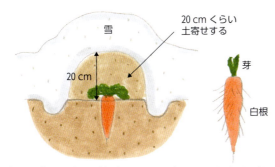

春、雪がとけて気温が上がると、白根がたくさん伸び、芽が出て品質が悪くなる

ジャガイモ

貯蔵適温は1〜5℃です。収穫したジャガイモは光の弱い納屋に3〜5日ほど並べて乾かします。光があたると緑色になり、有毒なソラニンがふえるので、蛍光灯を含め、光のあたる場所はさけましょう。

[室内での短期貯蔵]

収穫後2〜3カ月は休眠しているので、芽が伸びてきません。年内は暗い室内で新聞紙に包みダンボールに入れ、常温での貯蔵が可能です。

[畑での長期貯蔵]

大量に収穫した場合は、畑で雪の下での貯蔵が可能です。傷や緑化していないイモを選びましょう。排水のよい場所に並べ、上に土をかけて保温します。

貯蔵中のイモは呼吸しており、酸素が不足すると中心部が黒く変色する黒色心腐が発生します。貯蔵イモ500kgにつき1カ所の換気口が必要です。換気口は、ワラ束かコモを巻いて筒状につくります。そして、ネズミが入らないようにしっかり巻きましょう。

土壌が凍結しない地域

排水のよい場所にジャガイモを数段積み重ね、その上に10cmほど、ワラで覆います。外気温が5℃以下になったら、ワラの上に土を15cmくらいかけます。

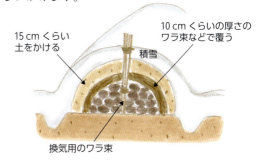

土壌が凍結する地域

排水のよい場所を選び、土壌凍結しない深さまで大きな溝（トレンチ溝）を掘ります。選別したジャガイモを入れ、ワラ束、土の順に覆います。換気口は上記と同様です。

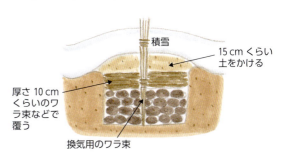

葉菜類

タマネギ

貯蔵適温は0℃、湿度は65〜70%です。

貯蔵性は品種で異なり、「札幌黄」「早生種」は貯蔵には向きません。「中晩生種」の貯蔵性の高い品種が向いています。収穫後、首部や根の出ていた茎部、表皮を風通しのよい場所で乾燥させ、腐れや傷などの球を除いてダンボールに入れます。できるだけ低温の場所に保管しましょう。

温度が高かったり、貯蔵期間が長くなると、呼吸による消耗で、球の外皮がむけて、茎(茎盤)部が飛び出してきます。最後には芽が出ます。

キャベツ

貯蔵適温は0℃、湿度は98〜100%です。

キャベツは−7℃ぐらいまでの低温にあたっても自然解凍で正常に戻るため、北海道の雪の下でも貯蔵が可能です。貯蔵性の高い「冬駒」「湖月」などの寒玉品種を6月中旬にタネまきして苗をつくり、7月中旬に植えつけます。11月中旬の雪が降る前に、できるだけ外葉をつけたまま収穫します。

水はけのよい場所に1〜2段に並べ、上から外葉やムシロで覆い保温します。3月下旬を目安に、順次掘り出します。

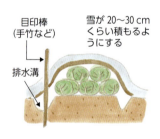

根雪の遅い地域

雪が積もるまで、保温のためにトレンチ溝を掘り、根と外葉がついたまま並べ、上からムシロなどで覆います。

土壌が凍結し雪の少ない地域

根と外葉がついたまま収穫します。排水のよい場所に溝を掘り、球の中に土が入らないように逆さまにして、上から15cmほど土で覆います。

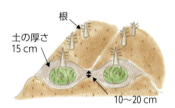

ハクサイ

貯蔵適温は0℃、湿度は95〜100%です。

7月下旬にタネまき、苗づくりをして8月中旬に植えつけ、10月中旬〜下旬に収穫したハクサイを貯蔵します。結球した球が凍害をうけ始めるのは、−8℃以下とされていますが、急激な温度低下では−4℃でも凍害をうけます。8分ほど結球したころ、下図のように数枚の外葉ごとしばるとよいです。

[畑での貯蔵(根雪の早い地域)]

しばったハクサイをキャベツ同様、トレンチ溝で貯蔵すると、2月中旬ごろまで雪中貯蔵できます。

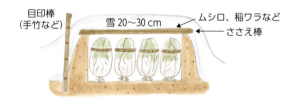

[室内貯蔵]

外葉を2〜3枚つけて、切り口を上にし3〜4日乾かします。1個ずつ新聞紙で包み、0〜5℃のできるだけ低温の場所に保存します。

本書に出てくる野菜づくりの基本用語

―――― あ ――――

アレロパシー
ある植物が生育阻害物質を出して、ほかの作物の生育をおさえたり、動物や微生物を防ぎ、また引き寄せたりする作用の総称。
→ P169 参照

アントシアニン
ナスや紫色の野菜に多い紫、青、赤の色素。ポリフェノールの一種で抗酸化力が強い。特に目の健康に効果が高いため、サプリメントとしても広く利用される。

育苗
苗を育てること。

畝幅
野菜を2列以上で栽培する場合の、隣の列までの距離。

N-P-K
(エヌ・ピー・ケイ=窒素・リン酸・カリウム)
作物の生育に欠かせない肥料成分で、肥料の三要素といわれる。窒素はN、リン酸はP、カリウムはK。肥料の袋にある「N-P-K=8-8-8」は、肥料100gあたり8gずつ含まれていることを表している。 → P184 参照

―――― か ――――

ガク
ヘタの果実側についている小さな星形の葉状部分。果実の鮮度の判断に利用できる。

活着(かっちゃく)
植えつけた苗が根づいて養分や水分を吸い始め、生育が始まること。

株間
野菜を列で栽培する場合の、株の中心から隣の株の中心までの距離。

花房(かぼう)
トマトのように花が房状に複数ついている状態。

果房(かぼう)
花房の花がそれぞれ大きくなり、果実が房状に着果した状態。

カロテン(カロチン)
カボチャやニンジンなどに多く含まれる色素で、体内で必要に応じてビタミンAになり、抗酸化作用ももつ。以前はカロチンと呼ばれていたが、近年、食品成分表は「カロテン」表記になっている。$α$カロテン、$β$カロテンがあり、野菜では$β$カロテンが多い。

間土(かんど)
タネまき溝に肥料をまいた時、タネと肥料が直接触れないようにするために肥料の上にまく土。

基肥(きひ)
タネまきや苗の植えつけ前に、畑に与える肥料。

休眠
植物が、変化する気象環境で生き延びるために、生育の難しい低温、高温、乾燥の期間、一時的に活動を抑制し生長を停止させること。呼吸量が少ないのでエネルギーを温存したまま生き延びられる。

ケルセチン
タマネギの皮の部分に多く含まれる、苦みをもつポリフェノールの一種。抗酸化力が強い機能性成分。

光合成
葉に光を受け、酸素と炭酸ガス(二酸化炭素)を取り込み、糖などの炭水化物を合成する作用。

抗酸化力
植物は、植物が必要とする以上の光を常に浴び、それと同時に体内に多くの酸素を取り込む。その一部が活性酸素と呼ばれる細胞を老化させる有害な酸素になる。一方で植物は活性酸素をおさえる成分もつくりだし無害化する。これらの成分の作用を抗酸化作用、その力を抗酸化力という。動物は植物からこれらの成分を取り入れて、細胞の老化を防止している。

―――― さ ――――

催芽(さいが)
休眠状態にあったタネが芽を出し始めること。また、休眠状態のタネを目覚めさせ発芽させる処理を行うこと。タネを低温にあてたり、水につけたり、タネの皮を傷つけたりする方法や、ジャガイモではタネイモに光をあてる方法がある。

作土
野菜の根が伸びる、よく耕された土。深さ15～20cmまでの土の層。

直まき(じかまき)
タネを直接、畑にまくこと。

自根苗(じこんなえ)
接ぎ木をしていない苗。ほかの植物に接ぎ木した場合の接ぎ木苗との対比で使われる。

支柱
作物を固定する支えのこと。茎やつるが長く伸びる野菜の葉に光が十分あたり、葉で養分をつくれるようにするため。1本支柱や合掌支柱などがある。　→P198 参照

シルバーフィルム
マルチ被覆資材。銀色で表面が光を反射し輝くので、光を嫌うアブラムシなどの害虫を寄せつけない。地温もやや低くおさえられる。　→P196 参照

すぐり(菜)
多くまかれたタネが発芽して、混み合っている時、適当な間隔になるように間引くこと。また、間引いた小さな葉物野菜をすぐり菜と呼び、食材として利用できる。

スジまき
タネの大きさや、株間に応じたタネまき方法。　→P193 参照

整枝(せいし)
わき芽やわきつるを摘み取り、伸ばす本数を制限して、葉に光がよくあたるようにすること。風通しもよくなり病気も少なくなる。

生長点
茎やつる、根の先端で、新しい葉、花、根の組織ができるところ。

生理障害
肥料成分の過不足、高温や低温などの環境の変化により、作物の生育に異常が生じること。

施肥(せひ)
肥料を畑にまくこと。

施用(せよう)
堆肥や石灰など、土づくりのための資材を畑にまくこと。肥料をまく時でも使われる場合がある。

―― た ――

堆肥
牛、豚、馬、鳥などのふんと、稲ワラ、麦ワラなどを混ぜて微生物により分解発酵させた資材。畑の土づくりに役立つ。分解が進んだものを完熟堆肥、あまり進んでないものを未熟堆肥と呼ぶ。
→P178 参照

団粒構造
有機酸などの働きによってできる、土の団子状の構造。
→P177 参照

窒素(N)・リン酸(P)・カリ(K)
作物の体を構成したり、葉で養分をつくり生命活動を行う重要な成分。肥料として与える必要がある。石灰(カルシウム)やマグネシウム(苦土)も同様。　→P184 参照

着果
果実を収穫する作物が受精し、果実が発育を始めること。

着果ホルモン
果実を大きくする植物ホルモンで、受精したタネから分泌される。同様のホルモンを着果ホルモン剤として花に散布し着果、肥大させるものが販売されている。トマトやマクワウリ、ズッキーニなどで利用。

直根(ちょっこん)
ダイコン、ニンジン、ゴボウなど、生育の初期にまっすぐ下に伸びる根のこと。

追肥
トマトやキュウリのように生育期間が長い野菜の場合、基肥だけでは肥料が不足するので、生育途中から生育日数に応じて数回、株間にまく肥料のこと。ハクサイやキャベツなど基肥と生育途中の2回に分ける場合は、本来分肥というが、本書では追肥に含める。

接ぎ木苗
同じ仲間の植物の間には、枝や茎をさし込むと、癒合して一つの植物になる性質がある。この性質を利用した苗のことをいう。スイカにこうした苗が多く、低温や病気に強いカボチャやユウガオなどに、スイカを接いで苗にしている。ナスも病気に強いナスの品種に接ぎ木することが多い。

土寄せ
野菜が倒れないように、まわりの土を株元にかけたり、光があたらないように高い畝状に土を盛ること。

摘花（てきか）
花が着果する前に摘み取って間引きし、野菜にとって適正な花数にすること。花が多すぎると全部が着果し作物への負担が大きくなるため。

摘果（てきか）
着果したばかりの果実のなかからよい場所になっているもの、また形のよいものを残して、小さいうちに摘み取り間引くこと。株への負担を減らし、残した果実の生育がよくなる。

摘芯（てきしん）
茎の先端やつるの先端を摘み取ること。わき芽やわきつるの生育を早めたり、栽培しやすい大きさになる。

摘葉（てきよう）
生育が旺盛で葉が混み合う時に、葉を間引いて葉に光がよくあたるようにすること。また、病気が広がらないように病気の葉を摘み取ること。

テグス［つり糸］
ナイロンなど合成繊維でできたヒモ。つり糸として使われる。家庭菜園ではカラスなど鳥害防止対策に利用できる。

点まき
タネの大きさや、株間に応じたタネまき方法。 → P193 参照

とう立ち
抽台（ちゅうだい）ともいう。ダイコンやニンジン、タマネギなど作物の先端に花ができ、茎が伸びてくること。植えつけ後、低温に一定期間あたると花ができる。高温になると茎が伸びて花が咲くが、これらの条件は作物ごとに異なる。

土壌酸度（pH）
土壌中の水分にとけている水素イオンの濃度を数値化して14段階に区分したもの。作物により生育しやすい土壌酸度や、肥料成分の吸収され方も異なる。
→ P180 参照

土壌施用剤
土壌にばらまいて使用する農薬。殺虫剤が多い。

徒長（とちょう）
肥料分が多すぎたり、光のあたりが悪くて、ひ弱な茎が長く伸び、葉が大きくなること。

トマトトーン
市販されている着果ホルモン剤の一種。使用方法は野菜によって異なる。 → P13、53 参照

トンネル
畝にアーチ状の支柱を立てて、その上にポリフィルムやビニールフィルム、不織布などの被覆資材をトンネル状に張ったもの。野菜を低温から守り、収穫時期や生育も早める。使用する資材によっては、保温のほか、害虫防除や風よけ、霜よけなどの効果がある。

―― な ――

根鉢（ねばち）
苗が鉢やポリポット、セルトレイなどの中で生育して根が張り、鉢から抜くと根と土が鉢状にひと塊になった状態。

―― は ――

培土［培養土］
ポットや鉢、セルトレイ、コンテナなどに入れ、苗を育てるために使う土。完熟堆肥やピートモスなどの有機物を加え、作物が生育しやすい状態に調整している。

ばらまき
タネの大きさや、株間に応じたタネまき方法。 → P193 参照

必須微量元素
非常に少ない量ではあるが、作物の生育に必要な成分。 → P184 参照

ビニールフィルム
ハウスやトンネルに使われるビニール製の被覆資材。保温性が最もよいが、直接穴をあけると破れるので、穴はあけずにトンネルのスソをたくし上げて換気する。
→ P197 参照

覆土（ふくど）
タネまきしたタネの上に、畑の土、または園芸培土をかけること。タネを乾燥させず、また風で飛ばされないようにし、水分を与えるために行う。

不織布（ふしょくふ）
べたがけやトンネルの被覆資材。不整形の細かい網目状で、通気性や保温性もあるため、被覆したまま換気の必要がない。利用しやすく家庭菜園向き。

分けつ
株元から新しいわき芽が伸びて、茎の数が増加すること。スイートコーンやアサツキ、ワケギなどで見られる。

ヘタ
果実と茎とをつなぐ部分。カボチャやメロン、スイカは果実の成熟状態をヘタで判断する。

べたがけ
野菜を低温や鳥害などから守るため、トンネルの支柱なしで、直接畑や作物の上に被覆すること。通気性があり、不織布と呼ばれる「パオパオ」「パスライト」「タフベル」などのべたがけ用被覆資材が市販されている。

ベッド
栽培する部分を周囲より10～20cmほど高くしてベッド状にした栽培用の畝。降雨時の水はけをよくし、地温も上がりやすくなる。生育がよくなり病気も少なくなる。

防虫ネット
0.1mm単位で、網目が整形されたネットフィルム。害虫から野菜を守るために利用する。目合いはさまざまで、家庭菜園用の防虫ネットでアブラムシ予防が可能。
→ P202 参照

防風ネット
作物を強風から守るためのネット（網）。畑の風上側や畑のまわりに支柱を立てて張る。ネットの高さの10倍ほどの距離まで防風効果があるとされる。また、キツネやアライグマ対策にも効果がある。
→ P209 参照

ポリフィルム
ハウスやトンネル被覆資材でポリエステル製。直接穴をあけても破れず、穴を徐々にふやしながら換気できるので、作業が楽である。
→ P197 参照

ポリフェノール
必須アミノ酸の一つ。自然界には4000種以上ある。野菜では、アントシアニン、ケルセチン、ルチンなどを含み、抗酸化力が強いことで知られる。

ポリポット
ポリエチレン製の鉢。いろいろなサイズのポットがある。苗を育てるために使う。使い方やサイズは各野菜のページを参照。

― ま ―

間引き
タネまき後、発芽し混み合ってきた場合、生育に問題のない間隔になるようにぬき取ること。

マルチ[マルチング]
畑の表面をポリフィルムや稲ワラ、木くずなどで覆うこと。地温を上げたり、水分を保ったり雑草をおさえる目的で行う。

― や ―

葉緑素
葉の葉緑体の中の色素で、光合成を行う。光の一定の波長を取り込みエネルギーに替える一番重要な成分。

浴光催芽（よっこうさいが）
ジャガイモのタネイモを植えつける前に、光があたるところで15～20℃の条件に置き、イモからそろった芽を出し、1cm近く育てること。 → P93 参照

― ら ―

リコピン[リコペン]
トマトに多く含まれる色素。抗酸化作用がカロテンの2倍と高い。トランス型とシス型があり、トランス型は加熱すると吸収されやすくなるが、シス型は生食でもよく吸収される。オレンジ色のトマトに多く含まれる。近年、英語読みのリコペン表記が多い。

冷蔵庫野菜室
冷蔵庫に付帯している野菜類を保存する部屋で、通常5～7℃に設定されている。多くの野菜類が保存可能だが、サツマイモやカボチャなど高温性の野菜には低温すぎるので注意。

連作
同じ作物を、同じ場所で栽培すること。 → P168 参照

連作障害
連作することにより、病気がふえたり肥料成分が偏り、生育が悪くなること。 → P168 参照

● 参考文献

「農業技術体系(野菜編)」(農山漁村文化協会)
「農業技術体系(土壌肥料編)」(農山漁村文化協会)
「原色野菜病害虫百科」(農山漁村文化協会)
「新野菜つくりの実際(各編)」(農山漁村文化協会)
「北国の野菜づくり49種」(北海道農業改良普及協会)
「北国の家庭菜園」(北海道農業改良普及協会)
「北海道病害虫防除提要 第7版」(一般財団法人 北海道植物防疫協会)
「北海道 楽しい家庭菜園」八鍬利郎(北海道新聞社)
「よくわかる 北海道の家庭菜園」大宮あゆみ(北海道新聞社)
「北海道の新顔野菜」安達英人(北海道協同組合通信社・ニューカントリー)
「土づくり技術情報 総括編」(北海道農協「土づくり」運動推進本部)
「ミニ雑草図鑑」(北海道農業改良普及協会)
「地域食材大百科(野菜)」(農山漁村文化協会)
「植物はすごい」田中修(中央公論新社)
「おいしい野菜の見分け方・育て方」武田健(農山漁村文化協会)
「アブラムシおもしろ生態とかしこい防ぎ方」谷口達雄(農山漁村文化協会)
「朝取りホウレンソウは新鮮か?」相馬暁(農山漁村文化協会)
「北海道野菜地図その38〜40」
「くみあい農作物病害虫・雑草防除ガイド(平成27年度)」
「新ビジュアル食品成分表(日本食品標準成分表2010)」

● 協力

サッポロさとらんど (さとみらいプロジェクトグループ)
ジョイフルエーケー屯田店

● 写真提供

岸田幸也
山口和彦
タキイ種苗株式会社
一般社団法人 北海道植物防疫協会

有村利治 ありむら・としはる

1945年生まれ。北海道大学農学部卒業後、北海道内の農業改良普及センター、農業試験場、北海道農政部農業改良課で農業改良普及員、野菜専門技術員を歴任。道立中央農業試験場副場長等を経て、ホクレンで特任技監として産地の栽培や販売を指導する傍ら、各農協の直売生産者や札幌市の家庭菜園の各種講習会や支援を行う。
現在、サッポロさとらんど市民農園相談員、同さっぽろ農学校入門コース講師ほか、執筆などにあたる。
共書に『北国の家庭菜園』『北国の野菜づくり49種』(北海道農業改良普及協会)、『新野菜つくりの実際(根菜編)』(農文協)がある。

イラスト　すずきもも

ブックデザイン・DTP　(株)アイワードDTPグループ

ステップアップ　北の家庭菜園

2016年4月28日　初版第1刷発行
2023年4月10日　初版第5刷発行

著　者　有村利治
発行者　近藤　浩
発行所　北海道新聞社
　　　　〒060-8711 札幌市中央区大通西3丁目6
　　　　出版センター (編集) TEL 011-210-5742
　　　　　　　　　　(営業) TEL 011-210-5744
　　　　https://shopping.hokkaido-np.co.jp/book/
印刷・製本　株式会社アイワード

落丁・乱丁本は出版センター (営業) にご連絡下さい。お取り換えいたします。
©Arimura Toshiharu 2016 Printed in Japan
ISBN978-4-89453-826-9